Gault Millau

KOCHBUCH FÜR Z[illegible]E

Die besten Rezepte
der besten Köche der Welt
Zum Nachkochen

ORAC

Fotos Schutzumschlag:
oben: Entenbrust in Muscadetsauce
unten: Poulardensülze in Schnittlauchmarinade

Die Übersetzung aus dem Französischen besorgte Gerda Allmayer-Beck

ISBN 3-85368-990-6
Die Originalausgabe dieses Werkes erschien unter dem Titel
„Nos recettes préférées à la maison“ bei Edition n°1, Paris

Schutzumschlag: Bronislaw Zelek,
unter Verwendung zweier Fotos (Fotostudio Trizeps,
Peter Barci, Michael Langoth)
Lektorat: Barbara Köszegi
Grafik: Fritz Gnan
Satz: Bernhard Computertext KG
Druck und Bindearbeiten: Wiener Verlag, Himberg bei Wien

Gault Millau

KOCHBUCH FÜR ZUHAUSE

Herausgeber
Michael Reinartz

Fachliche Beratung
Werner Matt

INHALTSVERZEICHNIS

Vorwort 9

Vorspeisen und Salate

Artischockensonne mit Krebsen *(M. Kehl)* 12
Avocadomousse mit Räucherlachs 13
Markscheiben mit Trüffeln *(M. Kehl)* 13
Eingemachtes Kaninchen 14
Feines aus dem Garten mit Tomatenparfait *(H.P. Wodarz)* 15
Froschschenkel mit feinen Kräutern 16
Gänsestopfleber glaciert mit Pinien auf Kräutertäschchen *(E. Plachutta)* 19
Gebackene Kutteln *(J. P. Lacombe)* 20
Kalbsbriesröschen auf Frühlingszwiebeln und Morcheln *(E. Witzigmann)* 21
Kaninchengelee mit Pfifferlingen *(H. Stucki)* 22
Kaviarbeutel *(M. Clerc)* 23
Linsen-Soufflé mit Speck und Linsensauce *(K. E. Eschlböck)* 24
Omelette mit grünem Spargel *(G. Vié)* 25
Mousse von Räucherfischen mit Pilzen *(J. Viehauser)* 26
Radieschen mit grüner Butter *(G. Vié)* 27
Poulardensülze in Schnittlauchmarinade *(H. Wohlfahrt)* 28
Salat Niçoise (Originalrezept) 29
Salat von warmen Jakobsmuscheln *(F. Clerc)* 30
Salate Suzy 31
Salat Weinhändlerart mit Burgunderschnecken 32
Schnitzel von der Entenleber *(H. Stucki)* 33
Tarator 33
Seeteufelterrine 34
Spargelspitzen und Morcheln auf Blätterteig *(J. Robuchon)* 37
Schnelle Salate 38
Spinattopfennockerln (Spinatquarkspätzle) *(E. Huber)* 40
Tomatenkuchen mit Basilikum *(M. Guérard)* 41
Tomatengelee mit Flußkrebsen und Wachtelei auf Kaviarsahne *(R. Gerer)* 42
Verlorene Eier im Töpfchen *(M. Loiseau)* 43
Verrückter Salat 44
Vietnamesischer Salat *(H. Oggeri)* 45
Weizennudeln in St.-Laurent-Butter *(K.E. Eschlböck)* 46
Wildentenpastete mit Äpfeln *(D. Bouché)* 47
Ziegenkäse warm mit Salat 48

Suppen

Andalusischer Gazpacho 50
Cremesuppe von jungen Möhren/Karotten *(E. Huber)* 51
Erbsensuppe mit Erdbeeren und Hummer *(K. E. Eschlböck)* 51
Fasanenschaumsuppe mit rosa Pfeffer und Steinpilzen *(H. Petermann)* 52
Geeiste Krebsensuppe *(E. Plachutta)* 55
Geeiste Spargelsuppe *(W. Matt)* 56
Hamburger Aalsuppe *(J. Viehauser)* 57
Kohlrabicremesuppe mit Radieschen *(L. Wagner-Bacher)* 58
Kürbiscremesuppe 58
Meursault-Suppe 59
Rote-Rüben-Suppe mit Krennockerln/Meerrettichspätzle *(R. Gerer)* 60

Fische und Meeresfrüchte

Austern in Champagner *(M. Trompier)* 62
Baskisches Fischbrot 63
Crevetten-Törtchen 64
Eglifilet an Beurre Blanc *(E. Huber)* 65
Forellen gefüllt *(J. A. Foret)* 66
Jakobsmuscheln mit Basilikum *(G. Blanc)* 67
Fränkischer Bachsaibling mit Rote-Bete-Sauce *(D. Müller)* 68
Hecht in Riesling *(P. Haeberlin)* 69
Jakobsmuscheln im Spinatmantel an Sauterneweinsauce *(H. Petermann)* 70
Warme Kabeljau-Filets mit Basilikum *(P. Minchelli)* 73
Karpfengulasch moderne Art *(O. Koch)* 74
Lachsröllchen en Papillotes in Kräutersauce *(P. Gaertner)* 75
Langostinos mit Erbsen und jungen Möhren/Karotten *(H. Levy)* 76
Makrelen in Dill mariniert 77
Pollack mit Frühlingsgemüse *(P. Minchelli)* 78
Renkenfilets in saurer Sahne mit Äpfeln und Frühlingszwiebeln *(E. Witzigmann)* 79
Roulade vom St. Petersfisch mit Champagnersauce *(D. Müller)* 80
Rötlingfilets in Balsamico-Essigsauce mit Zwiebelmus *(L. Eiermann)* 81
Rotbarben grilliert auf Gemüsevinaigrette *(H. Petermann)* 82
Salat von St. Petersfisch und Hummer in Knoblauchsauce *(H. Levy)* 83
Sardinenfilets gratiniert mit Zitrone *(D. Bouché)* 84
Scampi gebacken mit Sauce tartare 85
Scampi-Kuchen 86
Scholle mit Kohl und Zitronenbutter *(M. Chabran)* 87
Seeteufelmedaillons in Knoblauchsauce mit Tomatenkirschen *(H. Wohlfahrt)* 88
Seewolf-Schnitzel mit Austern *(F. Girardet)* 91
Tellerkürbchen mit Krebsen und roter Paprikabutter *(D. Müller)* 92
Waller und Jakobsmuscheln in Grün *(H.P. Wodarz)* 93

Fleisch

Baeckeoffe *(J. P. Haeberlin)* 96
Carpaccio 97
Das 2-Stunden-Cassoulet *(J. J. Jouteux)* 98
Das Beste vom Kalb im Kohlmantel *(W. Matt)* ... 99
Fleischpastete nach Art der Touraine *(A. Rabier)* 100
Hammelkeule mit Kohl und Tomaten *(F. Clerc)* 101
Gefüllter Kohl *(G. Dhulster)* 102
Irish Stew *(G. Savoy)* 103
Hammelschulter nach Gascogner Art 104
Kalbsfilets mit Zitrone *(G. Perriard)* 105
Kalbfleisch gedünstet mit geschmolzenen Tomaten *(A. Sendersens)* 106
Kalbskopf in Riesling auf Rote-Bete- und Buttersauce *(H. Götzenberger)* 109
Hammelkeule mit Minze oder Knoblauch 110
Kalbshaxe mit Möhren/Karotten *(G. Savoy)* ... 111
Kalbsbries, Nieren und Steinpilze „Tourangelle" *(A. Albert)* 112
Kalbsleber à la Max *(M. Kehl)* 113
Kalbsleber im Rohr *(A. Sendersens)* 114
Kalbsnuß nach Italienischer Art 115
Karree vom Heidelamm mit Wirsing *(J. Viehauser)* 116
Kartoffel-Pilzknödel auf Kalbsbriesragout *(H. Wohlfahrt)* 117
Kitzrücken im Strudelteig mit Gartengemüse *(K. E. Eschlböck)* 118
Lammeintopf mit Kartoffeln *(F. Allard)* 119
Lammkeule als Salat 120
Lammragout mit Gemüsen *(G. Vié)* 121
Lammschulter mit Curry-Gemüsen 122
Feines Ochsenschwanzragout mit kleinen Gemüsen *(M. Rostang)* 123
Ochsenschwanzragout nach meiner Art *(H. Götzenberger)* 124
Osso Bucco 127
Rillettes aus Tours mit Vouvray *(A. Rabier)* 128
Rindercarbonaden nach Flämischer Art *(G. Savoy)* 129
Rinderfilet Stroganoff 130
Rindfleisch mit Paprika 131
Schweinshaxen mit grünem Pfeffer gespickt 132
Streifen vom Rinderfilet in Blauburgunder *(M. Chabran)* 133

Wild und Geflügel

Barbarie-Ente mit Rhabarber *(L. Eiermann)* ... 136
Blätterteigpastetchen mit Kaninchenleber und Lauch *(F. Girardet)* ... 137
Bressehuhn in Rahmsauce *(G. Blanc)* ... 138
Bressehuhn mit kleinen Gemüsen ... 139
Junge Ente mit grünem Pfeffer und Schwarzwurzeln *(M. Guérard)* ... 140
Entenbrust in Muscadetsauce *(H. P. Wodarz)* .. 141
Ente mit Orangen *(E. Tingaud)* ... 142
Geflügelleber mit Radieschen und Wachteleiern ... 145
Junge Rouenaiser Ente „Pays d'Auge" *(J. C. Scaviner)* ... 146
Hasenrücken in leichter Lebersauce *(F. Clerc)* .. 148
Hasenrücken mit grünen Linsen *(H. Levy)* ... 149
Gekochtes Huhn im Topf „Eugénie" *(M. Guérard)* ... 151
Huhn en Papillotes mit Gemüsen ... 151
Huhn in Aspik *(F. Girardet)* ... 152
Huhn „Mqualli" mit eingelegten Zitronen ... 153
Fasan mit Kohl *(G. Blanc)* ... 154
Gefüllte Junghühnerbrust mit Sauerampfer *(L. Wagner-Bacher)* ... 155
Kaninchenrücken mit Mairübchen und Thymian-Buttersauce *(E. Witzigmann)* ... 156
Kaninchen „Mont de Marsan" *(G. Descat)* ... 157
Kaninchenfrikassee *(B. Loiseau)* ... 158
Kanincheneintopf *(A. Sendersens)* ... 159
Masthuhneintopf nach Art der Touraine *(A. Rabier)* ... 160
Perlhuhn mit Gemüsen ... 163
Rehkotelett mit Lebkuchensauce, Sellerie-mousse und Spinatspätzle *(D. Müller)* ... 164
Rehnockerln (Rehspätzle) mit Pfifferlingen *(W. Matt)* ... 166
Rehragout mit Steinpilzen ... 167
Rehrücken mit Kastanienfülle in der Wacholderkruste *(E. Plachutta)* ... 168
Rehfilet an Holundersauce mit Maisgaletten *(H. Petermann)* ... 170
Rehnüßchen an Wacholdercreme mit Kartoffelcroutons *(E. Huber)* ... 172
Gefüllter Truthahn ... 173
Bressetauben mit eingemachten Schalotten und Karden *(C. Menneveau)* ... 174
Junge Tauben, gefüllt mit Couscous ... 175
Wachtelmaultaschen in Pilzsauce *(L. Eiermann)* ... 176
Wildentenpfeffer ... 177
Wildschweinrücken in Blätterteig mit Kohl *(R. Gerer)* ... 178

Gemüse und Teigwaren

Auberginen-(Melanzani)püree ... 182
Blumenkohl-Soufflé *(D.Bouché)* ... 183
Erbsen-Soufflé *(D. Bouché)* ... 184
Fenchel-Soufflé *(D. Bouché)* ... 185
Gemüsestrudel mit Kräutersauce *(W. Matt)* ... 186
Gemüsefrikassee *(G. Vié)* ... 187
Gemüseterrine *(J. Robuchon)* ... 188
Italienische Nudeln „All'Arrabiata" ... 189
Kartoffelpüree mit Käse und Knoblauch ... 190
Knoblauchkroketten *(J. Maximin)* ... 191
Kartoffeln nach Art der Auvergne *(J. Petrucci)*. 192
Ofenkartoffeln mit Mark *(G. Vié)* ... 192
Ratatouille kalt mit Safran ... 193
Ravioli „Casalinghi" ... 194
Spaghetti mit Meeresfrüchten ... 195
Schalotten in Apfelwein (Cidre), Möhren/Karotten in Honig *(G. Vié)* ... 196
Sellerietörtchen ... 196
Spaghetti „Reale" ... 199
Spinat-Soufflé *(D. Bouché)* ... 200

Saucen

Diätmayonnaise ... 202
Steinpilzsauce ... 202
Kressemayonnaise ... 202
Oliven-Champignon-Sauce ... 203
Sauce Jolly ... 203
Sauce Vieux Marly ... 204
Trüffelsauce ... 204
Zitronenbutter mit Kräutern ... 204

Desserts

Frische Ananas aus dem Backrohr *(G. Vié)* 206
Ananas-Soufflé *(D. Bouché)* 207
Ananastorte 208
Apfelscheiben in Bierteig gebacken *(A. Bernard)* 209
Flambierte Bananen *(G. Vié)* 210
Baumkuchen mit Schokolade 211
Beaujolais-Birnen *(B. Loiseau)* 212
Beeren der Saison in Blätterkrokant *(W. Matt)* . 213
Birnencreme in Blätterteig 214
Bitterschokoladecreme *(R. Vergé)* 217
Bitterschokoladetorte *(E. Carlier)* 218
Blutorangenmus mit marinierten Erdbeeren *(H. Wohlfahrt)* 219
Brioche-Pofesen (Brioche-Scheiben) mit Orangen *(R. Gerer)* 220
Brombeergrütze Wiesbadener Art *(H. P. Wodarz)* 221
Cidre-Sabayon (Apfelwein-Sabayon) *(J. C. Scaviner)* 222
Dorchesterpudding 223
Erdbeercharlotte 224
Erdbeercreme 225
Erdbeersalat in drei Varianten *(A. Sendersens)* . 226
Feigen in Portweinschaum *(E. Huber)* 227
Französischer Pudding 228
Früchtegratin *(M. Guérard)* 229
Grießauflauf mit Orangenbutter *(A. Levy)* 230
Himbeeren in Blätterteig 231
Himbeer-Soufflé *(G. Perriard)* 232
Honigeis 235
Kastaniencremereis *(F. Clerc)* 236
Kastanienparfait mit Erdbeeren und Honigsauce *(J. Viehauser)* 237
Kürbiskuchen mit Honig *(J. Robuchon)* 238
Limonensorbet mit frischer Minze 239
Mandelvacheron mit marinierten Erdbeeren *(H. Götzenberger)* 240
Mangocreme 241
Mangosorbet *(G. Vié)* 241
Orangenkuchen 242
Gefüllte Orangen *(P. Bocuse)* 243
Überbackene Orangen mit Grand Marnier *(R. Vergé)* 244
Pfirsichcreme 245
Pfirsiche in Meursault-Butter 245
Rhabarber auf Zimtcreme und Rotweingelee *(E. Witzigmann)* 246
Rotweinsorbet 247
Schneeflocken in Orangencreme 247
Schokoladenbirne auf Pistazienparfait *(L. Eiermann)* 248
Schokoladen-Soufflé *(D. Bouché)* 249
Schokoladetorte 249
Tapiokapudding „Monika Witzigmann“ *(E. Witzigmann)* 250
Gebackene Teigtaschen *(J. P. Lacombe)* 253
Tomaten-Pfefferminz-Sorbet *(J. Robuchon)* ... 254
Topfengratin (Quarkgratin) mit Erdbeeren und Rhabarber *(D. Müller)* 255
Tropische Genüsse 256
Weichselparfait im Baumkuchen mit Früchtemark *(W. Matt)* 257
Zwetschgenknödel mit Krokantstreusel *(L. Wagner-Bacher)* 258

Grundrezepte

Blätterteig 260
Brauner Wildfond 261
Fischessenz (Fischfond) 262
Hühnerbrühe 262
Kaninchensülze 263
Mürbteig 264
Rinderbrühe 264
Sandteig 265
Sorbets nach der „Methode Berthillon“ 266
Würzsud/Würzbrühe (court-bouillon) 267

Stichwortverzeichnis 268

Die Küchenchefs 274

VORWORT

Wer hat es für wen geschrieben?
Diese Frage stellt sich wohl immer, wenn ein neues Buch erscheint — vor allem aber, wenn die bunte Palette an Kochbüchern durch eine Nuance wie diese bereichert wird.
Die Vorgeschichte zu diesem Buch beantwortet die Frage ganz schlüssig:
Henri Gault und Christian Millau, erfolgreiche Journalisten in Paris, wurden durch ihr gemeinsames Interesse zu noch erfolgreicheren Partnern: Mit ihren jährlich erscheinenden Guides und ihrem monatlichen Magazin waren sie bald die überschwenglich lobende, aber auch schonungslos kritisierende Instanz für gutes Essen und Trinken. Nach einigen Jahren des Kritisierens trieb sie wohl der Übermut dazu, einmal den Küchenchefs Gelegenheit zu geben, ihrerseits Lob und Tadel oder gar eher Spott und Hohn über Gault und Millau auszuschütten:
Sie schickten Einladungen für ein Diner, das sie selbst zubereiten wollten, an Stars der französischen Küche, wie Paul Bocuse, Michel Guérard und die Brüder Troisgros, und nahmen das Angebot von Jean Castel an, der ihnen die Küche seines berühmten Clubs in der Pariser Rue Princesse zur Verfügung stellte. Wohlweislich hatten sie ihm die Erfahrungen ihrer Ehefrauen verschwiegen, die beim Anblick der häuslichen Küche nach derartigen Experimenten ihre Männer mit mehr oder weniger sanftem Druck wieder an ihre Schreibtische zu schicken pflegten.
Der einhellige Kommentar der beiden Damen zum waghalsigen Vorhaben ihrer Männer war nicht gerade erbauend:
„Vierzig Personen, darunter Bocuse — ihr müßt verrückt sein! Ihr werdet euch für den Rest eures Lebens lächerlich machen..."
Selbstlos erklärten sie sich jedoch bereit, ihre Männer in den Untergang zu begleiten und trugen somit wohl auch wesentlich dazu bei, diesen zu verhindern. Vom Gemüseputzen bis zum Anrichten und Servieren ließen sich Henri Gault und Christian Millau nur von ihren Ehefrauen assistieren — und in einer geheimen Bewertung gaben ihnen die fachkundigen Gäste immerhin 14 von 20 Punkten. Das entspricht einer gut abgesicherten Gault-Millau-Haube...
Seither sehen die beiden die Arbeit von Berufsköchen in einem etwas anderen Licht und drücken nun vielleicht auch etwas öfter ein Auge zu, wenn in einem bekannt guten Restaurant einmal etwas daneben geht.
Ihre wichtigsten Erfahrungen aber machten sie, als sie ihr Redaktionsarchiv nach geeigneten Rezepten für das illustre Diner durchsuchten: Da gibt es die Gruppe der gewaltsam originellen Rezepte, deren Autoren sich bei dem Gedanken, daß einer tatsächlich seiner Familie oder seinen Freunden den Hasen in Lebkuchen oder ähnlichen Unsinn vorsetzt, heimlich ins Fäustchen lachen; und dann sind da die Rezepte der großen Köche, die oft gerne und vieles erzählen, aber unachtsamerweise etwa verschweigen, daß man für den gerade nötigen Fond zwölf Enten braucht... Manchmal hat man auch den Verdacht, daß sie nicht zufällig die wichtigsten Hinweise auslassen, damit das Gericht doch keinem außer ihnen gelingt und man es daher lieber in ihrem wohlfeilen Haus genießen sollte.
Kurzum — nach diesem Erlebnis machten sich Henri Gault und Christian Millau selbst daran, wann immer sie eine Sternstunde ihres Testerlebens als Gast eines großen Küchenchefs genießen durften, gleich an Ort und Stelle das Rezept zu recherchieren. Daheim wurde es nachgekocht, nötigenfalls ergänzt und mit zusätzlichen Tips versehen.
Auch die Küchenchefs und Erfinder der Rezepte gaben noch Hinweise, wie manches leichter zu machen ist oder wie man etwa eine mißglückte Sauce doch noch retten kann.
Die Rezepte sind eine ausgewogene Sammlung aus anspruchsvoller Küche mit teilweise teureren, aber auch bei uns erhältlichen Produkten und solider, durch das berühmte „gewisse Etwas" verfeinerter Hausmannskost.
Alles, was Sie brauchen, sind gute Produkte, ein wenig Sorgfalt bei deren Auswahl und Zubereitung — und viel Liebe beim Anrichten und beim Essen.
Dann also: guten Appetit, viel Erfolg beim Kochen und viel Freude beim Genießen!

Michael Reinartz

Schwierigkeitsgrad der Rezepte	
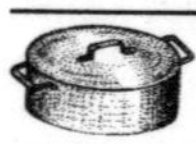	leicht
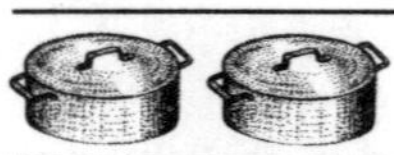	mittel
	schwer

Die Rezepte sind, sofern nicht anders angegeben, für sechs Personen berechnet.

VORSPEISEN UND SALATE

Artischockensonne mit Krebsen

Einkauf

(für 4 Personen):
2 kg Flußkrebse
1 kleine Zwiebel
1 weißer Lauchstengel
1 Bund Dill
$^1/_2$ l helles Bier
1 El Zucker, Salz
weiße Pfefferkörner
2 Artischocken

1 Handvoll ganze Haselnüsse
1 Zitrone
3 El Haselnußöl
1 Kopfsalatherz
Salz, weißer Pfeffer aus der Mühle

Zubereitung: $1^1/_2$ Std.
Küchengeräte:
große Pfanne
großer Kochtopf

Bereiten Sie die Zutaten vor:

Kochen Sie Zwiebel, Lauchstengel, Dill, Bier, Zucker, Salz und Pfefferkörner mit viel Wasser in einer sehr großen Pfanne auf. Geben Sie die Krebse hinein, lassen Sie sie vom Aufkochen an 3 Minuten kochen und im Fond erkalten. Garen Sie die Artischocken in viel Salzwasser (ca. 20 Minuten).
Inzwischen rösten Sie die Haselnußkerne auf einem Backblech im vorgeheizten Ofen (200°C, Thermostat Stufe 6) hellbraun und schälen sie anschließend.

Formen Sie die Artischockensonne:

Rühren Sie Haselnußöl, Zitronensaft, Salz und weißen Pfeffer zu einer Salatsauce, lösen Sie die erkalteten Krebse aus und marinieren Sie sie in dieser Sauce. Legen Sie 4 gleichmäßig große Krebse als Garnitur zur Seite.
Entfernen Sie die äußeren Artischockenblätter, legen Sie diese als „Sonne" auf den Teller. Die ausgelösten Artischockenböden schneiden Sie in Würfel und marinieren sie ebenfalls in der Salatsauce. Schneiden Sie das Salatherz in feine Streifen, legen Sie diese in die Mitte der „Sonne", richten Sie die Krebsschwänze schön an. Entfernen Sie ein Artischockenblatt und ersetzen Sie es durch einen Krebs als Garnitur. Die geschälten Haselnüsse streuen Sie über den Salat (eventuell hacken).

Die Krebse sollten am Vorabend gekocht werden. Sie lassen sich leichter verarbeiten und schmecken auch besser.

Bianco del Ticino, Chablis, Rheinriesling Kabinett, Riesling Spätlese halbtrocken (Mosel/Saar/Ruwer)

Avocadomousse mit Räucherlachs

Einkauf:

6 reife Avocados (wenn sie sehr groß sind, nur 4)
Saft einer Zitrone
dieselbe Menge Weinessig
2 Scheiben Räucherlachs
Salz, Pfeffer
Joghurt
2 El Crème fraîche

10 Radieschen

Zubereitung: 10 Min.
Küchengerät: Mixer

Bereiten Sie die Mousse zu:

Schneiden Sie die Avocados auseinander, entfernen Sie den Kern und schälen Sie sie sorgfältig. Die Schale geben Sie in den Mixer, fügen Zitronensaft und die gleiche Menge Weinessig und die beiden Scheiben Räucherlachs, Salz, Pfeffer, Joghurt und Crème fraîche hinzu, mixen alles und würzen, wenn nötig, nach.

Garnieren Sie die Avocados mit der Mousse:

Füllen Sie jede Avocado reichlich mit der Mousse und garnieren Sie sie mit in Scheiben geschnittenen Radieschen.

Aquavit, Kartoffelschnaps, Muskat-Sylvaner, Sauvigon blanc, Träsch, Vogelbeerschnaps, Wodka

Markscheiben mit Trüffeln

Einkauf

(für 4 Personen):
24 Rindermarkscheiben, gesalzen und gepfeffert
12 dicke, große Trüffelscheiben (4—5 mm)

4 Schnittlauchstengel
12 schöne Feldsalatblätter
40 g Butter

Vorbereitung: 15 Min.
Kochzeit: 1,5—2 Min.
Küchengeräte:
Haarsieb
Kasserolle

Bereiten Sie die Zutaten vor:

Legen Sie die Trüffelscheiben zwischen zwei Markscheiben. Diese legen Sie vorsichtig auf ein Haarsieb und pochieren sie dann 1,5 bis 2 Minuten über siedendem Wasser.

Richten Sie die Markscheiben an:

Richten Sie die Markscheiben in Kleeblattform auf Tellern an, begießen Sie jede Markscheibe mit etwas brauner Butter und belegen Sie sie mit je einem Feldsalatblatt. Ein Schnittlauchstengel wird als Kleeblattstengel dazugelegt.

Die Markscheiben müssen gut gewässert werden, also schneeweiß sein.

Aigle rouge, Merlot, St. Laurent

Eingemachtes Kaninchen

Einkauf:

1 großer, in mittlere Stücke geschnittener Hase mit Knochen
1 Gewürznelke
1 Knoblauchzehe
2 Möhren/Karotten
2 Zwiebeln
5 Petersilienstämmchen
1 Thymianzweig
1 l trockener Weißwein

3 Eiweiß
Salz

Salz, Pfeffer
1 El Calvados
2 El Mehl
2 El Wasser

Zubereitung: 45 Min.
Marinierzeit: 48 Std.
Kochzeit: 3 Std.
Kühlzeit: 3 Std.
Küchengeräte:
Pastetenform, die ins Rohr paßt
Bratpfanne
Handmixer
Spitzsieb
Gefäß zum Einfüllen der Rillettes

Bereiten Sie die Marinade zu:

Geben Sie die Hasenstücke mit Pfeffer, der Gewürznelke, der zerdrückten Knoblauchzehe, den in Scheibchen geschnittenen Möhren/Karotten, der Petersilie und dem Thymian in eine Pastetenform und bedecken Sie alles mit einem Liter Weißwein. Stellen Sie die Pastetenform für 3 Stunden in den Kühlschrank, nehmen Sie sie dann heraus und lassen Sie den Hasen mindestens 24, besser 48 Stunden lang zugedeckt bei Zimmertemperatur in der Marinade ziehen.

Klären Sie die Marinade:

Nach dieser Zeit nehmen Sie die Hasenstücke aus der Marinade und legen sie beiseite (Kopf und Knochen des Hasen müssen in der Marinade bleiben). Gießen Sie die Marinade in eine Pfanne, stellen Sie sie auf den Herd und fügen das geschlagene Eiweiß dazu. Nach dem Salzen lassen Sie die Marinade aufkochen, seihen sie dann durch ein Spitzsieb, wonach Sie einen klaren Saft erhalten sollten.

Setzen Sie den Kochvorgang fort:

Prüfen Sie, ob die Marinade gut gewürzt ist; legen Sie die Hasenstücke in die Pastetenform und beträufeln Sie sie mit dem Calvados (wenn nicht vorhanden, mit einem anderen Alkohol, je nach Geschmack, aber nicht süß) und übergießen Sie alles mit der Marinade. Schließen Sie die Pastetenform mit ihrem Deckel. Lösen Sie 2 Eßlöffel Mehl in 2 Eßlöffeln Wasser auf, um einen festen Teig zu erhalten. Verteilen Sie diesen rund um den Deckel, um so den Deckel an der Terrinenform zu fixieren. Stellen Sie die Terrine in ein auf 200°C (Thermostat Stufe 6) vorgeheiztes Rohr. Senken Sie die Temperatur nach einer Stunde auf 180°C (Thermostat Stufe 4—5) und lassen Sie die Pastete noch 2 Stunden köcheln.

Bereiten Sie die Rillettes zu:

Nehmen Sie die Terrine aus dem Ofen und lassen Sie sie abkühlen. Dann entfernen Sie mit Hilfe von 2 Gabeln sorgfältig die Knochen, den Thymianzweig und die Gewürznelke. Zerteilen Sie das Fleisch, das jetzt so weich ist, daß es von selbst zerfällt, so klein Sie können. Füllen Sie die Rillettes mit dem Saft in ein Gefäß, das so groß ist, daß es die Masse gerade aufnimmt und lassen Sie sie im Kühlschrank anziehen.

Loire blanc, Loire rouge, Müller-Thurgau (Riesling x Sylvaner), Rheinriesling

Feines aus dem Garten mit Tomaten-Parfait

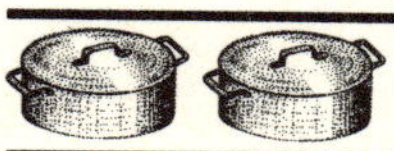

Einkauf:

Kopfsalatherzen
Frisé-Salat
Dill
Kerbel
Schnittlauch
Brunnenkresse
Blattpetersilie
Estragon
Sauerampfer
Zitronenmelisse

1 El Traubenkernöl
1 El Walnußöl
1 El roter Weinessig
Salz, weißer Pfeffer aus der Mühle
8 rohe Champignons
8 geschälte Walnußkerne

8 mittelgroße Fleischtomaten
2 El Tomatenmark
4 Blatt Basilikum
Salz, weißer Pfeffer aus der Mühle
2 cl trockener Weißwein
3 Blatt Gelatine
3 (gehäufte) El Schlagsahne

Zubereitung: 40 Min.
Küchengeräte:
Mixer
Schüssel
Kochtopf
feines Sieb

Bereiten Sie die Salate vor:

Putzen und waschen Sie die Salate und Kräuter, lassen Sie sie gut abtropfen und geben Sie sie anschließend in eine Schüssel.

Vollenden Sie die Salate:

Gießen Sie das Dressing aus Traubenkern- und Walnußöl, rotem Weinessig, Salz und weißem Pfeffer über die Kräuter und Salate, behalten Sie aber etwas Dressing zurück.
Schneiden Sie die Champignons in Scheiben und marinieren Sie sie mit dem restlichen Dressing. Verteilen Sie die Salate und Kräuter auf flache Teller und garnieren Sie sie mit den Champignonscheiben und den Walnüssen.

Machen Sie das Tomaten-Parfait:

Geben Sie die Fleischtomaten kurz in kochendes Wasser, schrecken Sie sie mit kaltem Wasser ab, ziehen Sie die Haut ab und halbieren Sie die Tomaten. Nehmen Sie mit einem kleinen Löffel die Kerne heraus, sodaß nur noch das Fruchtfleisch übrig bleibt. Pürieren Sie es in einem Mixer mit dem Tomatenmark.
Streichen Sie das Ganze durch ein feines Sieb und würzen Sie mit Salz, Pfeffer aus der Mühle und feingeschnittenem Basilikum.
Lösen Sie die Gelatine in Weißwein auf und ziehen Sie sie unter das Tomatenpüree. Heben Sie die geschlagene Sahne unter, streichen Sie die Oberfläche glatt und stellen Sie das Tomaten-Parfait kalt.

Zum Servieren:

Stechen Sie das Parfait mit einem heißen Löffel vorsichtig aus und richten Sie es neben den Salaten an.

Bouvier, Welschriesling

Froschschenkel mit feinen Kräutern

Einkauf:

48 Paar Froschschenkel
Essig
1/2 l Milch
Pfeffer, Salz

Petersilie
Estragon
Kerbel
Schnittlauch
15 g Butter
3 El Crème fraîche
Pfeffer, Salz
2 Eigelb

Zubereitung: 15 Min.
Kochzeit: 15 Min.
Küchengeräte:
Kochtopf
kleine Bratpfanne
Schneebesen

Kochen Sie zuerst die Froschschenkel:

Schneiden Sie die Enden der Froschschenkel ab und spülen Sie die Froschschenkel gut mit Essigwasser. Tupfen Sie diese mit saugfähigem Papier trocken und lassen Sie sie je nach Größe 2—3 Minuten in einem Topf mit stark gesalzener und gepfefferter Milch leicht köcheln, aber nicht kochen.

Bereiten Sie die Sauce zu:

Hacken Sie soviel Estragon, Petersilie, Kerbel und Schnittlauch, daß Sie zwei große Gläser voll Kräutern erhalten. Lassen Sie die Kräuter mit einem nußgroßen Stück Butter in einer Bratpfanne mit dickem Boden anschwitzen. Fügen Sie nach 1—2 Minuten Crème fraîche, Pfeffer und Salz zu. Rühren Sie die Sauce einige Male auf kleinem Feuer um und vermeiden Sie, daß sie zu kochen beginnt. Nehmen Sie die Pfanne vom Herd, schlagen Sie mit dem Schneebesen die Eigelb unter, bis die Masse gut gebunden ist. Lassen Sie die Froschschenkel abtropfen, richten Sie sie auf einer tiefen Platte an und verteilen Sie die Sauce darüber.

Rana esculenta
Die meisten Frösche, die man zu kaufen bekommt, kommen aus Zentraleuropa. Ihre beste Saison haben sie im Herbst. Die Froschschenkel sollten womöglich innerhalb von 24 Stunden gegessen werden.

Bourgogne blanc, Mâcon blanc, Riesling x Sylvaner, Welschriesling

Gänsestopfleber glaciert mit Pinien auf Kräutertäschchen

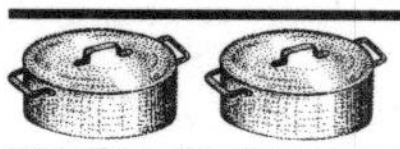

Einkauf:

250 g glattes Mehl,
Typ W 480
6 Eigelb
2 El kaltes Wasser
Salz
200 g passierten
Quark/Topfen
1 Eigelb
1 El gehackte Kräuter
(Kerbel, Basilikum,
Zitronenmelisse,
Petersilie, Minze)
Salz
30 g Butter

Bereiten Sie zuerst die Kräutertäschchen zu:

Verarbeiten Sie Mehl, Eigelb, Wasser und Salz zu einem glatten, festen Teig. Lassen Sie den Teig 20 Minuten rasten. Rollen Sie den Teig auf der Maschine oder mit dem Nudelholz gleichmäßig auf 1 bis 1,5 mm Stärke aus.
Verrühren Sie Quark/Topfen, Eigelb, Kräuter und Salz und gruppieren Sie kleine Häufchen dieser Masse in kleinen Abständen auf die Hälfte des Teiges. Bestreichen Sie die Ränder mit Wasser oder Ei, klappen Sie den restlichen Teig darüber, stechen Sie die Täschchen aus oder trennen Sie sie mit dem Rad ab. Legen Sie sie in kochendes Salzwasser, lassen Sie sie aufkochen und seihen Sie sie dann ab. Nach dem Schwemmen in kaltem Wasser schwenken Sie sie in Butter.

750 g Gänsestopfleber
50 g geklärte Butter
40 g eiskalte Butter
20 g glattes Mehl
0,2 l brauner Geflügelfond
Salz
Pfeffer aus der Mühle

Braten Sie die Gänsestopfleber:

Enthäuten und entnerven Sie die Leber und schneiden Sie sie in 6 mm dicke Scheiben. Behandeln Sie sie kühl. Bestreuen Sie sie mit Salz und Pfeffer aus der Mühle und wälzen Sie sie zart in Mehl. Erhitzen Sie geklärte Butter in der Pfanne. Braten Sie die Leber beidseitig braun an, reduzieren Sie die Hitze, heben Sie die Leber aus der Pfanne. Löschen Sie den Bratensatz mit dem Fond, rühren Sie die Butter ein und legen Sie die Leber in die Sauce.

40 g Pinienkerne
Kerbel

Zum Servieren:

Gruppieren Sie die Kräutertäschchen auf Tellern, belegen Sie sie mit den Leberscheiben, gießen Sie die Sauce darüber, streuen Sie die gerösteten Pinienkerne darauf und garnieren Sie das Ganze mit Kerbel.

Zubereitung: 40 Min.
Kochzeit: 12 Min.
Küchengeräte:
Nudelholz
Pinsel
Kasserolle
Pfanne

◄ Poulardensülze in Schnittlauchmarinade

Wenn Sie die Gänseleber nach dem Braten in den stark mit Butter montierten Fond einlegen, ziehen lassen und wenden, ergeben Fond und Leber eine Geschmacksharmonie.

Pouilly Fumé, Riesling Auslese, Riesling Kabinett halbtrocken (Nahe), St. Saphorin

Gebackene Kutteln

Einkauf:

3 Eier
Öl, Salz, Pfeffer
50 g helles Paniermehl
1,5 kg weichgekochte Kutteln
150 g Butter

Bereiten Sie die Kutteln zu:

Schlagen Sie die Eier in eine Salatschüssel und verrühren Sie sie gut mit dem Öl und 2 Eßlöffeln Wasser, salzen und pfeffern Sie die Eiermasse. Schütten Sie 50 g Paniermehl in einen Teller. Schneiden Sie die Kutteln in 4—6 dreieckige Stücke. Lassen Sie die Butter in einem Topf zergehen, lassen Sie sie wieder abkühlen und schöpfen Sie die sich bildende weiße Fettschicht ab. Ziehen Sie die Kutteln durch die Eiermasse, umhüllen Sie diese mit dem Paniermehl und backen Sie sie in der geklärten Butter heraus (auf jeder Seite 4 bis 5 Minuten). Die Kutteln sollen innen weich und außen knusprig sein.

3 hartgekochte Eigelb
1 rohes Eigelb
Senf
$^1/_4$ l Öl
Zitronensaft oder Essig

Machen Sie die Remouladensauce:

Verrühren Sie mit einem Schneebesen in einer Schüssel die hartgekochten Eigelb mit dem rohen Eigelb und dem Senf. Lassen Sie unter ständigem Rühren, wie bei der Zubereitung einer Mayonnaise, $^1/_4$ l Öl eintropfen. Würzen Sie die Sauce, rühren Sie den Zitronensaft oder den Essig unter und servieren Sie die Sauce zu den warmen Kutteln.

<u>Zubereitung:</u> 20 Min.
<u>Kochzeit:</u> 8—10 Min.
<u>Küchengeräte:</u>
Topf
Pfanne
Schneebesen

Beaujolais, Dôle Pinot, Noir, Salvagnin, Spätburgunder Spätlese trocken (Baden), St. Laurent

Kalbsbriesröschen auf Frühlingszwiebeln und Morcheln

Einkauf

(für 2 Personen):
240 g Kalbsbriesröschen von der Nuß
160 g Frühlingszwiebeln
12 kleine Morcheln

20 g halbgesalzene Butter
Prise Zucker
Pfeffer aus der Mühle
4 cl Champagner
2 cl dickflüssige Sahne
1 El geschlagene Sahne
20 g Butterstückchen
2 El Olivenöl
10 g Butter
Salz

2 El Olivenöl
10 g Butter
Salz
etwas Zitronensaft
Mehl, Ei, Paniermehl
Fett
Salz

6 cl feine Kalbssauce (braun)
4 cl Madeira
10 g Butter
Prise Cayenne

Kerbel

Zubereitung: 30 Min.
Küchengerät:
Teflonpfanne

Bereiten Sie die Zutaten vor:

Wässern Sie das Kalbries und zupfen Sie es in ca. 40 g schwere Röschen. Putzen Sie die Frühlingszwiebeln, waschen Sie sie und schneiden Sie sie in Scheiben. Putzen Sie die Morcheln, waschen Sie sie und legen Sie sie auf ein Tuch.

Bereiten Sie die Frühlingszwiebeln zu:

Lassen Sie die Butter hell aufschäumen, geben Sie die Zwiebelscheiben bei, würzen Sie mit Salz, einer Prise Zucker und Pfeffer aus der Mühle, garen Sie sie langsam, ohne daß sie Farbe nehmen. Zwischendurch löschen Sie mit Champagner ab und geben zum Schluß die Sahne bei, lassen einmal aufkochen und schwenken die kalten Butterstückchen ein, geben etwas Champagner bei und heben die geschlagene Sahne darunter.

Braten Sie das Kalbsbries und die Morcheln:

In der Zwischenzeit braten Sie das Bries in der Teflonpfanne. Lassen Sie Butter und Öl hell aufschäumen, legen Sie das rohe Bries ein, salzen Sie und braten Sie es langsam, damit es saftig bleibt, auf beiden Seiten braun.
Die Morcheln würzen Sie wie üblich, panieren sie und backen sie in heißem Fett heraus.

Machen Sie die Madeirasauce:

Lassen Sie den Madeira reduzieren, geben Sie die Kalbssauce bei, lassen Sie die Sauce dickflüssig einkochen, schwenken Sie die kalte Butter ein und würzen Sie mit einer Prise Cayenne.

Zum Servieren:

Betten Sie die Frühlingszwiebeln in die Mitte eines heißen Tellers, setzen Sie die Briesröschen darauf, beträufeln Sie diese mit Madeirasauce, umlegen Sie sie mit gebackenen Morcheln und garnieren Sie sie mit Kerbel.

Dies ist ein ausgesprochenes Frühlingsgericht.

Burgunder Roully, Riesling Kabinett, Ruländer Spätlese, Yvorne

Kaninchengelee mit Pfifferlingen

Einkauf:

200 g gut pariertes Kaninchenfleisch
100 g Lauch
30 g Schalotten
0,35 l Kaninchensülze
30 g Butter
200 g Pfifferlinge

150 g Gänseleber
3 El guter Essig
3 El Portwein
Salz, Pfeffer
Petersilie

Essig
Öl
Salz, Pfeffer
Schnittlauch

Zubereitung: 1 Std.
Kühlzeit: 6 Std.
Küchengeräte:
6 Töpfchen à 1,5 dl

Bereiten Sie die Zutaten vor:

Bereiten Sie eine Kaninchensülze nach dem Rezept auf Seite 263 zu. Braten Sie das Kaninchenfleisch und schneiden Sie es in kleine Würfel. Putzen Sie den Lauch, schneiden Sie ihn klein und blanchieren Sie ihn, hacken Sie die Schalotten fein und schwenken Sie sie kurz in Butter, putzen Sie die Pfifferlinge.

Füllen Sie das Kaninchengelee ein:

Schwenken Sie 6 Förmchen von je 1,5 dl Inhalt mit der Sülze aus, vermischen Sie das Kaninchenfleisch und die kalte, in Würfel geschnittene Gänseleber mit Salz, Pfeffer, Essig, Portwein, gehackter Petersilie, Schalotten und Lauch und füllen Sie das Ganze in die Förmchen ein. Lassen Sie sie im Kühlschrank 6 Stunden erkalten.

Bereiten Sie den Pfifferlingsalat zu:

Marinieren Sie die geputzten Pfifferlinge in einer Vinaigrette aus Essig, Öl, Salz, Pfeffer und Schnittlauch.

Zum Servieren:

Stürzen Sie die Sülze auf Teller und garnieren Sie sie mit dem Pfifferlingsalat.

Dezaley, Frühroter Veltliner, Petite Arvine flétrie, Welschriesling

Kaviarbeutel

Einkauf:

60 g Mehl
0,1 l Milch
3 Eier
25 g Butter (zerlassen)
Salz
5 cl Bier

Machen Sie den Teig:

Lösen Sie in einer großen Rührschüssel das Mehl in der Milch auf, fügen Sie die Eier hinzu und mengen Sie unter ständigem Rühren die zerlassene Butter, eine Prise Salz und das Bier darunter. Wenn der Teig glatt ist, lassen Sie ihn 2 Stunden ruhen.

1 nußgroßes Stück Butter pro Pfannkuchen

Backen Sie die Pfannkuchen:

Backen Sie die Pfannkuchen mit nur sehr wenig Butter einen nach dem anderen in einer kleinen Blinispfanne heraus. Das Geheimnis dieses Rezeptes verbirgt sich in diesem Vorgang, denn die Pfannkuchen dürfen weder zu dick noch zu dünn geraten. Zwischen die einzelnen Pfannkuchen legen Sie jeweils ein Blatt Pergamentpapier und lassen sie so 30 Minuten ruhen.
Der Teig reicht für ca. 30 Pfannkuchen.

200 g Sevruga Kaviar
5 cl Crème fraîche
1 dicker Bund Schnittlauch

Fertigen Sie die Beutel:

In die Mitte jedes Pfannkuchens setzen Sie 1/2 Kaffeelöffel Kaviar und eine Messerspitze Crème fraîche, schlagen die Pfannkuchenränder hoch und binden sie mit einem Schnittlauchhalm zu einem Beutel zusammen. Verlieren Sie dabei nicht die Geduld und machen Sie sich darauf gefaßt, daß Ihnen ein paar Beutel mißlingen werden.

Zum Servieren:

Es ist wichtig, daß die Beutel schön warm sind, stellen Sie sie deshalb vor dem Servieren für 2 Minuten auf den mittleren Einschub des Backrohrs (180°C, Thermostat Stufe 4—5). Servieren Sie sie anschließend sofort. Die Kaviarbeutel werden im Ganzen verzehrt.

Zubereitung: 45 Min.
Ruhezeit für den Teig: 2 Std.
Kochzeit: 2—3 Min. pro Pfannkuchen
Küchengeräte:
Blinispfanne
Pergament
Backblech
Rührschüssel
Schneebesen

Bourgogne blanc, Chablis, Champagne, Graves blanc, Johannisberg du Valais, Ostschweizer Pinot Gris, Riesling Sekt trocken, Weißburgunder

Linsen-Soufflé mit Speck und Linsensauce

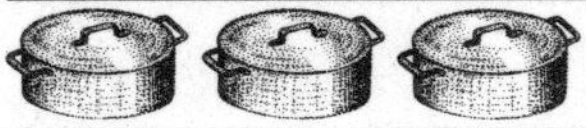

Einkauf:

250 g Linsen
100 g Speck
1 Zwiebel
70 g Butter
100 g Butter
6 Eigelb
Salz, weißer Pfeffer
4 Eiweiß
Salz
1 Prise Zucker

Bereiten Sie die Soufflémasse zu:

Weichen Sie 250 g Linsen über Nacht ein. Kochen Sie sie anschließend in reichlich Wasser ungewürzt weich. Braten Sie den Speck an, gießen Sie das Fett ab, geben Sie etwas Butter und gehackte Zwiebeln hinzu und lassen Sie diese anlaufen. Seihen Sie die Linsen ab, vermengen Sie sie mit dem Speck und den Zwiebeln und passieren Sie das Ganze.
Aus 100 g Butter, 6 Eigelb, etwas Salz und weißem Pfeffer stellen Sie eine cremige Masse her und ziehen das ausgekühlte Linsenpüree vorsichtig unter.
Schlagen Sie 4 Eiweiß mit etwas Salz und einer Prise Zucker steif und ziehen Sie sie ebenfalls vorsichtig unter die Linsenmasse.
Füllen Sie diese Masse in 6 gebutterte Förmchen und pochieren Sie sie in einer 30 cm hohen Kasserolle, die zwei Finger hoch mit Wasser gefüllt ist, 20 Minuten lang im 150°C (Thermostat Stufe 4) heißen Ofen.

60 g Linsen
40 g gerösteter Speck
40 g Zwiebel
20 g Petersilienwurzel
20 g Möhren/Karotten
50 g Butter
Salz, Pfeffer
Thymian
Majoran
Sahne oder
Crème fraîche

Machen Sie die Linsensauce:

Inzwischen stellen Sie aus 60 g weichgekochten Linsen, Speck, Zwiebeln, Petersilienwurzel, Möhren/Karotten, Butter, Salz, Pfeffer, Thymian und Majoran im Mixer eine cremige Masse her, passieren Sie und verfeinern Sie mit Sahne oder Crème fraîche.

Zum Servieren:

Stürzen Sie die Soufflés auf vorgewärmte Teller und verteilen Sie die erwärmte Linsensauce rundherum.

<u>Zeit zum Einweichen der Linsen:</u> 1 Nacht
<u>Zubereitung:</u> 1 Std.
<u>Küchengeräte:</u>
Kasserolle
6 feuerfeste
Souffléförmchen
Mixer
Schneebesen
Pfanne

Zur Stützung der Linsenmasse können Sie auch etwas Grieß verwenden. Ohne Umluft sollte die Kasserolle im Ofen zugedeckt sein.

Grüner Veltliner, Riesling Kabinett trocken, Riesling, Sylvaner

Omelette mit grünem Spargel

Einkauf:

1$^1/_2$ kg kleine,
grüne Spargeln
4 El Öl
Salz

Reinigen und kochen Sie die Spargeln:

Schälen Sie die Spargeln und schneiden Sie die Enden ab. Legen Sie die Spargelköpfe beiseite und schneiden Sie die verbleibenden Spargelstangen in 2—3 cm lange Stücke. Geben Sie 4 Eßlöffel Öl in die Pfanne und braten Sie die geschnittenen Spargeln 7—8 Minuten darin, während Sie mit einem Holzlöffel ständig umrühren. Gleichzeitig kochen Sie die Spargelköpfe 5 Minuten in Salzwasser. Lassen Sie die Spargelköpfe abtropfen und stellen Sie sie beiseite.

4 El Olivenöl
(oder $^2/_3$ Oliven- und
$^1/_3$ Erdnußöl)
1 Zitrone
Salz, Pfeffer
Schnittlauch
Petersilie,
Koriander
1 Tomate

Bereiten Sie die Sauce zu:

Zu dem mit Erdnußöl gemischten Olivenöl (falls der Geschmack des puren Olivenöls zu stark ist) fügen Sie Zitronensaft, Salz, gehackte Kräuter, den frisch geriebenen Koriander, Pfeffer und die in Streifen geschnittene, geschälte Tomate hinzu und mischen alles kräftig durch.

12 Eier
Pfeffer, Salz
(falls erwünscht
2 El Wasser, Milch
oder Crème fraîche)
40 g Butter

Braten Sie die Omelette:

Schlagen Sie die Eier in eine Schüssel, würzen Sie mit einer Prise Salz und Pfeffer (eventuell 2 Eßlöffel Wasser, Milch oder Crème fraîche hinzufügen) und schlagen Sie die Masse mit einer Gabel einige Sekunden kräftig durch. Lassen Sie Butter in einer Pfanne heiß, aber nicht braun werden, leeren Sie die Eier hinein. Braten Sie die Omelette, wobei darauf zu achten ist, daß sie nicht zu fest wird. Garnieren Sie sie mit den Spargelstücken. Lassen Sie die Omelette auf eine Platte gleiten, schlagen Sie sie zusammen und servieren Sie sie sofort mit den Spargelspitzen und der Sauce.

Zubereitung: 30 Min.
Kochzeit: ca. 20 Min.
Küchengeräte:
Pfanne
Sieb
Schüssel

Damit die Sauce durch den Saft der Tomate nicht zu wäßrig wird, schälen Sie die Tomate am Vorabend (nachdem diese in kochendes Wasser getaucht und kalt abgeschreckt wurde), legen sie in ein Sieb über einer Schüssel und stellen das ganze zum Abtropfen über Nacht in den Kühlschrank.

Muscat du Valais, Müller-Thurgau, Neuburger, Vouvray, am besten paßt Wasser

Mousse von Räucherfischen mit Pilzen

Einkauf

(für 4 Personen):
Schalen von
10 Flußkrebsen
5 El Butter
$^{1}/_{2}$ Stange Lauch
1 Möhre/Karotte
3 Schalotten
2 Knoblauchzehen
Pfefferkörner
Lorbeerblatt
1 El Tomatenmark
3 frische Tomaten
2 Stengel Petersilie
2 Stengel Kerbel
$^{1}/_{2}$ l trockener Weißwein
1 El Sahne
4 cl Weinbrand
Salz, rosa Pfeffer
aus der Mühle
2 Blatt Gelatine

Bereiten Sie zuerst den Krebsfond zu:

Für die geklärte Butter lassen Sie 4—5 Eßlöffel Butter in einem Topf bei kleiner Hitze zergehen, bis sie schaumig wird. Danach hat sich auf dem Topfboden Molke abgesetzt. Schöpfen Sie die klare Butter ab. Für den Krebsfond rösten Sie die Krebsschalen in der geklärten Butter an und geben dann das Gemüse, die Tomaten und das Tomatenmark dazu. Lassen Sie das Ganze weiterrösten, bis das Gemüse eine goldgelbe Färbung angenommen hat. Löschen Sie mit dem Weißwein ab und füllen Sie mit 1 Liter Wasser auf. Lassen Sie auf $^{1}/_{4}$ Liter einkochen und passieren Sie das Ganze. Verrühren Sie den Krebsfond mit Sahne, Weinbrand, Salz, Pfeffer und 2 Blatt aufgelöster Gelatine und gießen Sie damit eine Terrine aus.

3 Karkassen (Gräten, Kopf und Schwanz) von der Seezunge
0,7 l trockener Weißwein
10 Pfefferkörner
$^{1}/_{4}$ Stange Lauch
1 Stück Sellerie
5 Salbeiblätter
1 Kräutersträußchen (2—3 Stengel Petersilie, 1 Thymianstengel und 1 Lorbeerblatt zusammengebunden)

Machen Sie dann den Fischfond:

Kochen Sie die Fischabfälle mit etwas Wasser kurz auf, schütten Sie sie auf ein Sieb und spülen Sie sie kalt ab, dann setzen Sie sie mit dem Weißwein an, fügen die angegebenen Zutaten bei und lassen sie 20 Minuten köcheln. Anschließend passieren Sie sie und lassen den Fischfond auf $^{1}/_{8}$ Liter einkochen.

5 geräucherte Forellenfilets
$^{1}/_{8}$ l Crème fraîche
1 Bund Dill
Zitronensaft
$^{1}/_{4}$ l Schlagsahne
rosa Pfeffer
aus der Mühle
6 Blatt Gelatine

Kümmern Sie sich dann um die Mousse:

Für die Mousse pürieren Sie die Forellenfilets mit dem Fischfond und sechs Blatt aufgelöster Gelatine im Mixer und streichen die Masse durch ein Haarsieb. Schmecken Sie mit Salz, Pfeffer, Zitrone und gehacktem Dill ab. Verrühren Sie die Mousse mit Crème fraîche. Ziehen Sie die geschlagene Sahne unter. Füllen Sie die Masse in die mit dem Krebsfond ausgegossene, vorbereitete Terrine und decken Sie diese mit Klarsichtfolie ab. Stellen Sie sie etwa 6 Stunden kalt.

Marinieren Sie zuletzt die Pilze:

4 rosa Champignons
10 Trompetenpilze (Herbstrompeten, auch getrocknet)
2 El Sherryessig
1 El Walnußöl
Pfeffer aus der Mühle
1 Prise Salz

Schneiden Sie die Champignons ohne Lamellen und Stiele in Streifen, die Trompetenpilze in Scheiben und fügen Sie Sherryessig, Walnußöl, Pfeffer und Salz bei. Lassen Sie sie kurz marinieren und servieren Sie sie nach dem Anrichten sofort mit der Mousse.

Zubereitung: 2 Std.
Kühlzeit: 6 Std.
Küchengeräte:
Kochtopf
Spitzsieb
Haarsieb
Terrinen- oder Pastetenform

Champagner, Fendant, Neuchâtel blanc sur lie, Roter Veltliner (weiß), Sekt

Radieschen mit grüner Butter

Einkauf:

3 Bund Radieschen

Bereiten Sie die Radieschen vor:

Waschen und putzen Sie die Radieschen und lassen Sie sie gut abtropfen. Legen Sie die Hälfte der Radieschenblätter beiseite und heben Sie sie einstweilen auf.

Richten Sie die Radieschen an:

120 g Butter
Salz, Pfeffer

Putzen Sie die Radieschenblätter und hacken Sie sie fein, vermischen Sie sie mit der Butter und würzen sie mit Salz und Pfeffer. Schneiden Sie die Radieschen mit einem Messer kreuzförmig ein und füllen Sie die vorbereitete Butter mit Hilfe eines Spritzsackes ein. Bringen Sie die Radieschen kalt zu Tisch.

Zubereitung: 10 Min.
Küchengerät:
Spritzsack

Als Amuse-Gueule geeignet.

Wasser oder Bier

Poulardensülze in Schnittlauchmarinade

Einkauf:

4 Poulardenkeulen (Hühnerkeulen)
1 Kalbsfuß
1 Knolle Sellerie
2 Möhren/Karotten
1 Stange Lauch
fein geschnittener Kerbel und Schnittlauch
Gewürze, Salz, Pfeffer
4 Poulardenlebern
80 g Gänseleber
3 cl Portwein

Bereiten Sie die Poulardensülze zu:

Setzen Sie den ganzen Kalbsfuß in einen Topf mit kaltem Wasser auf und lassen Sie ihn vier Stunden langsam kochen. Dann geben Sie die Poulardenkeulen ebenfalls in den Topf, putzen das Gemüse, waschen es und geben es unzerteilt dazu. Nach etwa 20 bis 30 Minuten leichtem Sieden sind Geflügelfleisch und Gemüse gar. Lösen Sie die Poulardenkeulen von Haut und Knochen und schneiden Sie die Gemüse in kleine Würfel. Der Kalbsfuß wird nicht mehr benötigt. Gießen Sie den Fond durch ein Sieb und lassen Sie ihn erkalten, um zu sehen, ob der Fond genügend geliert. Notfalls geben Sie ein paar Blatt Gelatine dazu.

Schneiden Sie die Gänseleber in kleine Würfel und lassen Sie sie mit der Gewürzmischung und Portwein zirka $^1/_2$ Stunde marinieren. Schneiden Sie das Poulardenfleisch in feine Würfel, vermengen Sie Gemüse, Kräuter und Gänseleber gut mit dem Fond und füllen Sie alles in eine passende Terrinenform oder kleine Timbalförmchen. Lassen Sie die Sülze erkalten, stürzen Sie sie und schneiden Sie sie vorsichtig auf.

50 g Schnittlauch
20 g geschälte Schalotten
1 Ei
10 g Dijon-Senf
10 g Salz
Pfeffer aus der Mühle
3 cl Sherryessig
0,1 l Rinderbrühe oder Geflügelbrühe
0,3 l Distelöl oder Traubenkernöl

Rühren Sie die Salatsauce an:

Pürieren Sie alle Zutaten außer dem Öl im Küchenmixer fein, geben Sie zum Schluß das Öl tropfenweise zu und rühren Sie das Ganze zu einer glatten Salatsauce.

Passieren Sie die fertige Salatsauce durch ein feines Haarsieb.

Zum Servieren:

Verteilen Sie die Schnittlauchvinaigrette auf Teller und geben Sie die aufgeschnittene Sülze darauf.

Zubereitung: 20 Min.
Küchengeräte:
Mixer
Haarsieb
Schüssel
Terrine oder Timbalförmchen

Aigle, Fendant Leytron, Ruländer, Tokaye d'Alsace

Salat Niçoise (Originalrezept)

Einkauf:

8 schöne Tomaten
1 mittelgroße Gurke
15 Radieschen
2 rote oder grüne Paprika
1 Scheibe Sellerie
6 kleine, junge Artischocken
400 g Gartenbohnen
2 Knoblauchzehen
2 schöne Zwiebeln

4 Eier
70 g schwarze Oliven (aus Nizza)
1 kleine Dose Thunfisch
10 in Öl eingelegte Sardellenfilets

3 El Essig
5 El Öl
Salz, Pfeffer
12 Basilikumblätter

Zubereitung: 20 Min.
Kochzeit: 10 Min.
Küchengeräte:
Salatschüssel
Küchenschere

Bereiten Sie die Gemüse vor:

Waschen, vierteln und entkernen Sie die Tomaten, schälen Sie die Gurke und schneiden Sie sie in dünne Scheiben, putzen Sie die Radieschen, entkernen Sie die Paprika und schneiden Sie alles, genau wie die Scheibe Sellerie, feinblättrig. Halbieren Sie die Artischocken, entfernen Sie die äußeren Blätter und nehmen Sie die Blume heraus. Putzen und schneiden Sie die Bohnen und kochen Sie sie kurz in Salzwasser. Die Knoblauchzehen und die Zwiebeln schneiden sie fein.

Machen Sie den Salat:

Kochen Sie die Eier 10 Minuten hart, arrangieren Sie das vorbereitete Gemüse in einer Salatschüssel und verteilen Sie die Oliven darüber. Fügen Sie den Thunfisch hinzu und legen Sie die Sardellenfilets kreuzförmig darüber, setzen Sie zwischen die Filets die hartgekochten Eierhälften und die jungen Artischockenhälften.

Rühren Sie die Marinade an:

Vermischen Sie 3 Eßlöffel Essig, 5 Eßlöffel Öl, Salz und Pfeffer und schneiden Sie die Basilikumblätter mit der Schere in die Marinade. Marinieren Sie den Salat erst kurz vor dem Servieren.

Côte de Provence, Genfer Gamay, Trockener Rosé (Wachau)

Salat von warmen Jakobsmuscheln

Einkauf:

12—15 Jakobsmuscheln (je nach Größe)

Nehmen Sie die Jakobsmuscheln aus der Schale:

Wenn Ihr Fischhändler die Muscheln noch nicht ausgelöst hat, öffnen Sie die Jakobsmuscheln. Dazu nehmen Sie die Muscheln mit der flachen Seite nach unten in die Hand, setzen die Messerspitze zwischen beiden Hälften an und durchtrennen den Schließmuskel. Öffnen Sie die Muscheln, lösen Sie das weiße Muschelfleisch mit einem spitzen Messer heraus und heben Sie den korallroten Rogen, den Sie für dieses Rezept nicht brauchen, auf.
Waschen Sie das weiße Muschelfleisch und schneiden Sie es je nach Dicke der einzelnen Stücke in je 2 oder 3 Scheiben.

3 reife Tomaten
1 El Himbeeressig
Salz, Pfeffer
3 El Olivenöl

Bereiten Sie die Tomaten und die Marinade zu:

Schälen Sie die Tomaten, nachdem Sie sie einige Sekunden lang in kochendes Wasser getaucht und kalt abgeschreckt haben. Halbieren Sie sie und entfernen Sie sorgfältig die Kerne.
Schneiden Sie das Fruchtfleisch in feine Streifen und lassen Sie es in einem Sieb abtropfen. Verrühren Sie in einem kleinen Gefäß den Himbeeressig mit Öl, Salz und Pfeffer.

Salz
Pfeffer
einige Halme Schnittlauch
einige Stämmchen Kerbel

Machen Sie den Salat fertig:

Im letzten Moment braten Sie die Jakobsmuschelscheiben in einer beschichteten Pfanne auf jeder Seite kurz (einige Sekunden) an. Richten Sie die Jakobsmuscheln auf einer Servierplatte an, legen Sie auf jede Muschelscheibe ein paar Tomatenstreifen, verteilen Sie die Marinade darüber und bestreuen Sie den Jakobsmuschel-Salat mit Schnittlauch und Kerbel.

Zubereitung: 15 Min.
Kochzeit: einige Min.
Küchengeräte:
kleines Gefäß
Sieb
beschichtete Pfanne

Frische Jakobsmuscheln sind zwar vorzuziehen, aber Sie können natürlich auch tiefgekühlte verwenden.
Lassen Sie sie im Kühlschrank auftauen, wenn möglich in Milch. Sie sind dann wesentlich zarter.

Chablis, Kluser Pinot blanc, Meursault, Rheinriesling, Riesling trocken (Rheinhessen)

Salate Suzy

Einkauf:

2 Herzen grüner Salat
Essig, Öl
Salz, Pfeffer
Zimt
15 g Zucker

800 g Tomaten
2 Zwiebeln
1 Knoblauchzehe
4 Stämmchen Petersilie
Essig, Öl
Salz, Pfeffer
Zimt, Kümmel

2 Gurken
Meersalz (falls erhältlich)
Thymian
Curry, Salz
30 g Zucker

Zubereitung: 10 Min.
für jeden Salat
Ruhezeit (Gurken): 2 Std.
Küchengeräte:
Salatschüssel
kleiner Schneebesen

Bereiten Sie den grünen Salat zu:

Schneiden Sie die Salatherzen in feine Streifen und machen Sie eine Marinade aus 3 Eßlöffeln Essig, 5 Eßlöffeln Öl, einer Prise Zimt, 15 g Staubzucker, einer Spur Salz und viel Pfeffer.

Machen Sie den Tomatensalat:

Schälen Sie die Tomaten (tauchen Sie sie dazu einige Sekunden in kochendes Wasser, schrecken Sie diese dann sofort kalt ab), entfernen Sie die Kerne und hacken Sie das Fruchtfleisch mit den Zwiebeln, dem Knoblauch, und der Petersilie kleinwürfelig. Machen Sie den Salat mit einer Marinade aus 3 Eßlöffeln Essig und 5 Eßlöffeln Öl an und würzen Sie mit Salz, Pfeffer, einer Prise Zimt und — was den Geschmack ausmacht — einer Spur Kümmel.

Richten Sie den Gurkensalat her:

Schälen Sie die Gurken und schneiden Sie sie feinblättrig. Lassen Sie sie mit (Meer)salz bestreut 2 Stunden stehen, damit sie ihre Flüssigkeit abgeben. Lassen Sie sie abtropfen und würzen Sie sie mit geriebenem Thymian, einem Kaffeelöffel Curry, Salz und 30 g Staubzucker.

Joghurt-Marinade ohne Essig

Schlagen Sie ein Joghurt (natur) mit einem Kaffeelöffel Senf, Salz, Pfeffer und 5 Eßlöffeln Olivenöl mit dem Schneebesen kräftig auf. Fügen Sie dann ein wenig Paprika, Curry, eine Prise geriebene Zitronenschale und eventuell eine Spur frische Kräuter hinzu und würzen Sie mit dieser Marinade ihre Möhren/Karotten-, Rote-Rüben-, Sellerie-, Champignon-, Tomaten und Gurkensalate.

Wasser

Salat Weinhändlerart mit Burgunderschnecken

Einkauf:

2 Möhren/Karotten
1 schöne Zwiebel
4—5 Schalotten
1 Stangensellerie
1 Flasche Meursault
(oder Weißburgunder)
1/8 l Weißweinessig
Salz, Pfeffer
250 g Schnecken
aus der Dose (gekocht
und gebrauchsfertig)

Endiviensalat
Frisé-Salat
Mischblattsalat
Löwenzahn
3 El Essig
5 El Öl
Salz, Pfeffer

300 g fingerdicke Scheiben
geräucherter Speck
15 g Butter

Zubereitung: 30 Min.
Kühlzeit: 1 Std.
Küchengeräte:
Kochtopf
Sieb
Bratpfanne

Bereiten Sie den Sud (court-bouillon) zu:

Schälen Sie die Möhren/Karotten, waschen Sie sie und schneiden Sie sie in Scheiben, schälen und zerkleinern Sie Zwiebel und Schalotten. Gießen Sie den Weißwein mit dem Essig und einem Liter Wasser in den Kochtopf und geben Sie die Möhren/Karotten, die Zwiebeln, die Schalotten, Salz und Pfeffer dazu. Bringen Sie den Sud zum Kochen und lassen Sie ihn dann 40 Minuten auf kleiner Flamme weiterköcheln. Nachdem Sie die Schnecken gewaschen haben, geben Sie sie einige Minuten in den Sud und halten Sie darin so lange wie möglich warm, damit sie seinen Geschmack annehmen.

Putzen Sie die Salate:

Der Endiviensalat, der Frisé-Salat, der Mischblattsalat und der Löwenzahn müssen sorgfältig geputzt und gewaschen werden. Mischen Sie die Salate nicht, sondern machen Sie jeden einzeln mit einer Marinade aus 3 Eßlöffeln Essig, 5 Eßlöffeln Öl, Salz und Pfeffer an, was einem leichteren Anrichten dient.

Braten Sie Speckwürfel und Schnecken:

Kurz vor dem Anrichten schneiden Sie die Speckscheiben in Würfel, lassen die Schnecken abtropfen und braten sie zusammen mit den Speckwürfeln, die Sie vorher mit heißem Wasser überbrüht haben, damit sie ihren salzigen Geschmack verlieren, in einem nußgroßen Stück Butter leicht an.

Zum Servieren:

Verteilen Sie die Salate auf die Teller, indem Sie zum Beispiel mit dem Endiviensalat beginnen, mit dem Frisé-Salat fortfahren, dann den Mischblattsalat arrangieren und schließlich mit dem Löwenzahn in der Mitte aufhören, auf den Sie dann die Speckwürfel und die Schnecken setzen.

Wenn Sie die angeführten Salate nicht bekommen, nehmen Sie verschiedene Blattsalate, je nach Saison.

Chablis, Gutedel weiß, Meursault, Pinot Gris, Weißburgunder

Schnitzel von der Entenleber

Einkauf:

3 Artischocken
Zitronensaft
3 Tomaten
12 Oliven (schwarze und grüne)

6 Tranchen Entenstopfleber, je ca. 80 g
2 El Sherryessig (Balsamico)
0,2 l Crème double
Salz, Pfeffer, Mehl

Zubereitung: 20 Min.
Küchengeräte:
Kochtopf
Pfanne

Bereiten Sie die Gemüse vor:

Putzen Sie die Artischocken und schneiden Sie die Böden zurecht, beträufeln Sie sie sofort mit Zitronensaft, damit sie nicht braun werden. Kochen Sie sie, aber nicht zu lange, und schneiden Sie sie anschließend in Würfel von ca. $^1/_2$ cm. Schälen und entkernen Sie die Tomaten und schneiden Sie sie ebenfalls in Würfel. Entkernen Sie die Oliven und hacken Sie sie grob.

Stellen Sie das Gericht fertig:

Erhitzen Sie die Artischocken, Oliven und Tomaten kurz mit etwas Essig, schmecken Sie sie ab, fügen Sie den Rahm bei und lassen Sie die Mischung etwas reduzieren. Salzen und pfeffern Sie die Leberschnitzel und bestäuben Sie sie mit etwas Mehl, klopfen Sie sie gut ab und braten Sie sie in einer Pfanne beidseitig ca. 1 Minute kurz an. Richten Sie das Gemüseragout auf Tellern oder kleinen Pfännchen an, legen Sie die Leber darauf. Servieren Sie sofort.

Malvoisie, Traminer Spätlese trocken (Nahe), trockene Beerenauslese

Tarator

Einkauf:

5 Halme Schnittlauch
2 Stämmchen Petersilie
1 Schalotte
$^1/_4$ l Weinessig
1 Saint-Florentin (Käse)
0,1 l Crème fraîche
Olivenöl, Salz, Pfeffer

Zubereitung: 5 Min.
Zeit zum Ziehen: 1 Std.
Küchengeräte:
Salatschüssel

Bereiten Sie den Tarator zu:

Hacken Sie den Schnittlauch, die Petersilie und die Schalotte klein und lassen Sie diese Zutaten 1 Stunde im Weinessig ziehen. Vermischen Sie anschließend den Saint-Florentin (französischer Käse, der dem „Türkischen" am ähnlichsten ist) mit der Crème fraîche. Fügen Sie die abgetropften Gewürze, einen Schuß Olivenöl; Salz und Pfeffer hinzu und bringen Sie das Gericht kalt zu Tisch.

trockene Weißweine

Seeteufelterrine

Einkauf:

900 g Seeteufel (Angler)
3 Stämmchen Petersilie
5 Stämmchen Estragon
Salz, Pfeffer
0,5 l Crème fraîche
2 Eiweiß
20 g Butter

Bereiten Sie die Pastete zu:

Schneiden Sie den gut geputzten Fisch (ohne Haut) in Stücke und geben Sie ihn mit der Petersilie, dem Estragon, Salz und Pfeffer zum Zerkleinern in den Mixer. Vermischen Sie nach und nach die gut gekühlten Fischfilets mit der Crème fraîche, zuerst mit Hilfe eines Kochlöffels, dann mit dem Handmixer, doch rühren Sie die Masse nicht zu lange, damit sie nicht zu Butter wird. Dann geben Sie die Fischfarce in eine Schüssel und heben vorsichtig die zu Schnee geschlagenen Eiweiß unter.
Füllen Sie die Masse in eine mit bebuttertem Pergamentpapier oder bebutterter Alufolie ausgelegte Terrinen- oder Pastetenform. Lassen Sie die Pastete 30 bis 35 Minuten im mittelheißen Rohr (200°C, Thermostat Stufe 6) in einem Wasserbad ziehen. Ob die Pastete durch ist, überprüfen Sie mit einem Messer, das Sie in die Pastete stechen. Ist die Klinge beim Herausziehen trocken, ist die Pastete fertig. Lassen Sie die Pastete 3 Stunden im Kühlschrank abkühlen, bevor Sie diese aus der Form nehmen.

Zubereitung: 15 Min.
Kochzeit: 30—35 Min.
Kühlzeit: mind. 3 Std.
Küchengeräte:
Mixer
Handmixer
Pasteten- oder Kuchenform
Pergamentpapier oder Alufolie

Vietnamesischer Salat ▶

Bourgogne blanc, Graves blanc, Fendant, Muskat-Ottonel trocken, Fendant, Weißburgunder trocken

Spargelspitzen und Morcheln auf Blätterteig

Einkauf:

300 g fertiger Blätterteig
1 Ei

1 Prise Salz
1 kg grüne Spargelspitzen

0,3 l trockener Weißwein
3 gehackte Schalotten
Salz
Pfeffer aus der Mühle
200 g sehr kalte Butter
Kerbel
1 Bund Schnittlauch

200 g Morcheln
20 g Butter
Salz, Pfeffer
0,15 l Crème fraîche
1 El gehackter
Schnittlauch und Kerbel

Zubereitung: ca. 2 1/2 Std.
Rastzeit für den Teig:
2 Std. 20 Min.
Kochzeit: 25 Min.
Küchengeräte:
Nudelholz
Kochtopf
Küchenfaden
Schneebesen
Spitzsieb
Schwenkpfanne
Backblech

Beginnen Sie mit dem Blätterteig:

Rollen Sie den Blätterteig zu einem 20 x 40 cm großen und 3 bis 4 mm starken Rechteck aus und schneiden Sie 6 Rechtecke mit den Maßen 7 x 12 cm aus dem Teig. Legen Sie sie auf ein leicht befeuchtetes Backblech. Stechen Sie die Teigstücke 1,5 mm tief ein und ziehen Sie die Form des Rechtecks in 1 cm Abstand vom Rand nach. Bestreichen Sie die Oberfläche der Teigrechtecke mit dem geschlagenen Ei. Lassen Sie sie 20 Minuten kühl rasten und backen Sie diese anschließend bei 200°C (Thermostat Stufe 6) 15 Minuten lang im Rohr.

Bereiten Sie die Spargelspitzen zu:

Bringen Sie 4 Liter Wasser mit dem Salz zum Kochen. Schneiden Sie die Spargelspitzen auf 5 cm Länge zurecht, waschen Sie sie und binden Sie sie zu 6 Bündeln zusammen. Kochen Sie sie 7 bis 8 Minuten lang und lassen Sie sie abtropfen, ohne sie abzuschrecken.

Machen Sie die Sauce:

Kochen Sie die 0,3 Liter Wein mit den gehackten Schalotten, dem Salz und dem Pfeffer auf ein Drittel ein. Fügen Sie stückweise Butter bei. Nehmen Sie die Sauce vom Feuer, schwenken Sie die Kasserolle einige Male und schlagen Sie die Sauce dann so lange mit dem Schneebesen, bis sie glatt und schaumig wird. Seihen Sie sie durch ein Spitzensieb und geben Sie den gehackten Kerbel und den geschnittenen Schnittlauch dazu.

Dünsten Sie die Morcheln:

Entfernen Sie den erdigen Teil der Morcheln und waschen Sie sie. Lassen Sie die Butter in einer Schwenkpfanne zergehen und schwitzen Sie die Morcheln 2 bis 3 Minuten in der Butter an. Würzen Sie, fügen Sie die Crème fraîche hinzu und kochen Sie die Sauce ein, bis sie dicklich wird. Dann mischen Sie den Kerbel und den Schnittlauch darunter.

Zum Servieren:

Heben Sie mit der Spitze eines Messers die Deckel der Blätterteig-Rechtecke ab und entfernen Sie den überschüssigen Teig aus ihrem Inneren. Verteilen Sie zuerst die Spargelspitzen und dann die Morcheln auf den Blätterteigpolstern. Legen Sie die Deckel etwas schräg wieder auf. Überziehen Sie sie mit der warmen Butter und servieren Sie.

◀ Ziegenkäse warm mit Salat

leichter Riesling oder Wasser

Schnelle Salate

Einkauf:
2 Knoblauchzehen
500 g Möhren/Karotten
Essig, Salz
Roter Paprika, Kümmel

Zubereitung: 20 Min.
Küchengeräte:
Topf
Salatschüssel

Gekochte Möhren/Karotten:
Kochen Sie die der Länge nach geviertelten Möhren/Karotten mit den Knoblauchzehen (ungefähr 20 Minuten). Marinieren Sie die Möhren/Karotten mit Essig, Salz und Paprika und bestreuen Sie sie mit einem Kaffeelöffel Kümmel. Dieser originelle und erfrischende Salat hält sich einige Tage.

Einkauf:
500 g Möhren/Karotten
Orangenessenz
15 g Staubzucker
1 Zitrone, Salz
2 Orangen

Zubereitung: 10 Min.
Küchengeräte:
Reibeisen
Salatschüssel

Geriebene Möhren/Karotten mit Orangen:
Schälen Sie die Möhren/Karotten und schneiden Sie sie der Länge nach in Streifen. Vermischen Sie einen Eßlöffel Orangenessenz mit 15 g Staubzucker, dem Saft einer Zitrone und Salz. Reiben Sie in diese Mischung die Möhren/Karotten und fügen Sie zwei in Scheiben geschnittene Orangen bei. Servieren Sie den Salat kalt.

Einkauf:
6 Auberginen (Melanzani)
Salz, Pfeffer
0,1 l Olivenöl
1 Zitrone

Zubereitung: 30 Min.
Küchengeräte:
Mixer
Salatschüssel

Auberginen (Melanzani):
Waschen und trocknen Sie die Auberginen (Melanzani). Grillen Sie diese im sehr heißen Rohr von jeder Seite, bis die Haut ganz braun ist. Entfernen Sie die Haut, zerkleinern Sie das Fruchtfleisch im Mixer und geben Sie es in eine Salatschüssel, wo Sie es mit Hilfe eines Löffels mit Salz, Pfeffer, Olivenöl und dem Saft einer Zitrone vermischen. Servieren Sie den Auberginen-(Melanzani)-Salat kalt.

Einkauf:
3 Zitronen
2 Zwiebeln
Salz, Pfeffer
Öl
Paprika

Zubereitung: 5 Min.
Küchengerät:
Salatschüssel

Zitronen:
Schälen Sie die Zitronen und schneiden Sie diese in Stücke. Geben Sie die Zitronenstücke in eine Schüssel, fügen Sie die feinblättrig geschnittenen Zwiebeln, Salz, Pfeffer, 3 Eßlöffel Öl und eine Prise Paprika hinzu.
Lassen Sie die Zitronen einige Stunden ziehen und bringen Sie sie kalt zu Tisch.

Einkauf:

1 Bund Petersilie
2 frische Zwiebeln
1 große Zitrone
Salz, 1 Zitrone

Zubereitung: 5 Min.
Küchengerät:
Salatschüssel

Petersilie

Hacken Sie einen dicken Bund Petersilie und mischen Sie ihn mit den feinblättrig geschnittenen Zwiebeln und der kleingeschnittenen Zitrone. Salzen Sie und schmecken Sie mit etwas Zitronensaft ab.

Einkauf:

300 g schwarze Oliven
2 Zitronen
Paprika
Kümmel, Öl
1 Handvoll Petersilie

Zubereitung: 10 Min.
Küchengerät:
Oliven- oder Kirschen-Entkerner

Schwarze Oliven:

Entkernen Sie die Oliven und schneiden Sie die Zitronen kleinwürfelig. Würzen Sie mit einem Kaffeelöffel Paprika, einem halben Kaffeelöffel Kümmel, 3 Eßlöffeln Öl und einer Handvoll gehackter Petersilie. Lassen Sie die Oliven zwei Stunden lang ziehen, bevor Sie den Salat kalt zu Tisch bringen.

Einkauf:

5 schöne rote Paprika
2 Tomaten
Salz
1 Zitrone
Pfeffer, Kümmel
1 Kl gehackte Petersilie
Öl

Zubereitung: 30 Min.
Küchengerät:
Salatschüssel

Paprika und Tomaten:

Grillen Sie 5 schöne Paprika im Rohr (220°C, Thermostat Stufe 7) und enthäuten Sie diese. Schälen Sie 2 Tomaten, halbieren und entkernen Sie sie und schneiden Sie die Tomaten und die Paprika in kleine Würfel. Würzen Sie mit Salz, Zitronensaft, Pfeffer, 1 Kaffeelöffel Kümmel, 1 Kaffeelöffel gehackter Petersilie und 3 Eßlöffeln Öl. Servieren Sie den Salat gut gekühlt.

Einkauf:

2 grüne Salate (Kopfsalat)
Salz
15 g Zucker
Orangenessenz
1 Zitrone
0,3 l Öl
3 Orangen

Zubereitung: 10 Min.
Küchengerät:
Salatschüssel

Grüner Salat mit Orangen:

Waschen Sie die Salatherzen und die zarten -blätter, schneiden Sie diese in Streifen und fügen Sie Salz, Zucker, einen Eßlöffel Orangenessenz, Zitronensaft, den Saft einer Orange und Öl hinzu. Mischen Sie den Salat gut durch und vermengen Sie ihn mit den in dünne Scheiben geschnittenen, geschälten und enthäuteten Orangen. Servieren Sie den Salat sehr kalt.

Spinattopfennockerln (Spinatquarkspätzle)

Einkauf

(für 4 Personen):
150 g Spinat
4 frische
Semmeln/Brötchen
100 g geriebener
Bergkäse
350 g Topfen/Quark
4 Eier
1 El Mehl
Salz
Pfeffer aus der Mühle
Muskatnuß

150 g Blattspinat
20 g Butter

Zubereitung: 30 Min.
Küchengeräte:
Kochtopf
Fleischwolf
Handmixer mit
Schneebesen

Bereiten Sie die Nockerln/Spätzle zu:

Waschen Sie den Spinat, überwallen Sie ihn kurz in stark gesalzenem Wasser und schrecken Sie ihn in Eiswasser ab. Drücken Sie den Spinat gut aus. Entrinden Sie die Semmeln/Brötchen und schneiden Sie sie in kleine Würfel. Vermengen Sie die Brotwürfel, den Spinat und den geriebenen Bergkäse und drehen Sie das Ganze durch die mittlere Scheibe des Fleischwolfes.
Rühren Sie den Topfen/Quark mit den Eiern flaumig und arbeiten Sie ihn mit allen anderen Zutaten zu einer geschmeidigen Masse durch.
Stechen Sie mit einem Eßlöffel Nockerln/Spätzle aus und pochieren Sie diese 10 Minuten in leicht gesalzenem Wasser.

Zum Servieren:

Richten Sie die Nockerln/Spätzle auf einem großen Teller auf frischem, in Butter geschwenktem Blattspinat an und überziehen Sie sie mit gebräunter Butter.

Goron, Johannisberg du Valais, Neuburger, Ruländer

Tomatenkuchen mit Basilikum

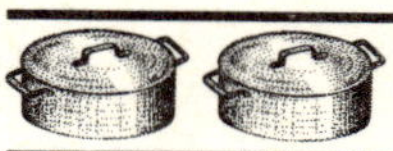

Einkauf:

9 frische Basilikumblätter
Olivenöl
400 g fertiger Blätterteig
(oder nach Rezept
Seite 260)
Öl
6 El Tomatenmark
6 Tomaten
Salz, Pfeffer
60 g Zucker
geriebener Thymian

9 Basilikumblätter

Bereiten Sie die Kuchen vor:

Hacken Sie das Basilikum und marinieren Sie es 6 Minuten in Olivenöl. Rollen Sie den Teig mit dem Nudelholz auf 4 mm Stärke aus und schneiden Sie 6 Kreise mit einem Durchmesser von 21 cm heraus. Legen Sie diese Teigkreise auf ein eingeöltes Backblech und stechen Sie mit einer Gabel Löcher in den Teig, damit dieser beim Backen nicht ungleichmäßig aufgeht. Tragen Sie mit einem Pinsel das Öl mit dem Basilikum gleichmäßig auf, wobei Sie jeweils einen Rand von 1 cm freilassen. Schneiden Sie die Tomaten in 3 mm starke Scheiben und verteilen Sie die Tomatenscheiben auf den bestrichenen Teigscheiben. Salzen, pfeffern und zuckern Sie die Kuchen und bestreuen Sie sie mit einigen Messerspitzen Thymian.

Backen Sie die Kuchen:

Backen Sie die Kuchen 15 Minuten bei 240° C (Thermostat Stufe 7—8) und bestreuen Sie sie kurz vor dem Servieren mit dem frisch gehackten Basilikum.

<u>Zubereitung:</u> 30 Min.
<u>Kochzeit:</u> ca. 15 Min.
<u>Küchengeräte:</u>
Nudelholz
Pinsel
Backblech

Blauer Zweigelt, Côte de Provence rouge (frais), Goron

Tomatengelee mit Flußkrebsen und Wachtelei auf Kaviarsahne

Einkauf:

1 kg reife Tomaten

24 Flußkrebse
6 Wachteleier
Salz

5 Blatt Gelatine
Salz, Zucker
Estragonessig

0,2 l Crème double
oder Sahne
25 g Kaviar
Pfeffer aus der Mühle

Bereiten Sie die Tomaten vor:

Schneiden Sie die Tomaten in Stücke und pürieren Sie sie im Mixer. Geben Sie die Masse in ein Passiertuch, binden Sie es zusammen und hängen Sie es an einer Schnur auf. Fangen Sie den langsam abtropfenden Tomatensaft in einem Gefäß auf (am besten über Nacht hängen lassen) — es entsteht dabei etwa ein halber Liter klarer Saft.

Kochen Sie Flußkrebse und Wachteleier:

Geben Sie die Flußkrebse in kochendes Salzwasser, lassen Sie sie aufkochen und 10 Minuten ziehen, nehmen Sie sie dann heraus und brechen Sie nach dem Erkalten die Schwänze und Scheren aus. Geben Sie die Wachteleier in kochendes Wasser, lassen Sie sie 3 Minuten kochen, schrecken Sie sie ab und schälen Sie sie.

Machen Sie das Tomatengelee:

Weichen Sie die Gelatine in kaltem Wasser ein. Erhitzen Sie den Tomatensaft leicht und schmecken Sie ihn mit Salz, Zucker und Estragonessig ab. Nehmen Sie die Gelatine aus dem Wasser, drücken Sie sie aus und lösen Sie sie im Tomatensaft auf.

Vollenden Sie das Gericht:

Geben Sie je 4 Krebsschwänze und 1 Wachtelei nach Belieben in ein hohes oder flaches Förmchen, füllen Sie es mit dem überkühlten Gelee auf und stellen Sie es für etwa 3 Stunden in den Kühlschrank. Schlagen Sie die Crème double oder die Sahne mit einem Schneebesen etwas auf, ziehen Sie den Kaviar darunter und fügen Sie etwas Pfeffer aus der Mühle hinzu.

Zum Servieren:

Geben Sie die Sauce in die Mitte des Tellers, stürzen Sie das Gelee darauf und legen Sie die Krebsenscheren als Garnitur rundherum.

Zubereitung:
3 Std. 20 Min.
Kühlzeit: 3 Std.
Küchengeräte:
Kochtopf
Passiertuch
Schnur
kleine Förmchen
Schneebesen
Handmixer

Die Süße der Tomaten ist problematisch. Versuchen Sie einen reiferen, vollen Pinot gris.

Verlorene Eier im Töpfchen

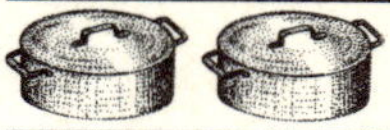

Einkauf:

2 mittlere Möhren/Karotten
1 große Lauchstange
2 weiße Rüben
Salz
4 Schalotten
$^1/_2$ l Rotwein

Kochen Sie die Gemüse:

Schälen Sie Möhren/Karotten, Lauch und weiße Rüben und kochen Sie das Gemüse 20 Minuten in Salzwasser. Lassen Sie es abtropfen und pürieren Sie es anschließend im Mixer. Schälen und zerkleinern Sie die Schalotten, geben Sie sie mit dem Rotwein in eine Pfanne und lassen Sie den Sud auf 0,2 Liter einkochen. Seihen Sie anschließend die Schalotten durch ein Spitzsieb, pressen Sie sie gut aus und stellen Sie sie beiseite.

Salz
1 El Essig
6 Eier

Pochieren Sie die Eier:

Kochen Sie gesalzenes Essigwasser in einem Topf auf. Lassen Sie ein Ei nach dem anderen zum Pochieren in einen Schöpflöffel und dann langsam in das leicht kochende Wasser gleiten. Nehmen Sie den Topf vom Feuer, decken Sie ihn zu und lassen Sie die Eier ungefähr 3 Minuten im Wasser ziehen. Nehmen Sie die Eier mit einem Schaumlöffel aus dem Wasser und lassen Sie sie auf saugfähigem Papier abtropfen. Schneiden Sie dabei das Eiweiß so zurecht, daß es hübsch aussieht.

120 g Butter
Salz, Pfeffer

Machen Sie die Sauce:

Geben Sie das Gemüsepüree und den eingekochten Rotwein in einen Topf und verrühren Sie beides auf kleiner Flamme. Nach und nach geben Sie die Butter in kleinen Stückchen dazu, schlagen die Sauce mit einem Schneebesen gut auf und würzen, wenn nötig, nach.

4 Halme gehackter Schnittlauch

Zum Servieren:

Setzen Sie die Eier in kleine Töpfchen (Cocotten), überziehen Sie sie mit der Sauce und streuen Sie Schnittlauch darüber. Servieren Sie sofort.

Zubereitung: 15 Min.
Kochzeit: ca. 1 Std.
Küchengeräte:
Kochtopf
Mixer
Spitzsieb
Schaumlöffel
Schneebesen
6 kleine Töpfchen (Cocotten)

Variationsmöglichkeit:
Sie können der Sauce auch 100 g kleinwürfelig geschnittene, 5 Minuten in kochendem Wasser blanchierte und dann in Butter geschwenkte Schweinsbrust beifügen.

Beaujolais, Blauer Zweigelt (jung), Bourgogne, Goron

Verrückter Salat

Einkauf:

1 Prise Salz
500 g grüne Bohnen
2 Trüffeln je 20 bis 30 g

Kochen Sie die grünen Bohnen:

Bringen Sie in einem großen Topf Salzwasser zum Kochen. Putzen und waschen Sie die Bohnen gründlich und lassen Sie sie 7 bis 8 Minuten kochen, damit sie noch knackig bleiben. Waschen und bürsten Sie die Trüffeln gründlich.

12 Langostinos oder
1 Hummer (1,2 kg)
Salz, Pfeffer
Essig

Präparieren Sie die Schalentiere:

Lassen Sie die Schalentiere in stark gesalzenem und gepfeffertem Wasser, dem Sie einen Schuß Essig beigefügt haben, kochen, die Langostinos vom Aufkochen an gerechnet 2 bis 3 Minuten, den Hummer 12 Minuten lang. Lösen Sie sie anschließend aus ihren Schalen und schneiden Sie den Hummerschwanz in Scheiben, die Schwänze der Langostinos der Länge nach einmal in die Hälfte.

1 El Zitronensaft
Salz, Pfeffer
3 El Erdnußöl
300 g Gänseleber

Bereiten Sie den Salat zu:

Verrühren Sie in einer großen Salatschüssel den Zitronensaft mit Öl, Salz und Pfeffer. Geben Sie die grünen Bohnen in die Schüssel und verteilen Sie das Fleisch der Schalentiere, die feinblättrig gehobelten oder geschnittenen Trüffeln und die in feine Streifen geschnittene Gänseleber darüber.
Mischen Sie den Salat vor dem Servieren vorsichtig durch.

Zubereitung: 15 Min.
Kochzeit: ca. 20 Min.
Küchengeräte:
2 große Töpfe
Salatschüssel

Nicht ganz so verrückt
Die Produkte, die Sie für dieses Rezept wählen, müssen selbstverständlich von bester Qualität sein. Statt der Trüffeln können Sie aber auch Trüffelschalen verwenden (in Dosen erhältlich). Der Salat ist zwar dann nicht ganz so gut, aber wesentlich billiger.

Chablis, Graves, Frühroter Veltliner, Salvagnin

Vietnamesischer Salat

Einkauf:

300 g weißes Hühnerfleisch
Salz, Pfeffer
100 g Sojabohnen-keimlinge

Kochen Sie das Hühnerfleisch:

Kochen Sie das Hühnerfleisch 10 bis 15 Minuten in einem Topf mit gut gewürztem Wasser. Kochen Sie die Sojabohnenkeimlinge 10 bis 15 Minuten im selben Wasser und lassen Sie diese abtropfen und auskühlen. Hacken Sie das Hühnerfleisch klein.

1 mittelgroße Gurke
3 Möhren/Karotten
2 Stück Stangensellerie
10 Radieschen
3 Zweige frische Pfefferminze
3 Zweige frischer Koriander
120 g Krabbenfleisch oder Krevetten/Garnelen

Bereiten Sie die Zutaten vor:

Schälen Sie die Gurke und die Möhren/Karotten und schneiden Sie diese in dünne Scheiben. Putzen Sie den Stangensellerie und schneiden Sie auch diesen in feine Scheiben. Putzen Sie die Radieschen und schneiden Sie sie blättrig. Hacken Sie die Kräuter fein und zerpflücken Sie das Krabbenfleisch.

2 Zitronen
Erdnußöl
nuoc man (Gewürzsauce aus Fischextrakt, in Flaschen erhältlich)
Sojasauce
Salz, Pfeffer

Machen Sie die Sauce:

Pressen Sie die Zitronen gut aus und verrühren Sie in einem Gefäß den Zitronensaft, 5 Eßlöffel Erdnußöl, 4 Kaffeelöffel nuoc man und 1 Kaffeelöffel Sojasauce und würzen Sie mit Salz und Pfeffer.

50 g geschälte Erdnüsse

Zum Servieren:

Gießen Sie die Marinade in eine Salatschüssel, vermischen Sie die verschiedenen Gemüse und verteilen Sie das Hühner- und das Krabbenfleisch, die gehackte Pfefferminze und den Koriander sowie die geschälten Erdnüsse darüber. Kurz bevor Sie den Salat zu Tisch bringen, mischen Sie ihn kräftig durch.

Zubereitung: 25 Min.
Kochzeit: ca. 15 Min.
Küchengeräte:
Topf
Sieb
Zitronenpresse
Salatschüssel

Noch eine ganz banale Vorspeise
Weiche Eier in Brioche-Brötchen sind einfach zuzubereiten, aber originell.
Schneiden Sie den Deckel ab, höhlen Sie die Brioche-Brötchen vorsichtig aus und schlagen Sie ein Ei hinein. Würzen Sie mit Curry und Salz, setzen Sie den Deckel wieder auf und stellen Sie die Brioche-Brötchen für 5 Minuten bei mittlerer Hitze ins Rohr.

Oeil de Perdrix, Rheinriesling, Riesling Kabinett trocken, Tavel rosé

Weizennudeln in St.-Laurent-Butter

Einkauf:

500 g Durumweizen
4—5 Eier
etwas Salz

Machen Sie den Nudelteig:

Verkneten Sie das Weizenmehl mit den ganzen Eiern und etwas Salz zu einem festen Teig, lassen Sie ihn etwa eine Stunde rasten und rollen Sie ihn dann zu der gewünschten Stärke aus. Schneiden Sie den Teig in ca. 3 mm breite Streifen, lockern sie die Nudeln auf und bemehlen Sie sie.

2 Flaschen (0,7 l) St.-Laurent (oder Spätburgunder bzw. Clevner)
60 g Schalotten
$^1/_2$ l Consommé
weißer Pfeffer

Bereiten Sie die St.-Laurent-Butter zu:

Lassen Sie 2 Flaschen (0,7 l) St. Laurent (oder Spätburgunder bzw. Clevner) mit 60 g Schalotten und $^1/_2$ Liter Consommé sowie etwas weißem Pfeffer auf $^1/_8$ Liter reduzieren.

Kochen Sie die Nudeln:

Kochen Sie die Nudeln in reichlich schwach gesalzenem Wasser je nach Härtegrad des Wassers 15 bis 25 Sekunden (!) und spülen Sie sie dann kalt ab.

Vollenden Sie das Gericht:

Schlagen Sie die auf $^1/_8$ Liter eingekochte Flüssigkeit mit 200 g Butter auf und erwärmen Sie die Nudeln darin. Schmecken Sie zum Schluß ab.

Zubereitung: ca. 2 Std.
Küchengeräte:
Kasserolle
Kasserolle zum Einkochen
Pfanne

Sollte Durumweizen nicht erhältlich sein, verwenden Sie griffiges Mehl und anstatt Salz Gemüsepulver.

Clevner, Spätburgunder, St. Laurent (in Anpassung an den im Rezept verwendeten Wein)

Wildentenpastete mit Äpfeln

Einkauf:

200 g Zwiebeln
200 g Möhren/Karotten
2 Äpfel
300 g frische Schweinsbrust
2 junge Wildenten
1/4 Lorbeerblatt
1 Stämmchen Thymian
1 Stämmchen Rosmarin
1 Stangensellerie
1/2 l Rotwein
Salz

Beginnen Sie mit der Ente:

Putzen Sie Gemüse und Äpfel und schneiden Sie alles in dünne Scheiben. Befreien Sie die Schweinsbrust von der Schwarte und den Knorpeln und schneiden Sie diese in kleine Würfel. Geben Sie die Schweinsbrustwürfel in einen Kochtopf, legen Sie die Enten darauf und bedecken Sie diese mit Gemüse, Äpfeln und Gewürzen. Schütten Sie den Rotwein dazu, salzen Sie (mit 30 g Salz) und bringen Sie alles auf mittlerer Flamme zum Kochen. Nach dem Aufkochen stellen Sie den Topf offen ins heiße Rohr (260°C, Thermostat Stufe 9) und lassen die Ente mit den Schweinsbrustwürfeln, dem Gemüse und den Äpfeln im Rotwein 1 Stunde lang kochen. Wenn die Enten durch sind, nehmen Sie sie aus dem Topf und lassen Sie auf einer Platte auskühlen.

Schale einer Mandarine
100 g Zucker
0,1 l Essig
1/2 l Wasser
Salz

Bereiten Sie die Farce und die Sauce:

Während die Ente auskühlt, pürieren Sie den Inhalt des Topfes (Schweinsbrust, Gemüse, Äpfel und Wein) mit der Mandarinenschale im Mixer. Lösen Sie die Ente aus und schneiden Sie das Fleisch in ungefähr 1 cm große Würfel. Geben Sie die Knochen mit dem Zucker in einen Topf und lassen Sie den Zucker unter ständigem Rühren karamelisieren. Wenn der Zucker zu karamelisieren beginnt, löschen Sie mit Essig ab, lassen alles einige Minuten lang weiterkochen und gießen dann mit Wasser auf. Salzen Sie ein wenig und lassen Sie die Flüssigkeit 30 Minuten auf kleiner Flamme einkochen. Nachdem Sie alles durch ein Spitzsieb gesiebt haben, sollten Ihnen ungefähr 0,1 Liter Flüssigkeit übrigbleiben.

2 Eier
Pfeffer aus der Mühle
Salz
1 große Schwarte

Machen Sie die Pastete:

Mischen Sie in einer Salatschüssel die im Mixer pürierte Farce, die Entenwürfel, den reduzierten Saft und die Eier gut durch und würzen Sie mit etwas Pfeffer aus der Mühle und Salz nach. Wenn die Masse gleichmäßig verrührt ist, füllen Sie sie in eine mit Speck ausgelegte Pastetenform, decken die Terrine zu und lassen sie im warmen Rohr (200°C, Thermostat Stufe 6) im Wasserbad eine Stunde lang ziehen. Lassen Sie die Pastete auskühlen und stellen Sie sie vor dem Servieren 24 Stunden in den Kühlschrank.

Zubereitung: 1 Std.
Kochzeit: 2 Std.
Kühlzeit: 24 Std.
Küchengeräte:
gußeiserner Kochtopf
Mixer mit Messer
Kochtopf
Spitzsieb
Pastetenform mit Deckel
Gefäß für das Wasserbad

Bei der Auswahl des Wildgeflügels vertrauen Sie nach Möglichkeit Ihrem Wildbrethändler. Verlangen Sie zarte, junge Wildenten, daran erkennbar, daß der Schnabel beim Zusammendrücken zwischen Daumen und Zeigefinger weich und biegsam ist.
Achtung: Wenn das Fett, das aus der Pastete austritt, klar ist, stechen Sie diese mit einem Messer an. Die Pastete muß sich leicht anstechen lassen, das Messer muß beim Herausziehen sauber sein, es dürfen keine Pastetenspuren daran haften, nur dann ist sie durch.

Blauburger, Blauburgunder Bündner Herrschaft, Blauer Portugieser, Bourgogne rouge, Dôle Pinot noir

Ziegenkäse warm mit Salat

Einkauf:

6 Scheiben Toast- oder Weißbrot
Öl
100 g Paniermehl

1 schöner Frisé-Salat
Essig, Öl
Salz, Pfeffer
2 Rollen Ziegenkäse
1 geschlagenes Ei

Rösten Sie die Brotwürfel:

Entfernen Sie die Rinde und schneiden Sie jede Scheibe in beliebige Rechtecke oder in kleine Würfel. Braten Sie die Brotwürfel in einer Pfanne mit etwas Öl goldbraun.

Richten Sie den Salat und den Käse her:

Putzen Sie den Frisé-Salat und machen Sie aus 5 Eßlöffeln Öl, 2 Eßlöffeln Essig, Salz und Pfeffer eine Marinade.
Wählen Sie einen Ziegenkäse in Rollenform, schneiden Sie ihn in sechs 1 cm dicke Scheiben. Tauchen Sie die Scheiben in geschlagenes Ei, wälzen Sie sie nachher im Paniermehl und braten Sie sie in einer Pfanne mit etwas Öl goldbraun (1 Minute auf jeder Seite).
Machen Sie den Salat unmittelbar vor dem Servieren an, verteilen Sie die gebackenen Ziegenkäseröllchen und die Weißbrotwürfel darauf und servieren Sie sofort.

Zubereitung: 10 Min.
Kochzeit: 5 Min.
Küchengeräte:
Bratpfanne
Salatschüssel

Muskat Sylvaner, Sancerre blanc, Sauvignon blanc, Weißburgunder (Pinot blanc)

SUPPEN

Andalusischer Gazpacho

Einkauf:

7 schöne Tomaten
1 grüne Paprikaschote
1 rote Paprikaschote
8 Zweige Kerbel
1 Scheibe altbackenes Landbrot
6 mittlere Zwiebeln
4 Scheiben altbackenes, in Wasser eingeweichtes, ausdrücktes Landbrot
1 Knoblauchzehe
1 Glas Olivenöl (insgesamt)
Salz, Pfeffer aus der Mühle, Cayennepfeffer

Bereiten Sie die kalte Suppe zu:

Waschen Sie das Gemüse. Legen Sie eine Scheibe Brot, 2 Tomaten, $^1/_3$ jeder Parpikaschote, 2 Zwiebeln und 4 Zweige Kerbel beiseite. Pürieren Sie das eingeweichte Brot, $^1/_2$ Tomate (vorzugsweise geschält, wozu Sie die Tomate kurz in heißes Wasser tauchen), den Knoblauch, die Zwiebeln, die restlichen Paprikaschoten und den Kerbel nach und nach im Mixer. Mischen Sie einen Eßlöffel Öl und 1 Glas Wasser dazu und schütten Sie die Masse, wenn sie gut zerkleinert und flüssig ist, in eine Suppen- oder Salatschüssel. Würzen Sie mit Salz, Pfeffer und Cayennepfeffer und wiederholen Sie diesen Vorgang, bis Sie alle Gewürze und alles Gemüse püriert haben. Sie sollten eine Suppe erhalten, die weder zu flüssig, noch zu fest ist. Stellen Sie die Suppe dann für 3 bis 4 Stunden in den Kühlschrank, denn andalusischer Gazpacho wird sehr kalt serviert.

Zum Servieren:

Schälen, entkernen und schneiden Sie die zwei beiseite gelegten Tomaten in kleine Würfel, zerkleinern Sie die übrig gebliebenen Zwiebeln, schneiden Sie das Brot kleinwürfelig und hacken Sie die Kerbelzweige. Richten Sie alle Zutaten auf Untertassen oder in kleinen Schüsseln an und servieren Sie sie so zum Gazpacho, daß sich jeder nach Geschmack selbst bedienen kann.

Zubereitung: 20 Min.
Kühlzeit: 3—4 Std.
Küchengeräte:
Mixer
Suppenschüssel
5 Untertassen oder kleine Schüsseln

El Gazpacho — die Suppe, die aus der Sonne kommt. Jedes andalusische Dorf — oder fast jedes — hat ein eigenes Gazpacho-Rezept. Die hier vorgeschlagene Version ist gängig und echt. Sie können die Zutaten variieren, indem Sie Gurken-, Sellerie- oder Avocadowürfel dazu servieren, Hühner- oder Entenstreifen oder alle möglichen gehackten Kräuter.

Cremesuppe von jungen Möhren/Karotten

Einkauf:

2 Schalotten
70 g Butter
250 g junge Möhren/Karotten
40 g Lauch
$^3/_4$ l Milch
$^1/_4$ l Sahne
Salz

Bereiten Sie die Suppe zu:

Hacken Sie die Schalotten fein, schwitzen Sie sie in der Butter an — sie sollen aber keine Farbe nehmen. Geben Sie die geputzten, in Scheiben geschnittenen Möhren/Karotten und den feingeschnittenen Lauch zu den Schalotten und lassen Sie sie gut anschwitzen. Gießen Sie mit der Milch und der Sahne auf und lassen Sie alles auf kleiner Flamme so lange köcheln, bis die Möhren/Karotten weich sind. Pürieren Sie anschließend das Ganze im Mixer gut durch und erhitzen Sie die Suppe dann nochmals, jedoch ohne sie kochen zu lassen. Wenn nötig, schmecken Sie mit etwas Salz ab.

1 El Rübenkraut
geröstete Weißbrotwürfel

Zum Servieren:

Füllen Sie die Suppe in vorgewärmte Suppentassen und streuen Sie gehacktes Rübenkraut darüber. Servieren Sie dazu geröstete kleine Brotwürfel.

Zubereitung: 30 Min.
Küchengeräte:
Mixer
Kasserolle

Erbsensuppe mit Erdbeeren und Hummer

Einkauf:

300 g Gartenerbsen
80 g Zwiebeln
40 g Speck
0,4 l Consommé
$^1/_8$ l Sahne oder Crème fraîche
20 g Cognac
Salz, Muskatnuß
2 El Sahne
40 g Butter

Bereiten Sie die Suppe zu:

Lassen Sie 300 g frische Gartenerbsen mit den in Butter angelaufenen Zwiebeln und etwas Speck sowie 0,4 Liter Consommé einmal aufwallen. Fügen Sie $^1/_8$ Liter Sahne oder Crème fraîche, 20 g Cognac, 80 g Butter sowie Muskatnuß und Salz hinzu und pürieren Sie das Ganze etwa 4 Minuten im Mixer.
Dann passieren Sie die Suppe und erwärmen sie mit 2 Eßlöffeln geschlagener Sahne und 40 g Butter, wobei die Suppe jedoch nicht kochen darf.

Erdbeeren
etwas Hummer

Zum Servieren:

Füllen Sie die Suppe mit ein paar Erdbeeren und Hummerstückchen in vorgewärmte Tassen.

Zubereitung: 10 Min.
Küchengeräte:
Kasserolle
Mixer
Passiersieb

Die Suppe sollte nie kochen, da sonst die Erbsen grau werden.

Spätlesen, Strohwein

Fasanenschaumsuppe mit rosa Pfeffer und Steinpilzen

Einkauf

(für 4 Personen):
1 Möhre/Karotte
$^1/_2$ Lauchstange
$^1/_4$ Sellerieknolle
1 Knoblauchzehe
1 Fasan, (ca. 1 kg, gerupft und ausgenommen)
100 g Butter
0,1 l Portwein
0,1 l Cognac
200 g Steinpilze
1 l Wild- oder Geflügelbrühe
Salz, Pfeffer
0,3 l Doppelrahm
einige Butterflocken
10 g rosa Pfefferkörner

Bereiten Sie die Suppe zu:

Putzen Sie das Gemüse und schneiden Sie es in feine Würfel. Schälen Sie die Knoblauchzehen und hacken Sie sie fein. Lösen Sie die beiden Fasanenbrüste heraus und hacken Sie die Knochen und die Schenkel fein.
Dämpfen Sie das Gemüse in Butter, ohne daß es Farbe nimmt. Fügen Sie die Fasanenknochen und die Schenkel bei und lassen Sie das Ganze 10 Minuten auf schwachem Feuer weiterdämpfen. Entfetten Sie den Fond, löschen Sie ihn mit Portwein ab und flambieren Sie den Cognac. Dann fügen Sie den Knoblauch und die geschnittenen Steinpilze hinzu und füllen mit der Wild- oder Geflügelbrühe auf. Lassen Sie das Ganze 1 Stunde auf schwachem Feuer kochen.
Entfetten Sie den Fond nochmals und passieren Sie ihn durch ein Haarsieb. Würzen Sie die Fasanenbrüste und braten Sie sie 6 Minuten von beiden Seiten an, lassen Sie sie einige Minuten abstehen und schneiden Sie sie danach in feine Scheiben. Erhitzen Sie die Wildsuppe nochmals, mixen Sie sie mit Doppelrahm und einigen Butterflocken schaumig und vollenden Sie die Suppe mit den rosa Pfefferkörnern.

Zum Servieren:

Verteilen Sie das Fasanenfleisch und eventuell auch einige Steinpilze auf Suppentellern und füllen Sie mit der Suppe auf.

Zubereitung: $1^1/_2$ Std.
Kochzeit: 1 Std.
Küchengeräte:
Mixer
Haarsieb oder Tuch

Erbsensuppe mit Erdbeeren und Hummer ▶

Geeiste Krebsensuppe

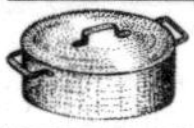

Einkauf:

42 Krebse
1 Kl Kümmel
1 Bund Dill
Salz

$^{1}/_{2}$ l saure Sahne
$^{1}/_{2}$ l Sauermilch
2 Eier
250 g junge rote Bete
$^{1}/_{2}$ Salatgurke
100 g magerer Schinken
2 El Dill
Salz

Zubereitung: 45 Min.
Kühlzeit: 12 Std.
Küchengeräte:
Kochtopf
Mixer

Bereiten Sie die Krebse vor:

Bringen Sie reichlich Wasser zum Kochen, fügen Sie Salz, Kümmel und Dill bei und lassen Sie das Wasser 5 Minuten kochen. Legen Sie die Krebse ein, kochen Sie sie 4 Minuten, bis sie zart sind, seihen Sie das Wasser ab und brechen Sie Scheren und Schwänze nach dem Abfrischen aus.

Bereiten Sie die Suppe zu:

Mixen sie Sauermilch und die saure Sahne im Mixer glatt. Kochen Sie die Eier hart und schneiden Sie sie nach dem Abfrischen und Schälen in kleine Würfel.
Kochen Sie die roten Bete, schälen Sie sie und schneiden Sie sie in feine Streifen, ebenso wie die Gurke ohne Kerne und den Schinken. Hacken Sie den Dill. Vermengen Sie anschließend alle Zutaten, fügen Sie die Krebse bei und würzen Sie mit Salz.
Zur Aromaentwicklung stellen Sie die Suppe für 12 Stunden in den Kühlschrank.

Zum Servieren:

Servieren Sie die Suppe in geeisten Suppentellern (oder Suppenschalen).

Dies ist eine echte Bereicherung für heiße Sommertage. Diese Suppe ist eine hervorragende Ergänzung zu heißen Buchweizenblinis und Kaviar.

◄ Pollack mit Frühlingsgemüse

Geeiste Spargelsuppe

Einkauf:

40 g Butter
400 g Spargelreste
(Abschnitte)
3/4 l guter Spargelfond
300 g Sahne
Salz
Pfeffer aus der Mühle

Saft einer halben Zitrone
0,1 l Weißwein
70 g Joghurt

Zubereitung: 15 Min.
Kochzeit: 20 Min.
Küchengeräte:
Kochtopf
Spitzsieb
Mixer

Bereiten Sie die Suppe zu:

Zerlassen Sie die Butter, schwitzen Sie die geschälten und fein geschnittenen Spargelreste darin kurz an und gießen Sie mit dem Spargelfond und der Sahne auf. Lassen Sie die Suppe ca. 20 Minuten kochen, dann mixen Sie sie fein und passieren sie durch ein Sieb.

Zum Servieren:

Rühren Sie in die auf Eis gekühlte Suppe Zitronensaft, Weißwein und Joghurt ein. Füllen Sie sie in spezielle Tassen oder Gläser auf Eis ein und servieren Sie sie.

Für diese Suppe können Sie ohne weiteres Spargelabschnitte verwenden. Als Einlage eignen sich besonders gut Krevetten, gekochte Wachteleier oder Spargelspitzen.

Grüner Veltliner, Pinot Grigio, Macon blanc

Hamburger Aalsuppe

Einkauf:

(für 4 Personen):
1 Schinkenknochen
Gräten und Abfälle von 2 frischen und einem geräucherten Aal
5 halbierte, angeröstete Schalotten
1 kleine Möhre/Karotte
1 kleine Stange Lauch
1 Sellerie
Pfefferkörner
1 Lorbeerblatt
7 verschiedene Kräuter (Estragon, Basilikum, Fenchelkraut, Kerbel, Thymian, Minze und Majoran)

Bereiten Sie die Brühe zu:

Setzen Sie die Zutaten für die Brühe mit 3 Liter kaltem Wasser an und lassen Sie sie 6 Stunden knapp unter dem Siedepunkt ziehen.

250 g schieres Hechtfleisch
$^1/_8$ l Crème fraîche
Salz, Pfeffer, Muskat (frisch gerieben)

Formen Sie die Klößchen:

Pürieren Sie das Hechtfleisch für die Klößchen im Mixer, streichen Sie es durch ein Haarsieb und stellen Sie es in einer Aluminiumschüssel kalt. Dann ziehen Sie die Crème fraîche unter. Rühren Sie die Masse so lange mit dem Schneebesen durch, bis sie konsistent wird. Schmecken Sie mit Salz, Pfeffer und Muskat ab. Formen Sie mit einem Teelöffel Klößchen, nehmen Sie etwas von der Brühe ab und lassen Sie die Klößchen darin garziehen.

8 Mittelstücke (500 g) vom frischen Aal (etwa 3 cm lang)
8 Backpflaumen
100 g Möhren/Karotten
100 g Sellerie
1 kleine Stange (100 g) Lauch
1 Birne
1 Apfel
geröstetes Weißbrot

Vollenden Sie die Suppe:

Schneiden Sie das Gemüse in Streifen, Apfel und Birne entkernen Sie und schneiden sie in Achtel. Schütten Sie die Brühe durch ein Mulltuch in einen anderen Topf um. Lassen Sie die vorbereiteten Aalstücke etwa 15 Minuten, die Apfel- und Birnenstücke, die Backpflaumen und das Gemüse etwa 5 Minuten in der Brühe garziehen (nicht kochen). Servieren Sie das Ganze mit den Klößchen und geröstetem Weißbrot.

Zubereitung: 7 Std.
Kochzeit: 6 St.
Küchengeräte:
Töpfe
Mixer
Haarsieb
Aluminiumschüssel
Schneebesen
Tuch

Kohlrabicremesuppe mit Radieschen

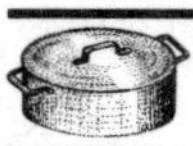

Einkauf:

1 kg Kohlrüben
mit Blättern
2 Schalotten
30 g Butter
$^3/_4$ l Wasser
$^1/_4$ l Bouillon
$^1/_4$ l Sahne
Salz, Pfeffer
120 g Butter

8 Radieschen
falls erwünscht
Nußbrotwürfel

Zubereitung: 45 Min.
Kochzeit: 30 Min.
Küchengeräte:
Mixer, Stabmixer

Bereiten Sie die Suppe zu:

Schwitzen Sie die klein gehackten Schalotten in Butter an und gießen Sie mit Wasser und Bouillon auf. Schälen Sie die Kohlrüben, schneiden Sie sie in Scheiben und kochen Sie sie in der Bouillon gut weich. Anschließend pürieren Sie sie im Mixer, kochen Sie mit der Sahne auf, schlagen die Butter mit dem Stabmixer ein und schmecken mit Salz und Pfeffer und den kleingeschnittenen Kohlrübenblättern ab.

Zum Servieren:

Richten Sie die Suppe in Bouillontassen an und geben Sie in Julienne-Form geschnittene Radieschen hinzu. Sie können die Kohlrübensuppe auch noch mit kleinwürfelig geschnittenem Nußbrot garnieren.

Kürbiscremesuppe

Einkauf:

2 kg Kürbisse
300 g Kartoffeln
Salz, Pfeffer

Weißbrot
20 g Butter
20 cl Crème fraîche
Muskatnuß

Zubereitung: 10 Min.
Kochzeit: 30 Min.
Küchengeräte:
Kochtopf
Mixer
Bratpfanne

Kochen Sie den Kürbis:

Schälen Sie den Kürbis und die Kartoffeln, spülen Sie sie mit kaltem Wasser ab und schneiden Sie sie in Würfel. Geben Sie sie mit 3 Gläsern Wasser ($^1/_8$ Liter) und Salz in einen Kochtopf und lassen Sie sie auf kleiner Flamme 25 Minuten kochen. Wenn am Ende der Kochzeit noch Wasser im Topf ist, lassen Sie es auf großer Flamme schnell verdampfen. Pürieren Sie die Kürbis- und Kartoffelwürfel anschließend im Mixer, würzen Sie nach und stellen Sie das Püree noch einmal für 4 Minuten auf das Feuer.

Binden Sie die Suppe:

Während das Püree zum Warmwerden auf dem Herd steht, braten Sie das zu Stäbchen geschnittene Weißbrot goldbraun. Verrühren Sie die Crème fraîche mit der Suppe und reiben Sie eine Spur Muskatnuß hinein. Dann servieren Sie sie warm mit den Croutons in einer Terrine.

Meursault-Suppe

Einkauf:

$^1/_2$ Sellerieknolle
7 Möhren/Karotten
6 Lauchstangen
4 Schalotten
2 Zwiebeln
2 Bouteillen Meursault
(oder Weißburgunder)
Salz, Pfeffer

Beginnen Sie mit der Suppe:

Schälen und putzen Sie alle Gemüse. Geben Sie sie in einen Kochtopf, bedecken Sie sie mit dem Wein und 1 Liter Wasser und fügen Sie Salz und Pfeffer hinzu. Lassen Sie sie ungefähr $1^1/_2$ Stunden auf so kleiner Flamme kochen, daß nicht zuviel Flüssigkeit verkocht und Ihnen nach dem Kochen genügend Suppe bleibt. Nach beendeter Kochzeit pürieren Sie die Suppe samt dem Gemüse im Mixer und passieren sie durch ein Haarsieb, damit sie schön dicklich wird, was sehr wichtig ist.

1 Bouteille Meursault
(oder Weißburgunder)
1 Glas Weißweinessig
3 oder 4 Schalotten
2 Möhren/Karotten
Salz und Pfeffer
24 (Fluß)krebse

Beschäftigen Sie sich mit den (Fluß)krebsen:

Während die Suppe kocht, bereiten Sie aus dem Weißwein, 1 Glas (ca. $^1/_8$ Liter) Weißweinessig, 3 oder 4 Schalotten, 2 Möhren/Karotten, Salz und Pfeffer einen pikanten Sud zu und lassen ihn gute 45 Minuten lang kochen. Dann geben Sie die vorher ausgenommenen Krebse (siehe unten) in den Sud und kochen sie ungefähr 15 Minuten.

1 ca. 4—5 cm dicke
Scheibe geräucherter
Speck

Kochen Sie den Speck:

Lassen Sie in einem Topf mit Wasser den Speck kochen (15 Minuten), wobei Sie das Wasser einmal wechseln, damit es nicht zu salzig wird. Schneiden Sie ihn dann in 3 bis 4 cm große Stücke (rechnen Sie ein Stück pro Person) und halten Sie ihn warm.

1 schöner Aal
1 oder 2 schöne Forellen
1 schöner Karpfen
Salz, Pfeffer

Bereiten Sie die Fische zu:

Putzen Sie die Fische und schneiden Sie sie in 5 bis 6 cm große Stücke. Entfernen Sie, am besten mit einer Pinzette, alle Gräten. 10 Minuten vor dem Servieren geben Sie die Fische in die warme Suppe und lassen sie darin ziehen, ohne sie zu kochen. Beginnen Sie mit dem Aal, der am längsten zum Kochen braucht (10 Minuten) und geben Sie dann die Forellen und den Karpfen dazu (5 Minuten Kochzeit). Anschließend kommen der Speck und die Krebse in die Suppe, wonach Sie nochmals nachwürzen.

5 Stämmchen Petersilie

Zum Servieren:

Füllen Sie die Suppe in die Teller, wobei Sie darauf achten, die Fische, den Speck und die Krebse gleichmäßig zu verteilen, und bestreuen Sie sie mit der gehackten Petersilie.
Bringen Sie die Suppe sehr heißt zu Tisch.

Das Ausnehmen von Krebsen

Es handelt sich bei diesem Vorgang darum, den Verdauungsapparat der Krebse zu entfernen, der das entsprechende Gericht bitter machen würde. Die Ausführung ist — ziemlich — einfach: Sie nehmen das (natürlich noch lebende) Tier bei seinem Schwanzstück und entfernen es mit einem kurzen, festen Ruck, wobei der schwarze Darm gleich mitgehen soll.

<u>Zubereitung:</u> 45 Min.
<u>Kochzeit:</u> $1^3/_4$ Std.
<u>Küchengeräte:</u>
Kochtopf
Mixer
Haarsieb
großer Topf
normal großer Topf

Meursault, Weißburgunder

Rote-Rüben-Suppe mit Krennockerln/Meerrettichspätzle

Einkauf:

3 mittelgroße rote Rüben
Kümmel, Lorbeer
4 El Essig
0,2 l Rinderbrühe
0,6 l Rinderbrühe
$^1/_8$ l Sahne
Salz
Pfeffer aus der Mühle
$^1/_2$ Zitrone
30 g Butter

50 g Butter
1 Ei
20 g Grieß
20 g Mehl
40 g abgerindetes, geriebenes Brot
20 g Kren/Meerrettich
1 El geschnittener Schnittlauch
Muskat, Salz

Zubereitung: $1^1/_2$ Std.
Kochzeit: 15 Min.
Kühlzeit: 15 Min.
Küchengeräte:
Mixer
Stabmixer
feines Sieb

Bereiten Sie die Suppe zu:

Waschen Sie die roten Rüben und stellen Sie sie in gut gesalzenem Wasser zu. Lassen Sie sie mit Kümmel, Lorbeer und etwas Essig weich kochen. Anschließend schälen Sie sie und schneiden sie in Stücke, mixen sie mit 0,2 Liter Brühe, lassen das Ganze etwas kochen und passieren es schließlich durch ein feines Sieb. Danach fügen Sie die restliche Brühe bei, füllen mit Sahne auf, lassen sie aufkochen und schmecken mit Salz, Pfeffer aus der Mühle und Zitrone ab.
Vor dem Servieren mixen Sie die Suppe mit der Butter nochmals kurz auf.

Bereiten Sie die Krennockerln/Meerrettichspätzle zu:

Lassen Sie die Butter weich werden und rühren Sie sie schaumig. Rühren Sie nach und nach das Ei ein und ziehen Sie die restlichen Zutaten darunter. Schmecken Sie mit Salz und Muskatnuß ab. Lassen Sie die Masse im Kühlschrank 15 Minuten anziehen. Dann stechen Sie mit einem Löffel Nockerln/Spätzle aus und lassen sie in Salzwasser ca. 7 Minuten langsam kochen.

Es ist ratsam, die Nockerln/Spätzle nach dem Kochen mit einem Schöpflöffel kaltem Wasser abzukühlen (abzuschrecken) und zugedeckt am Herdrand eine halbe Stunde ziehen zu lassen.

FISCHE UND MEERESFRÜCHTE

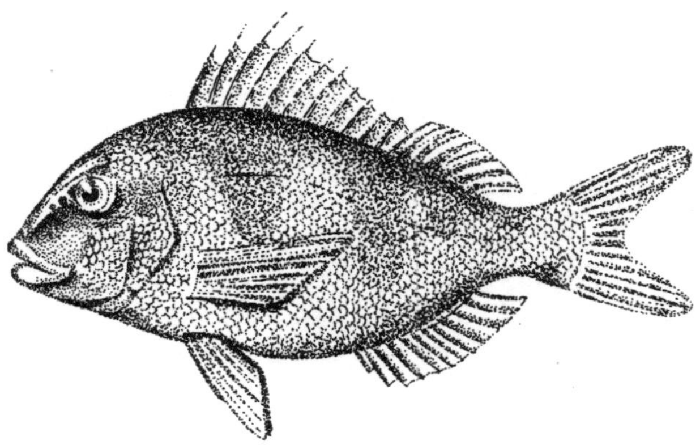

Austern in Champagner

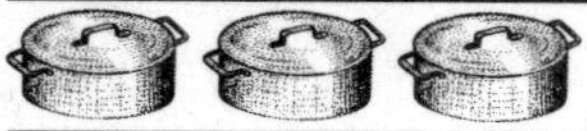

Einkauf:

2 Eigelb
1/2 Zitrone
Salz
100 g Butter
1/2 Zitrone

Machen Sie eine Sauce Hollandaise:

Diese Sauce wird im Wasserbad gemacht. Verrühren Sie das Eigelb mit 1 Eßlöffel kaltem Wasser, dem Saft einer halben Zitrone und einer Prise Salz kräftig mit einem Kochlöffel. In dem Maß, in dem die Hitze zunimmt, wird die Sauce cremiger. Geben Sie unter ständigem Rühren die Butter stückweise dazu, die Sauce bindet sich und wird dicklich. Ist die Sauce zu dick, mischen Sie 1 Eßlöffel kaltes Wasser darunter. Kosten Sie die Sauce und fügen Sie, wenn nötig, noch etwas Zitronensaft hinzu. Lassen Sie die Sauce im Wasserbad und stellen Sie sie beiseite.

36 Belon Austern

Kochen Sie die Austern:

Öffnen Sie die Austern über einer Schüssel und seihen Sie das Wasser vorsichtig durch ein Spitzsieb. Gießen Sie das Wasser in eine Pfanne und kochen Sie darin die Austern, sie sollen vom Wasser gerade bedeckt sein. Schwenken Sie die Pfanne während des 2- bis 3minütigen Kochens ein paarmal hin und her. Drehen Sie die Hitze zurück, bevor die Austern zu kochen beginnen, damit sie nicht hart werden, halten Sie sie warm.

Champagner
3 Schalotten
0,4 l Crème fraîche

Kochen Sie die Champagnersauce ein:

Vermischen Sie das Austernwasser mit dem Champagner (zu gleichen Teilen), fügen Sie die gehackten Schalotten hinzu und lassen Sie die Flüssigkeit auf die Menge von 2 Eßlöffel einkochen. Seihen Sie die Sauce durch ein Spitzsieb und verrühren Sie sie gut mit der Sauce Hollandaise und der Crème fraîche.

Zum Servieren:

Setzen Sie die gekochten Austern in ihre Schale zurück und bedecken Sie sie mit der Sauce. Wenn Sie tiefe Teller haben, nehmen Sie diese und schieben sie kurz (einige Sekunden) unter den Grill des Ofens. Bringen Sie die Austern warm zu Tisch.

Zubereitung: 20 Min.
Kochzeit: 5 Min.
Küchengeräte:
Wasserbad
Spitzsieb
Topf
Schüssel

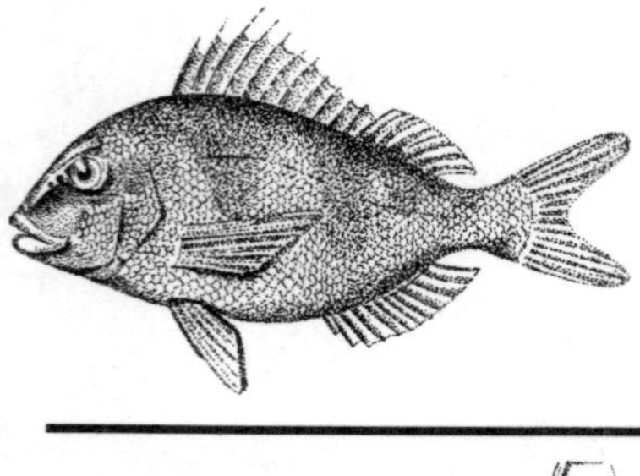

Das Rezept klingt einfach, erfordert aber einige Übung. Die Schalen der Belon Austern zerbröckeln gerne beim Öffnen. Passen Sie daher gut auf, daß weder auf der Auster noch in der Schale Splitter zurückbleiben.
Hinweis für Anfänger: Wenn Sie die Austern öffnen, wird Ihnen wahrscheinlich ein Großteil des Wassers verloren gehen. Machen Sie sich nichts daraus und finden Sie sich damit ab.

Aigle, Champagner brut, Coteaux champenois, Sekt trocken, Weißburgunder

Baskisches Fischbrot

Einkauf:

2 Möhren/Karotten
2 Zwiebeln
1 Stangensellerie
Salz, zerdrückte Pfefferkörner
7 Stämmchen Petersilie
1 Kräutersträußchen
Gewürznelken

Bereiten Sie die Würzbrühe (court-bouillon) zu:

Schälen Sie die Möhren/Karotten und die Zwiebeln und schneiden Sie den Stangensellerie in feine Streifen. Geben Sie das Gemüse in einen Kochtopf, salzen und pfeffern Sie, fügen Sie Petersilie, Kräutersträußchen und Gewürznelken hinzu, füllen Sie mit 3 Liter Wasser auf und lassen Sie den Sud 40 Minuten kochen.

1,5 kg Tomaten
15 g Zucker
Salz, Pfeffer
Muskatnuß

Bereiten Sie die Tomaten zu:

Während die Würzbrühe kocht, schälen Sie die Tomaten, nachdem Sie sie einige Sekunden lang in heißes Wasser getaucht und dann abgeschreckt haben, entkernen und schneiden Sie diese in kleine Stücke. Lassen Sie die Tomaten in einer Schwenkpfanne mit dem Zucker langsam 30 Minuten lang einkochen, nehmen Sie sie vom Feuer und würzen Sie mit Pfeffer, Salz und einer Prise Muskatnuß.

1 kg Seehecht

Kochen Sie den Fisch:

Geben Sie den Seehecht in die kochende Würzbrühe und lassen Sie ihn 10—15 Minuten darin ziehen. Anschließend nehmen Sie den Seehecht aus der Würzbrühe, lassen ihn erkalten und schneiden ihn in kleine Stücke.

7 Eier
125 g Butter

Vermischen Sie die Zutaten:

Verrühren Sie die Eier wie für eine Omelette, geben Sie die Butter zu den Tomaten und rühren Sie so lange, bis die Butter geschmolzen ist, mischen Sie die Eier unter die Tomaten und mengen Sie anschließend den Fisch unter. Verrühren Sie alles vorsichtig.

20 g Butter
Paniermehl

Backen Sie das Fischbrot:

Streichen Sie eine Backform mit Butter aus, bestreuen Sie die Wände und den Boden mit Paniermehl, schütteln Sie die Backform, um das Paniermehl gleichmäßig zu verteilen. Schütten Sie das überschüssige Paniermehl weg. Füllen Sie die Fischmasse ein, schieben Sie die Backform in das Backrohr (220°C, Thermostat Stufe 7) und lassen Sie das Fischbrot 25 bis 30 Minuten darin garen. Überprüfen Sie, ob es durch ist, indem Sie es mit einem Messer anstechen; ist die Klinge beim Herausziehen sauber, ist das Fischbrot fertig. Schalten Sie das Rohr aus und lassen Sie das Fischbrot auskühlen, bevor Sie es aus der Form nehmen. Bringen Sie das Gericht kalt, mit einer mit Ketchup oder Kräutern vermischten Mayonnaise, zu Tisch.

Zubereitung: 1 Std.
Kochzeit: 25—30 Min.
Kühlzeit: 2 Std.
Küchengeräte:
Kochtopf
Schwenkpfanne
Backform

Béarn blanc, La Côte, Fendant, Pinot Chardonnay, Ruländer

Crevetten-Törtchen

Einkauf:

250 g Butter
500 g Mehl
Salz
2 Eigelb

Machen Sie den Teig:

Lassen Sie die Butter 2 Stunden bei Zimmertemperatur weich werden. Geben Sie Mehl und Eier in eine Schüssel, salzen Sie und kneten Sie alles mit den Fingerspitzen kräftig durch. Arbeiten Sie die weiche Butter ein, bis Sie einen festen, geschmeidigen Teig erhalten und lassen Sie ihn 1 Stunde im Kühlen rasten.

2 Knoblauchzehen
Salz, Pfeffer
250 g ausgelöste Crevetten
100 g Tomaten
1 Zitrone
2 Paprika
3 Zwiebeln
4 Stämmchen Petersilie
4 El Olivenöl
50 g schwarze Oliven
1 Kl Tomatenmark
10 g Paprikapulver
12 g Mehl
Salz, Pfeffer

Bereiten Sie die Fülle zu:

Hacken Sie den Knoblauch fein. Geben Sie ihn mit 10 g Salz, 1/2 Kaffeelöffel frisch gemahlenem Pfeffer und dem Saft einer Zitrone in eine Schüssel und lassen Sie die ausgelösten Crevetten in dieser Marinade ziehen, während Sie die übrige Fülle zubereiten. Schälen Sie die Tomaten, nachdem Sie sie kurz in heißes Wasser getaucht und kalt abgeschreckt haben und entfernen Sie die Kerne. Halbieren Sie die Paprikaschoten und schneiden Sie die Stengel samt den Kernen heraus. Schälen Sie die Zwiebeln und hacken Sie alle diese Zutaten gemeinsam mit der Petersilie fein. Braten Sie das feingehackte Gemüse in 4 Eßlöffeln Olivenöl an, fügen Sie die Crevetten und die entkernten Oliven hinzu und lassen Sie alles 10 Minuten langsam dünsten. Gießen Sie mit ganz wenig Wasser (5 cl) auf und mischen Sie das Tomatenmark und den Paprika unter. Binden Sie die Masse mit einem kleinen Löffel Mehl, lassen Sie sie noch einige Minuten weiterkochen, nehmen Sie sie dann vom Feuer, würzen Sie nach und lassen Sie die Fülle auskühlen.

1 Eigelb

Füllen und garnieren Sie die Törtchen:

Rollen Sie den Teig mit einem Nudelholz aus oder klopfen Sie ihn mit der Hand flach, legen Sie jedes Tortenförmchen damit aus, stechen Sie jeden Teigboden mit der Gabel ein, um zu verhindern, daß er während des Backens zu sehr aufgeht. Füllen Sie jedes Förmchen mit der Crevettenmasse, decken Sie jedes Förmchen mit Teig ab und bestreichen Sie die Ränder mit Eigelb. Bepinseln Sie auch die Teigoberfläche mit Eigelb und schieben Sie die Törtchen für 15 bis 20 Minuten ins mittelheiße Rohr (180°C—200°C, Thermostat Stufe 5—6).
Servieren sie diese kleinen Crevettentörtchen kalt oder warm als Vorspeise oder zum Aperitiv.

<u>Zubereitung:</u> 30 Min.
<u>Rastzeit für den Teig:</u>
1 Std.
<u>Kochzeit:</u> 15—20 Min.
<u>Küchengeräte:</u>
2 Schüsseln
Bratpfanne
Nudelholz
30 Tortenförmchen
Butterpinsel

Fühlen Sie sich nicht immer bemüßigt, ein klassisches Essen, bestehend aus Vor- und Hauptspeise, auf den Tisch zu bringen. Eine Einladung zu nur einem Hauptgang wird Ihre Vorbereitungen und Ihre Arbeit erleichtern und vor allem den Magen Ihrer Gäste schonen. Wenn Sie nicht knausrig erscheinen wollen, servieren Sie ihnen diese kleinen Crevettentörtchen zum Aperitif, die uns dafür wie geschaffen erscheinen.

Bieler Seewein, Epesses, Grüner Veltliner, Pouilly-Fumé, Rheingauer Riesling Kabinett halbtocken

Eglifilet an Beurre blanc

Einkauf

(für 3—4 Personen):
12 weiße Rübchen
1/2 Gurke
2 Orangen
Salz

Bereiten Sie Gemüse und Orangen vor:

Schälen Sie die weißen Rübchen, schneiden Sie sie in 4—6 Teile und formen Sie sie wie Knoblauchzehen. Schälen Sie die Gurke, schneiden Sie sie der Länge nach in sechs Teile und dann in 3—4 cm lange Stäbchen. Kochen Sie das Gemüse getrennt in Salzwasser knackig und schrecken Sie es dann in Eiswasser ab. Schälen Sie die Orangen, entfernen Sie die weiße Haut und schneiden Sie die Orangen in Filets.

Butter, Salz
20 Eglifilets
4 cl trockener Weißwein
4 cl Fischfond
4 cl Sahne
150 g Butterflocken (eisgekühlt)
15 grüne Pfefferkörner

Machen Sie das Gericht fertig:

Streichen Sie eine Sauteuse mit Butter aus und bestreuen Sie sie leicht mit Salz. Legen Sie die Eglifilets darauf, gießen Sie mit dem Wein und dem Fischfond auf, decken Sie die Sauteuse mit Alufolie ab und lassen Sie den Fisch glasig garziehen. Stellen Sie dann die Fischfilets beiseite und halten Sie sie warm. Lassen Sie den Fischsud mit der Sahne etwas reduzieren. Dann geben Sie die Orangenfilets, die grünen Pfefferkörner, die weißen Rübchen und die Gurkenstäbchen hinzu und schwenken die Butterflocken Stück für Stück ein.

frische Basilikumblättchen
4 Flußkrebse

Zum Servieren:

Richten Sie die Eglifilets auf gut vorgewärmten Tellen an. Verteilen Sie die Sauce darüber und garnieren Sie die Fische mit frischen Basilikumblättchen und je einem frisch gekochten Flußkrebs. Servieren Sie dazu einen körnig gekochten Reis oder selbstgemachte, feine Bandnudeln.

<u>Zubereitung:</u> 40 Min.
<u>Küchengeräte:</u>
Kochtopf
Sauteuse

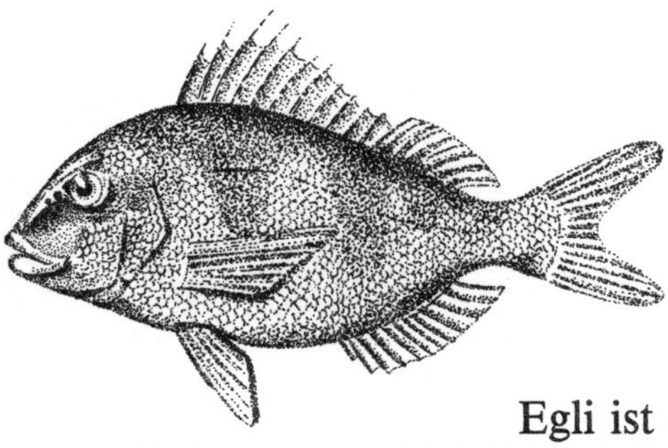

Egli ist ein kleiner Bodenseebarsch.

Bieler Seewein, La Côte, Grüner Veltliner, Riesling Kabinett trocken

Forellen gefüllt

Einkauf:

250 g junge, lange Möhren/Karotten
1 Stange Sellerie
250 g kleine Champignons
40 g Butter
Pfeffer aus der Mühle
Salz
15 g Crème fraîche

Bereiten Sie die Julienne-Gemüse zu:

Schälen, waschen und schneiden Sie die Möhren/Karotten, den Stangensellerie und die Champignons nach Art das Julienne-Gemüse in feine Streifen. Heben Sie eine oder zwei besonders lange Möhren/Karotten auf und schneiden Sie sie in so lange Streifen wie möglich; Sie brauchen sie später zum Garnieren der Forellen. Erhitzen Sie in einer Schwenkpfanne die Butter, lassen Sie sie aber nicht braun werden, geben Sie das Gemüse dazu, vermischen Sie alles gut, decken Sie die Pfanne zu und lassen Sie das Gemüse 25 Minuten langsam dünsten. Rühren Sie ab und zu um, damit sich nichts anlegen kann. Würzen Sie anschließend mit frischem Pfeffer aus der Mühle (zweimal drehen) und mit Salz, fügen Sie die Crème fraîche hinzu. Lassen Sie das Gemüse nochmals aufkochen und solange weiterdünsten, bis es den ganzen Saft aufgenommen hat. Nehmen Sie das Gemüse dann vom Feuer und stellen Sie es beiseite.

6 mittelgroße Forellen

Bereiten Sie die Fische vor:

Lassen Sie die Fische vom Fischhändler ausnehmen und ersuchen Sie ihn, auch die Rücken- und Seitengräten zu entfernen, ohne dabei den Kopf oder die Schwanzflosse zu beschädigen; das Gericht sieht dann viel hübscher aus.
Begehen Sie ja nicht den Fehler, die Forellen zu waschen und trocken zu tupfen, sie verlieren dabei ihre Farbe und damit ihr interessantes Aussehen.

6 Schalotten
20 g Butter
feines Salz
20 g Butter
0,15 l (sehr guter) Weißwein
0,15 l Crème fraîche
Salz, Pfeffer
1 El trockener Wermut
1 Bund Kerbel

Kochen Sie die Fische:

Heizen Sie das Backrohr gut vor (220°C, Thermostat Stufe 7). Schälen und hacken Sie die Schalotten. Bestreichen Sie ein Backblech mit Butter und schlichten Sie die Forellen so gut wie möglich auf das Blech. Bestreuen Sie die Forellen innen mit Salz und füllen Sie jede mit einem Eßlöffel Julienne-Gemüse. Lassen Sie in einem Topf ein nußgroßes Stück Butter zergehen, geben Sie die geschnittenen Zwiebeln, den Wein und das Wasser dazu. Anstelle des Wassers können Sie auch eine leichte Suppe verwenden. Lassen Sie diese Mischung kurz aufkochen, bevor Sie die Crème fraîche einrühren. Kochen Sie diese Sauce auf ein Drittel ein, verteilen Sie den Rest des Julienne-Gemüses auf die Forellen. Streuen Sie die in Streifen geschnittenen, beiseite gelegten Möhren/Karotten darüber und übergießen Sie alles mit der eingekochten Sauce. Schieben Sie das Backblech mit den Forellen für 10 Minuten — nicht länger — ins Rohr, nehmen Sie es dann heraus, überprüfen Sie, ob die Sauce gut gewürzt ist, und richten Sie die Forellen mit einem Kochlöffel (oder langen Holzspatel) auf einer vorgewärmten Platte an. Die Sauce muß so fest sein, daß sie am Löffel haften bleibt, ist sie zu flüssig, lassen Sie sie auf großer Flamme in einem kleinen Topf nochmals einkochen. Fügen Sie im letzten Moment einen Eßlöffel Wermut und den gehackten Kerbel hinzu, übergießen Sie die inzwischen warm gehaltenen Forellen mit der Sauce und servieren Sie sie sofort.

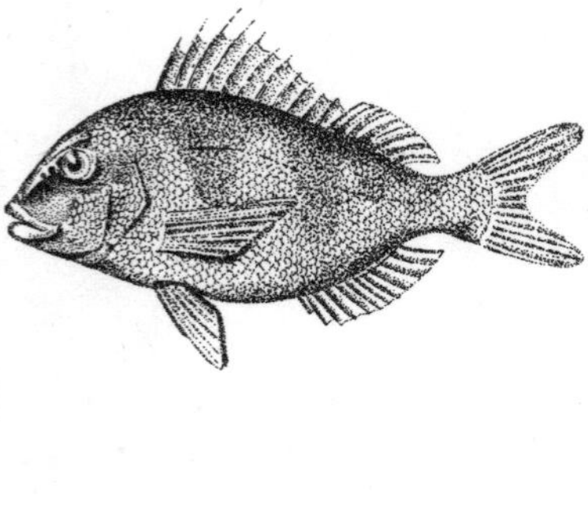

Zubereitung: ca. $1^1/_2$ Std.
Kochzeit: 10 Min.
Küchengeräte:
Schwenkpfanne
Kochlöffel
Backblech
kleiner Topf

Sie können dieses Gericht entweder als Vorspeise eines ausgeklügelten Menüs servieren oder als Hauptgang eines einfacheren Essens. Sie können es statt mit Forellen genausogut mit Weißfischen oder kleinen Seehechten zubereiten.
Wenn Sie eine hübsche, feuerfeste Schüssel besitzen, geben Sie die Forellen in dieser Schüssel ins Rohr, dann laufen Sie nicht Gefahr, die Fische beim Umlegen vom Backblech auf eine Servierplatte zu zerbrechen (was mit einem langen und geraden Spatel mit einiger Übung allerdings auch möglich sein müßte).

Lavaux, Weißburgunder Kabinett trocken (Rheinpfalz), Welschriesling, Yvorne

Jakobsmuscheln mit Basilikum

Einkauf:

3 Schalotten
3 Tomaten

Bereiten Sie die Schalotten und die Tomaten vor:

Schälen und hacken Sie die Schalotten fein. Schälen Sie die Tomaten, nachdem Sie sie einige Sekunden in heißes Wasser getaucht und dann kalt abgeschreckt haben, entkernen und schneiden Sie das Fruchtfleisch in kleine Würfel.

30 g Butter
18 ausgelöste Jakobsmuscheln mit dem korallroten Rogen
Salz, Pfeffer
trockener Weißwein
3 Stämmchen Basilikum
2 El dicke Crème fraîche
70 g Butter
Salz, Pfeffer

Kochen Sie die Jakobsmuscheln:

Lassen Sie in einer Bratpfanne ein nußgroßes Stück Butter zergehen und braten Sie darin die Jakobs-Muscheln und den Rogen. Rechnen Sie 1 bis 2 Minuten für jede Seite der Muscheln und 1 Minute für den Rogen. Salzen und pfeffern Sie. Wenn die Muscheln durch sind, stellen Sie sie warm. Geben Sie die gehackten Schalotten in die Pfanne, lassen Sie sie auf mittelgroßer Flamme 2 Minuten goldbraun werden, gießen Sie mit 3 Schuß Weißwein auf und lösen Sie mit einem Kochlöffel die Bratrückstände vom Boden. Fügen Sie die Tomatenwürfel und die gehackten Basilikumblätter hinzu und kochen Sie alles 5 Minuten lang ein. Mischen Sie die Crème fraîche dazu, lassen Sie alles kurz aufkochen, schlagen Sie nach und nach die Butter in kleinen Stückchen ein, reduzieren Sie die Hitze und montieren Sie die Sauce auf.
Geben Sie die abgetropften Jakobsmuscheln und den Rogen in die Sauce, würzen Sie nach und bringen Sie die Jakobsmuscheln gleich zu Tisch.

Zubereitung: 10 Min.
Kochzeit: 10 Min.
Küchengeräte:
Bratpfanne
Schneebesen

Chablis, Johannisberg du Valais, Meursault, Rheinriesling, Riesling Kabinett trocken Württemberg, Weißburgunder

Fränkischer Bachsaibling mit Rote-Bete-Sauce

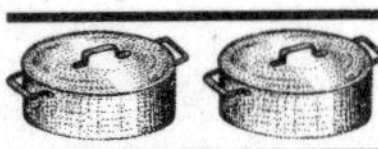

Einkauf:

200 g Fischgräten
1 kleine Zwiebel
$^1/_2$ Lauchstange
$^1/_8$ Sellerieknolle
40 g Butter
8 cl Weißwein
0,15 l Crème fraîche
Salz
$^1/_4$ Zitrone
1 kleine rote Bete
(ca. 60 g)
150 g Butter

3 Saiblinge, je 350 g
$^3/_4$ l Fischfond
Salz
$^1/_2$ Zitrone
240 g Blattspinat

Machen Sie zuerst die Sauce:

Geben Sie die kleingeschnittenen Saiblingsgräten mit etwas Gemüse (Sellerie, Zwiebel und Lauch) und ein wenig Butter in eine heiße Kasserolle und bedecken Sie sie knapp mit Weißwein und Wasser. Lassen Sie den Fond ca. 20 Minuten am Herdrand köcheln. Passieren Sie ihn durch ein Sieb und lassen Sie ihn auf $^1/_4$ Liter einkochen. Geben Sie die Crème fraîche dazu, kochen Sie nochmals bis zur gewünschten Konsistenz ein und schmecken Sie mit Salz und Zitrone ab.
Schälen Sie die rote Bete, schneiden Sie sie in kleine Würfel und pürieren Sie sie mit der temperierten Butter im Mixer fein. Vor dem Servieren rühren Sie die kalte Rote-Bete-Butter in die Sauce.

Bereiten Sie den Fisch zu:

Nehmen Sie die Saiblinge aus, waschen und filieren Sie sie und ziehen Sie mit einer Pinzette die Gräten heraus. Würzen Sie die Filets mit Salz und Zitrone und garen Sie sie ca. 3 bis 4 Minuten im siedenden Fischfond. Nehmen Sie die Fische heraus, ziehen Sie die Haut eventuell ab und geben Sie die Saiblinge rasch auf die Teller. Garnieren Sie sie mit gedünstetem Blattspinat und der Rote-Bete-Sauce. Servieren Sie dazu gekochte und in Butter glasierte Kartoffeln.

Zubereitung: ca. 2 Std.
Küchengeräte:
Mixer
Topf
Sauteuse
Schneebesen
Haarsieb
Kasserolle

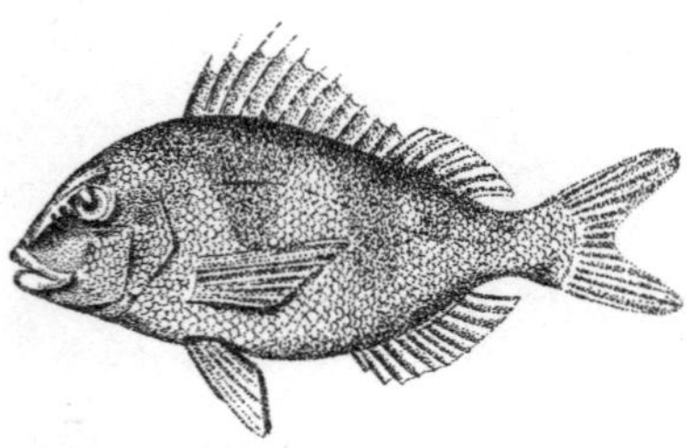

Der Saibling ist ein sehr feiner Fisch, man kann die Haut ohne weiteres mitessen. Waschen und filieren Sie ihn deshalb sehr vorsichtig, damit der Schleim an der Haut bleibt. Dadurch sieht das Filet auch nach dem Pochieren besonders appetitlich aus.

Fendant, Homburger Kallmuth Silvaner Kabinett trocken, Ostschweizer Riesling x Sylvaner, Pouilly Fumé

Hecht in Riesling

Einkauf:

1 Hecht (oder
2 kleinere Hechte)
2,5 kg schwer
75 g Butter
2 mittelgroße Zwiebeln
75 g Petersilie
75 g Paniermehl
(frisch geriebenes
Weißbrot)

Bereiten Sie die Farce zu:

Wenn es Ihr Fischhändler noch nicht gemacht hat, nehmen Sie den (die) Hecht(e) aus, schuppen und waschen Sie ihn (sie).
Lassen Sie die Butter im Wasserbad zergehen. Währenddessen schälen und hacken Sie Zwiebeln und Petersilie.
Vermischen Sie die geschmolzene Butter mit den gehackten Zwiebeln und der Petersilie, fügen Sie das Paniermehl hinzu. Stellen Sie diese Mischung beiseite.

3 dl Würzsud
(court-bouillon)
3 Schalotten
40 g Butter
Salz, Pfeffer
0,3 l Weißwein

Kochen Sie den Hecht:

Bereiten Sie einen Sud (court-bouillon) entweder, indem sie einen fertigen Sud im Säckchen im 0,3 l kochendem Wasser auflösen oder nach unserem Rezept S. 267 bereiten. Schälen und hacken Sie die Schalotten. Bestreichen Sie das Backblech Ihres Ofens reichlich mit Butter und verteilen Sie die gehackten Schalotten darauf. Legen Sie den (die) Hecht(e) auf die Schalotten und bedecken Sie alles mit der Butter-Paniermehl-Mischung. Geben Sie das Backblech für 5 Minuten ins vorgeheizte Rohr (220°C, Thermostat Stufe 7) und geben Sie dann den Würzsud und den Weißwein dazu. Lassen Sie den Hecht unter häufigem Begießen weitere 20 Minuten im Rohr.

0,3 l Crème fraîche
1/2 Zitrone
Salz, Pfeffer
1 Bund Kerbel

Machen Sie die Sauce:

Legen Sie den Hecht vorsichtig auf die Platte, auf der Sie ihn zu Tisch bringen, und halten Sie ihn im Rohr warm.
Stellen Sie das Backblech auf den Herd und lassen Sie den am Backblech verbleibenden Saft auf großer Flamme einkochen. Rühren Sie mit einem Kochlöffel die Crème fraîche und die Zitronenfilets unter und lassen Sie die Sauce 3 Minuten kochen.
Würzen Sie nach, mischen Sie den gezupften Kerbel darunter und verteilen Sie die Sauce rund um den Hecht. Dazu reichen sie gedämpfte Kartoffeln oder kreolischen Reis.

Zubereitung: 15 Min.
Kochzeit: 25 Min.
Küchengeräte:
Wasserbad
Backblech
Alufolie oder
Pergamentpapier

Wie man Fische pochiert

Schneiden Sie große Fische vorsichtshalber ein, das heißt, Sie versehen den Fisch in 5-cm-Abständen mit Quer-Einschnitten, damit er gleichmäßig durch wird. Wenn Sie Fische im Rohr pochieren, muß die Flüssigkeit bis zur halben Höhe des Fisches reichen. Decken Sie den Fisch mit einem bebuttertem Pergamentpapier oder Alufolie zu und schieben Sie ihn in ein ziemlich warmes Backrohr.

Frühroter Veltliner, Kluser Pinot blanc, Riesling Kabinett trocken (Rheinhessen)

Jakobsmuscheln im Spinatmantel an Sauterneweinsauce

Einkauf
(für 4 Personen):
12 große Jakobsmuscheln

50 g Gemüse
(Lauch, Sellerie,
Möhren/Karotten)
1 Schalotte
12 schöne Spinatblätter

20 g Butter
5 cl trockener Wermut
0,1 l Sauternewein
0,1 l Fischbrühe
0,1 l Doppelrahm
Salz, Pfeffer
1 Tl gehackter Estragon

80 g rohe Gänseleber

Bereiten Sie die Jakobsmuscheln vor:
Zum Öffnen setzen Sie die Jakobsmuscheln kurz auf die heiße Herdplatte und lösen die Muschel mit einem Küchenmesser vorsichtig vom Muschelboden. Waschen Sie sie und befreien Sie sie vom Bart.

Putzen und blanchieren Sie das Gemüse:
Hacken Sie die Schalotte fein, putzen Sie das Gemüse und schneiden Sie es in kleine Würfel. Waschen Sie die Spinatblätter und blanchieren Sie sie rasch in Salzwasser, kühlen Sie sie danach sofort in Eiswasser ab. Trocknen Sie die Blätter auf einem Tuch (Küchenkrepp) gut ab.

Machen Sie die Sauce:
Dünsten Sie die Schalotten und das Gemüse in Butter glasig, geben Sie die gewürzten Jakobsmuscheln dazu und schwenken Sie sie gut mit, löschen Sie mit trockenem Wermut und Sauternewein ab. Lassen Sie die Jakobsmuscheln abseits vom Feuer während 2 bis 3 Minuten ziehen. Nehmen Sie sie dann aus dem Fond und stellen Sie sie warm.
Zum restlichen Fond geben Sie die Fischbrühe und lassen das Ganze kräftig einkochen, fügen den Doppelrahm bei und schmecken mit Salz und Pfeffer ab. Streichen Sie die Sauce dann durch ein feines Haarsieb und vollenden Sie sie mit dem feingehackten Estragon.

Zum Servieren:
Halbieren Sie die Jakobsmuscheln und hüllen Sie 12 Stück davon in Spinatblätter. Verteilen Sie auf vorgewärmte Teller drei Jakobsmuscheln mit und drei ohne Spinat, erwärmen Sie sie nochmals kurz im Ofen, streuen Sie dann die in Würfel geschnittene Gänseleber darüber und bedecken Sie das Ganze mit der Sauce.

Zubereitung: 30 Min.
Küchengeräte:
Kochtopf
Küchenkrepp
Haarsieb

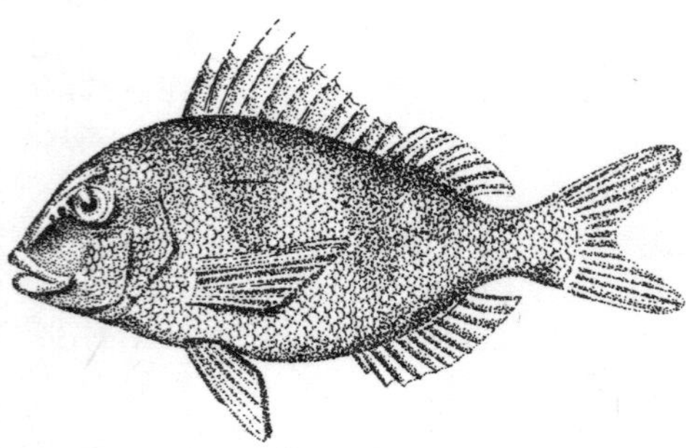

Johannisberg du Valais, Rheinriesling, Riesling Kabinett trocken (Württemberg), Sauternes, Weißburgunder

Confit d'oie
Mise en Bouteille

1974

Warme Kabeljau-Filets mit Basilikum

Einkauf:

12 Tomaten
Olivenöl
3 Knoblauchzehen
Salz
Cayennepfeffer
10 g Zucker
15 frische Basilikumblätter

Machen Sie die Tomatensauce:

Schälen Sie die Tomaten, nachdem Sie diese einige Sekunden in heißes Wasser getaucht und kalt abgeschreckt haben, entfernen Sie die Kerne über einem Sieb, so können Sie den Saft auffangen, und schneiden Sie das Fruchtfleisch in kleine Stücke. Geben Sie 2 Eßlöffel Olivenöl, die ausgepreßten Knoblauchzehen und den Tomatensaft in eine Schwenkpfanne, lassen Sie alles 2 Minuten auf mittelgroßer Flamme einkochen. Dann fügen Sie die Tomatenstücke hinzu, würzen mit Salz, Cayennepfeffer und Zucker (dann wird die Sauce nicht zu sauer) und lassen alles 7 bis 8 Minuten auf kleiner Flamme weiterkochen. Würzen Sie nach und rühren Sie noch einen Eßlöffel Olivenöl und einige gehackte Basilikumblätter in die Sauce, bevor Sie diese etwas abkühlen lassen.

Olivenöl
12 Kabeljaufilets

Kochen Sie den Fisch:

Lassen Sie einen Eßlöffel Olivenöl in einer beschichteten Pfanne heiß werden, schlichten Sie die Filets in die Pfanne und lassen Sie sie 1 Minute auf mittlerer Flamme anbraten. Nehmen Sie die Pfanne vom Herd, drehen Sie die Filets um und lassen Sie sie auskühlen.

Frisches Basilikum

Zum Servieren:

Geben Sie die kalte Tomatensauce in eine tiefe Schüssel, richten Sie darauf die Kabeljaufilets an, verteilen Sie etwas Tomatensauce über den Filets, bestreuen Sie sie mit dem gehackten Basilikum und bringen Sie sie zu Tisch.

Zubereitung: 20 Min.
Kochzeit: einige Sek.
Küchengeräte:
Sieb
Schwenkpfanne
beschichtete Pfanne
tiefe Schüssel

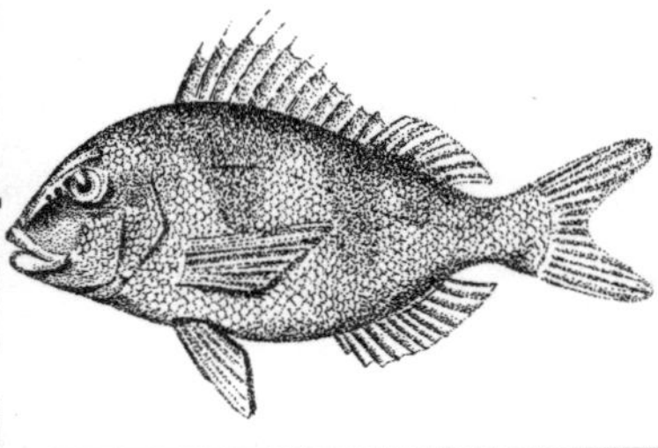

So verfeinert man eine Tomatensuppe oder -sauce
Tomatensuppen oder Tomatensaucen weisen oft einen bedauerlich sauren Geschmack auf. Wenn Sie diesen Geschmack vermeiden wollen, mischen Sie Milch oder Crème fraîche in Ihr Gericht und fügen Sie unter Umständen etwas Zucker hinzu, dann werden Suppe oder Sauce rund und mollig.

Coteaux d'Aix blanc, Fendant, Müller-Thurgau, Riesling Kabinett halbtrocken, Zürcher Ruländer

◄ Fleischpastete nach Art der Touraine und Rillettes aus Tours mit Vouvray

Karpfengulasch moderne Art

Einkauf

(für 4 Personen):
2 Karpfen,
mind. je 1,2 kg

3 rote frische Paprika
50 g Schalotten
1/4 l Sahne
80 g Salzbutter
Salz, Pfeffer
Sherryessig

Zubereitung: 1 Std.
Küchengeräte:
Kochtopf
Sieb

Bereiten Sie den Karpfen vor:

Nehmen Sie den Karpfen aus und filieren Sie ihn, entfernen Sie die Haut und ziehen Sie die Gräten mit einer feinen Zange heraus. Schneiden Sie Würfel in Gulaschgröße.

Machen Sie die Sauce:

Kochen Sie die Paprika und die Schalotten in Wasser ca. 10 Minuten weich. Pürieren Sie sie und passieren Sie sie durch ein Sieb, verkochen Sie sie mit der Sahne und montieren Sie sie dann mit der Butter. Schmecken Sie mit Salz, Pfeffer und einigen Tropfen Sherryessig ab.

Vollenden Sie das Gericht:

Pochieren oder dämpfen Sie die Karpfenwürfel ca. 15 Minuten. Richten Sie sie auf vorgewärmten Tellern an und übergießen Sie sie mit der Sauce. Servieren Sie sofort.

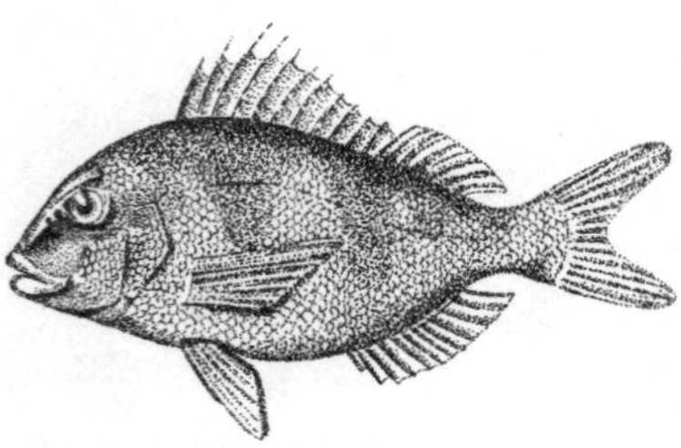

Das Entgräten
Um die feineren Gräten vom Karpfen herauszulösen, ist es wichtig, nicht zu kleine Karpfen (mind. 1 kg) zu kaufen. Außerdem sind sonst die Würfel nicht groß genug. Man kann die Gräten etwas leichter herausziehen, wenn man das Filet erst pochiert und dann die Gräten mit einer Zange entfernt. Man kann das Fleisch auch entlang der Gräten vom Filet abschneiden, was aber Übung voraussetzt.

Genfer Gamay, Gutedel, Riesling, Weißburgunder

Lachsröllchen en Papillotes in Kräutersauce

Einkauf:

6 Lachsfilets (frisch), je 160 g
0,2 l Riesling
1 Zitrone
Pfeffer
200 g magerer Räucherspeck
Salz

Öl
Petersilie
Thymian
Lorbeerblatt

3 Schalotten
2 Stämmchen Estragon
250 g Butter
3 Eigelb
Salz, Pfeffer
1 El Crème fraîche
Petersilie
Schnittlauch
Kerbel
Salz, Pfeffer

Marinieren Sie den Lachs:

Schneiden Sie die Lachsfilets in die Hälfte und schlichten Sie die nun ungefähr je 80 g schweren Lachsstücke in eine ovale Schüssel. Gießen Sie den Riesling dazu, marinieren Sie mit Zitronensaft und bestreuen Sie den Lachs mit Pfeffer. Lassen Sie die Filets eine Stunde in dieser Marinade ziehen und lassen Sie sie anschließend abtropfen, wobei Sie die Marinade separieren und aufheben. Schneiden Sie den Speck in dünne Scheiben, wickeln Sie jedes Lachsstück in eine Scheibe Speck und salzen Sie leicht.

Bereiten Sie die Lachsröllchen zu:

Bestreichen Sie ein großes Blatt Alu-Folie mit Öl, setzen Sie die in Speck eingewickelten Lachsfilets darauf, bestreuen Sie sie mit gehackter Petersilie, Thymian und dem zerbröckelten Lorbeerblatt, schlagen Sie die Folie zu einer Rolle zusammen und geben Sie sie für 15 Minuten ins heiße Rohr (220°C, Thermostat Stufe 7).

Machen Sie die Sauce:

Schälen und hacken Sie die Schalotten, geben Sie sie mit einem Kaffeelöffel gehacktem Estragon und der Lachsmarinade in eine Pfanne und lassen Sie alles bis auf die Menge eines Eßlöffels einkochen. Währenddessen klären Sie die Butter auf der Herdplatte und schöpfen den weißen Schaum ab, der sich dabei gebildet hat. Schlagen Sie 3 Eigelb in eine Schüssel im Wasserbad, rühren Sie mit einem Schneebesen die reduzierte Lachsmarinade sowie nach und nach einen Eßlöffel Wasser, Salz und Pfeffer ein. Wenn die Sauce beginnt, fester zu werden, schlagen Sie die geklärte Butter und die Crème fraîche nach und nach ein. Geben Sie gehackte Petersilie, Kerbel und Schnittlauch dazu und würzen Sie nach. Bei Tisch öffnen Sie die Alu-Folie und jeder nimmt sich selbst Lachsröllchen und Sauce.

Zubereitung: 30 Min.
Marinierzeit: 1 Std.
Kochzeit: 15 Min.
Küchengeräte:
Schüssel
Alu-Folie
Pfanne
Wasserbad
Schneebesen

Unser Trick für diese Sauce

Was passiert meistens, wenn Sie eine fette, heiße Flüssigkeit mit Eidottern verrühren, um eine Sauce zu binden? Das Eigelb gerinnt und Ihre Sauce ist mißlungen, bevor Sie noch richtig mit dem Kochen dieses Gerichtes begonnen haben. Wir raten Ihnen daher für dieses Rezept, die reduzierte Lachsmarinade abkühlen zu lassen, bevor sie mit den Eidottern verrührt wird. Das ist zwar nicht korrekt, aber es ist besser, ein wenig zu schwindeln, als zu riskieren, daß die Sauce mißglückt.

Bordeaux rouge léger, Churer Schiller, Oeil de Perdrix, Rheinriesling, Riesling Spätlese halbtrocken (Mosel/Saar/Ruwer), Ruländer

Langostinos mit Erbsen und jungen Möhren/Karotten

Einkauf

(für 4 Personen):
12 Bund junge Möhren/Karotten mit Grün
300 g junge Erbsen
Salz, Zucker
0,2 l Fischfond
0,2 l flüssige Sahne
Zitronensaft
10 grüne Pfefferkörner (trocken)
1 Bund Kerbel
6 cl geschlagene Sahne

12 Langostinos
50 g Butter
Salz
etwas Fischfond

<u>Zubereitung:</u> 30 Min.
<u>Kochzeit:</u> 7 Min.
<u>Küchengeräte:</u>
2 Sauteusen
Steingutpfanne
Mixer

Bereiten Sie die Gemüse und die Sauce vor:

Putzen Sie die Möhren/Karotten und schneiden Sie sie in Würfel, brechen Sie die Erbsen aus. Kochen Sie beides in einer Sauteuse mit etwas Butter, knapp mit Wasser bedeckt und mit Salz und Zucker abgeschmeckt, knackig. Schrecken Sie das Gemüse kalt ab, heben Sie das Kochwasser auf.
Reduzieren Sie den Fischfond (siehe Seite 262) etwas mit der flüssigen Sahne, geben Sie das Kochwasser des Gemüses dazu, dann fügen Sie Zitronensaft, grünen Pfeffer, 1 Eßlöffel Möhren/Karotten und 1 Eßlöffel Erbsen hinzu. Lassen Sie den gehackten Kerbel und 1 Teelöffel gehacktes Rübenkraut 2 Minuten kochen und pürieren Sie beides mit dem Mixer. Geben Sie es in die Sauce, runden Sie mit der Schlagsahne ab. Schmecken Sie nochmals ab. Geben Sie das restliche Gemüse in die Sauce.

Garen Sie die Langostinos:

Brechen Sie die Langostinos roh auf, salzen Sie sie leicht und geben Sie sie in die Steingutpfanne. Bepinseln Sie sie mit Butter und fügen Sie ein wenig Fischfond bei. Garen Sie die Langostinos von beiden Seiten im Ofen je 1 Minute.

Zum Servieren:

Legen Sie die Langostinos auf die Teller und nappieren Sie sie mit der Sauce und dem Gemüse.

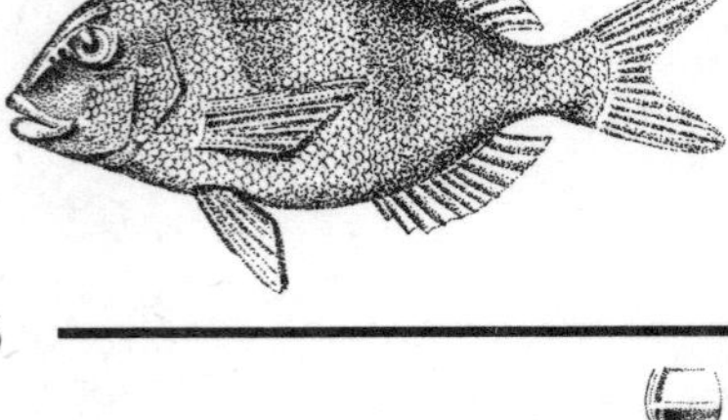

Die Qualität (Frische) der Langostinos ist von entscheidender Bedeutung, ebenso die Frische der Möhren/Karotten und Erbsen. Man kann die Schalentiere auch durch Glattbutt oder Lachs ersetzen.

Loire, Meursault, Muscat du Valais, Rheinriesling, Riesling Kabinett trocken, Sauvigon blanc

Makrelen in Dill mariniert

Einkauf:

12 Makrelen
150 g Salz
150 g Zucker
30 g schwarzen Pfeffer
1 Bund Dill

Bereiten Sie die Marinade zu:

Lassen Sie die Makrelen von Ihrem Fischhändler ausnehmen und filieren. Entfernen Sie alle Gräten und die weiße Haut (die schwarze Haut nicht entfernen). Waschen Sie die Makrelen auf keinen Fall. Vermischen Sie das Salz, den Zucker und den Pfeffer. Verteilen Sie am Boden einer länglichen, tiefen Schüssel die Hälfte der Gewürzmischung und legen Sie darauf die Hälfte der Makrelenfilets mit der Fleischseite nach unten, bestreuen Sie die Makrelen mit dem Rest der Gewürzmischung und dem geschnittenen Dill (einige Stämmchen Dillkraut heben Sie auf) und schlichten Sie darauf die restlichen Makrelenfilets wieder mit der Fleischseite nach unten. Dann lassen Sie die Makrelen 6 Stunden in dieser Marinade ziehen.

Zum Servieren:

Lösen Sie den Rest der Gewürzmischung von den Makrelen, schneiden Sie die Filets in dominosteingroße Rhomben und begießen Sie die Filets mit der Marinade. Bevor Sie die Makrelen auftragen, bestreuen Sie sie mit dem restlichen, geschnittenen Dill.

Zubereitung: 10 Min.
Marinierzeit: 6 Std.
Küchengerät:
längliche, tiefe Schüssel

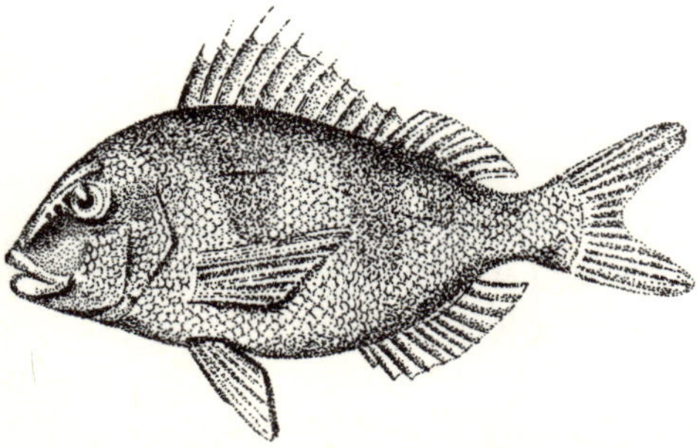

Bursinel, Müller-Thurgau, Muscadet, Neuchâtel sur lie, Silvaner Kabinett trocken (Rheinhessen)

Pollack mit Frühlingsgemüse

Einkauf:

3 Pollack
20 g Butter
3 Schalotten
Petersilie
Salz, Pfeffer
15 kleine Möhren/Karotten
10 kleine Lauchstangen
1 Fenchelknolle
1 kleine Sellerieknolle
40 g Butter
Salz, Pfeffer
10 g Zucker

40 g Butter

<u>Zubereitung</u>: 30 Min.
<u>Kochzeit</u>: ca. 10 Min.
<u>Küchenmaterial:</u>
Backblech
Schwenkpfanne
Schaumlöffel
feuerfeste Schüssel
kleiner Topf
Schneebesen

Bereiten Sie den Fisch und das Gemüse vor:

Lassen Sie die Fische vom Fischhändler filieren. Verteilen Sie einige nußgroße Butterstücke, gehackte Schalotten und Petersilienstämmchen auf einem Backblech, legen Sie die gesalzenen und gepfefferten Pollack-Filets darauf, schieben Sie sie ins warme Rohr (240°C, Thermostat Stufe 8) und lassen Sie den Fisch 2 Minuten ziehen, damit er Saft abgibt.
Schälen Sie die Möhren/Karotten, Lauch, Fenchel und Sellerie und schneiden Sie sie in feine Streifen (julienne). Erhitzen Sie in einer Schwenkpfanne 40 g Butter mit dem Fischsaft, fügen Sie die Möhren/Karotten hinzu, salzen und pfeffern Sie sie, streuen Sie Zucker darüber, decken Sie die Pfanne zu und lassen Sie die Möhren/Karotten 4 bis 5 Minuten lang kochen. Danach geben Sie die anderen Gemüse dazu, sautieren sie 5 bis 6 Minuten, indem Sie die Gemüse mit einem Kochlöffel gut durchmischen. Achten Sie darauf, daß alles schön knackig bleibt. Seihen Sie das Gemüse durch ein Sieb und heben Sie den Saft auf.

Kochen Sie den Fisch:

Geben Sie den Fisch in eine große Schüssel, verteilen Sie das Gemüse darüber und schieben Sie die Schüssel für 6 bis 7 Minuten ins heiße Rohr (260°C, Thermostat Stufe 9).

Machen Sie die Sauce:

Während der Fisch im Rohr ist, gießen Sie den Gemüsesaft in einen kleinen Topf und rühren auf schwacher Flamme die Butter in die Sauce. Anschließend begießen Sie den Fisch mit der Sauce und servieren sofort.

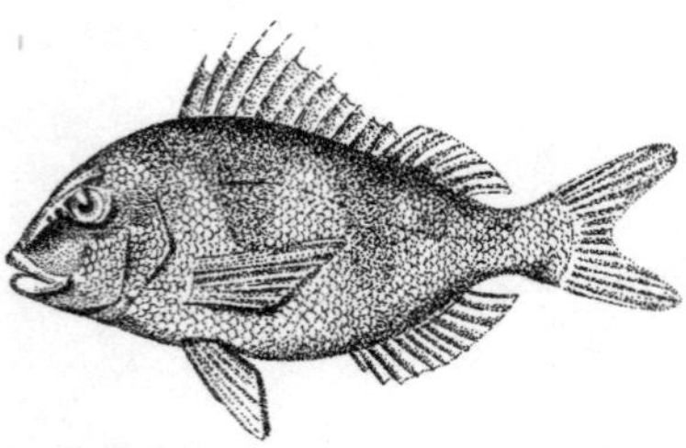

So hebt man die Fische auf
Am besten verarbeitet man die Fische frisch. Muß man sie aufheben, dann höchstens 36 Stunden lang und zwar kochfertig in Alu-Folie gewickelt im obersten Fach des Kühlschrankes. In einem luftdicht verschlossenen Behälter können rohe oder gekochte Fischreste auch ruhig 48 Stunden im Kühlschrank aufbewahrt werden.

Cheyres, La Côte, Grüner Veltliner, Roter Veltliner (weiß), Vin blanc du Midi, Vully

Renkenfilets in saurer Sahne mit Äpfeln und Frühlingszwiebeln

Einkauf

(für 4 Personen):
2 Renken, je 250 g
40 g Zwiebeln
30 g Lauch
30 g englischer Sellerie
1 kleine Knoblauchzehe
6 Wacholderbeeren
10 Pfefferkörner
1 kleiner Thymianzweig
einige Petersilienstengel (oder Dill)
Saft einer Zitrone
1 Tl Salz
$1^1/_2$ Tl Gewürzsalz (oder normales Salz)
etwas neutrales Öl

Bereiten Sie die Zutaten vor:

Schuppen Sie die fangfrischen Renken ab, nehmen Sie sie aus, waschen und filieren Sie sie.
Putzen und waschen Sie die Gemüse und schneiden Sie sie in feine Scheiben. Zerdrücken Sie die Wacholderbeeren und die Pfefferkörner. Vermischen Sie Gemüse, Wacholderbeeren, Pfefferkörner und Salz. Geben Sie die Hälfte davon in den Steinguttopf.
Braten Sie die Renkenfilets in der Teflonpfanne auf der Hautseite in ganz wenig Öl zirka 30 Sekunden lang an. Beträufeln Sie die Filets mit Zitronensaft, legen Sie sie auf das Gemüse im Steinguttopf, bedecken Sie sie mit dem übrigen Gemüse und decken Sie alles mit einem geölten Papier ab. Beschweren Sie das Ganze mit einem Gewicht (Dose) und lassen Sie es zirka 5 Tage durchziehen. Drehen Sie die Filets ab und zu um und übergießen Sie sie mit der entstandenen Flüssigkeit.

60 g säuerliche Äpfel
50 g milde Frühlingszwiebeln
30 g Essig- oder Gewürzgurken
$^1/_8$ l saure Sahne (selbst angesetzt)
Salz, Cayenne
Zitronensaft

Machen Sie die Saure-Sahne-Sauce:

Schälen Sie die Äpfel, teilen Sie sie in Achtel, entfernen Sie das Kernhaus, schneiden Sie sie in kleine Scheiben, beträufeln Sie sie leicht mit Zitronensaft und geben Sie sie in die saure Sahne. Schälen und halbieren Sie die Frühlingszwiebeln, schneiden Sie sie in feine Scheiben und geben Sie sie ebenfalls in die saure Sahne. Schneiden Sie die kleinen Gewürzgurken in Scheiben und geben Sie sie ebenfalls dazu. Nun verrühren Sie die Sauce und schmecken sie würzig ab.

Vollenden Sie das Gericht:

Ziehen Sie die Filets aus der Marinade, entfernen Sie Haut und Gräten (letzteres mit Hilfe einer Pinzette) und legen Sie sie in die Saure-Sahne-Sauce. Lassen Sie sie zirka 2 Stunden an einem kühlen Ort durchziehen.

1 Bund Schnittlauch
junge Kartoffeln

Zum Servieren:

Plazieren Sie die Filets auf gekühlten Tellern, übergießen Sie mit der Sauce und den Gemüsescheiben, bestreuen Sie sie mit geschnittenem Schnittlauch und legen Sie einige junge Kartoffeln dazu.
Sie können die Filets auch mit leicht marinierten jungen roten Rübchen garnieren, es schmeckt hervorragend.

<u>Marinierzeit der Filets:</u> 5 Tage
<u>Zubereitung:</u> 1 Std.
<u>Kühlzeit:</u> 2 Std.
<u>Küchengeräte:</u>
Steinguttopf
Teflonpfanne
Butterbrotpapier

Saure Sahne selbst gemacht

Verrühren Sie Sahne mit Zitronensaft, etwas Weißwein, einem Spritzer Essig, einer Prise Zucker und Salz, lassen Sie sie einen Tag in der Küche stehen, verrühren Sie das Ganze nochmals, schmecken Sie ab und stellen Sie die Sahne für 4 Tage in den Kühlschrank.

Grüner Veltliner, Pouilly Fumé, Riesling Kabinett trocken (Pfalz), Zürcher Räuschling

Roulade vom St. Petersfisch mit Champagnersauce

Einkauf:

1 St. Petersfisch
(ca. 1,8 kg)

Bereiten Sie den Fisch vor:

Nehmen Sie den St. Petersfisch aus, waschen Sie ihn und schneiden Sie die zwei Filets heraus. Enthäuten Sie sie vorsichtig und schneiden Sie die Filets schön zurecht. Die Abschnitte werden für die Lachsfarce mitverwendet. Schneiden Sie die Kiemen heraus, hacken Sie die Gräten und klären Sie sie unter fließendem Wasser.

30 g Butter
3 Zwiebeln
50 g Sellerie
50 g Helles vom Lauch
1 Prise Thymian
0,1 l Weißwein

Kochen Sie den Fond:

Geben Sie etwas Butter, die Fischgräten und das klein gewürfelte Gemüse in eine heiße Sauteuse, dünsten Sie alles etwas an, bedecken Sie es dann knapp mit Weißwein und Wasser und lassen Sie es am Herdrand ca. 20 Minuten köcheln. Passieren Sie anschließend den Fischfond durch ein feines Spitzsieb, stellen Sie ca. 0,1 Liter des Fonds zum Pochieren des Fisches beiseite und lassen Sie den Rest auf ca. 0,3 Liter reduzieren.

$^1/_2$ Tl Mehlbutter
$^1/_4$ l Crème fraîche
6 cl Champagner
Salz
zerdrückte Pfefferkörner

Machen Sie die Sauce:

Geben Sie die Mehlbutter (weiche Butter mit Mehl verkneten), die Crème fraîche und 6 cl Champagner zum reduzierten Fischfond und lassen Sie ihn bis zur richtigen cremigen Konsistenz einköcheln. Passieren Sie das Ganze nochmals und schmecken Sie mit Salz und Pfeffer ab.

250 g Lachsfilet
0,15 l Sahne
1 Ei
$^1/_2$ Zitrone
Salz, Pfeffer

Bereiten Sie die Farce zu:

Enthäuten Sie das Lachsfilet, würfeln Sie es klein, geben Sie die Abschnitte vom St. Petersfisch und ein Ei dazu, würzen Sie mit Salz, Pfeffer und Zitrone und vermengen Sie alles gut. Kühlen Sie die Fischwürfel und die geschlagene Sahne separat im Kühlfach gut durch, pürieren Sie anschließend alles im Küchenkutter und streichen Sie die Farce durch ein Sieb.

150 g Spinatblätter

Kochen Sie den Spinat:

Waschen Sie den Spinat, ziehen Sie die Blätter durch kochendes Wasser, schrecken Sie sie kalt ab und breiten Sie sie auf einem Küchenbrett oder einem Tuch aus.

Salz
$^1/_2$ Zitrone
30 g Butter
0,1 l Weißwein

Vollenden Sie das Gericht:

Würzen Sie die Filets vom St. Petersfisch mit Salz und Zitrone, bestreichen Sie sie von beiden Seiten mit der Lachsfarce und schlagen Sie sie in die Spinatblätter ein. Buttern Sie eine Stielpfanne aus, legen Sie die Rouladen hinein, geben Sie etwas Butter darauf und umgießen Sie sie mit dem zurückbehaltenen Fischfond und etwas Weißwein.

Pochieren Sie die Rouladen ca. 10 bis 12 Minuten im 190°C (Thermostat Stufe 5—6) heißen Ofen. Geben Sie dann den Sud von den Fischrouladen zu der fertigen Sauce, lassen Sie sie nochmals etwas einkochen und schlagen Sie sie mit kalten Butterwürfelchen auf.

1 El Sahne
4 cl Champagner

Zum Servieren:

Vor dem Anrichten heben Sie einen Eßlöffel geschlagene Sahne unter die Sauce und aromatisieren sie mit einem Spritzer Champa-

Zubereitung: ca. 2 Std.
Küchengeräte:
Küchenkutter
Topf
Sauteuse
Stielpfanne
Schneebesen
Haarsieb
Holzbrett
Tuch

gner. Schneiden Sie die Rouladen in schöne Scheiben, verteilen Sie die Sauce auf vorgewärmte Teller und legen Sie die Rouladenscheiben darauf. Servieren Sie dazu wilden Reis oder Kartöffelchen.

Für dieses Gericht können Sie auch frischen Zander nehmen. Die Lachsfarce können Sie mit einem Spritzer Rote-Bete-Saft färben, da die Farce durch den Rahm sehr an Farbe verliert.

Chablis, Morillon Chardonnay, Sauvignon blanc, St. Saphorin, Weißburgunder Kabinett trocken (Franken)

Rötlingfilets in Balsamico-Essigsauce mit Zwiebelmus

Einkauf:

4 Rötlingfilets
Karkasse der Rötlinge
10 Schalotten
30 g Butter
$^1/_4$ l Weißwein
$^1/_8$ l Fischfond

3 große Zwiebeln oder
300—400 g Schalotten
$^1/_2$ Knoblauchzehe
Sahne
Bouillon
30 g Butter

150 g Butter
3 El Crème fraîche
Balsamico-Essig

6 Basilikumblätter

Zubereitung: 30 Min.
Küchengeräte:
Pfanne, Mörser
Passiertuch, Mixer

Bereiten Sie die Fische vor:

Filieren Sie die Rötlinge, entgräten Sie sie und stellen Sie sie kalt. Zerdrücken Sie die Karkassen im Mörser. Schwitzen Sie die kleingeschnittenen Schalotten mit Butter in der Pfanne an, geben Sie die Karkassen darauf, löschen Sie mit Weißwein und etwas Fischfond ab. Lassen Sie das Ganze stark kochen, passieren Sie es anschließend durch ein Tuch und lassen Sie erneut reduzieren.

Machen Sie das Zwiebelmus:

Schälen Sie die Zwiebeln und schneiden Sie sie in große Würfel, schwitzen Sie sie in Butter kurz (hell) an, fügen Sie eine halbe Knoblauchzehe hinzu, füllen Sie mit Sahne und etwas Bouillon auf (nicht bedecken) und kochen Sie sie weich. Pürieren Sie die Zwiebeln im Mixer und montieren Sie das Mus mit kalter Butter.

Braten Sie die Fische:

Braten Sie die Rötlinge in Butter kurz an und stellen Sie sie dann warm. Binden Sie den reduzierten Fond mit Butter und Crème fraîche, fügen Sie dann 2 Teelöffel Balsamico-Essig bei und schmecken Sie ab.

Zum Servieren:

Legen Sie die leicht gehackten Basilikumblätter auf die warmen Rötlingfilets und nappieren Sie sie mit der Sauce. Mit Zwiebelmus servieren.

Fendant, Muskateller Auslese trocken, Ostschweizer Pinot gris, Tessiner Pinot blanc, Weißburgunder

Rotbarben grilliert auf Gemüsevinaigrette

Einkauf

(für 4 Personen):
4 Rotbarben,
je ca. 200 g

300 g Gemüse
(Fenchel, Stangensellerie,
Möhren/Karotten,
Lauch und Zucchini)
1 El Olivenöl
$^1/_2$ Tl Dijonsenf
Salz, Pfeffer
1 El guter Rotweinessig
0,2 l kaltgepreßtes
Olivenöl
1 Tl gehackte Petersilie
1 Tl gehacktes Basilikum
1 Tl gehackter
Schnittlauch
1 Tl gehackte Zwiebeln

100 g Butter
Leber der Rotbarben
1 Knoblauchzehe
Meersalz
Pfeffer aus der Mühle
1 Bund frisches Basilikum

1 französisches
Stangenbrot

Zubereitung: 30 Min.
Küchengeräte:
Schüssel
Grill
Alufolie

Putzen Sie die Rotbarben:

Schuppen Sie die Rotbarben ab und nehmen Sie sie aus, legen Sie die Leber beiseite.

Dämpfen Sie das Gemüse:

Dämpfen Sie das in Streifen geschnittene Gemüse in Olivenöl mit wenig Flüssigkeit auf schwachem Feuer. Das Gemüse sollte dabei noch knackig bleiben. Stellen Sie es anschließend beiseite. Geben Sie den Senf, Salz und Pfeffer in eine Schüssel und mischen Sie alles gut mit dem Essig. Geben Sie unter ständigem Rühren das Olivenöl sowie die gehackten Kräuter und die Zwiebeln dazu und würzen Sie, wenn nötig, nach. Geben Sie das Gemüse in die Vinaigrette.

Bereiten Sie die Basilikumbutter zu:

Rühren Sie 100 g Butter gut schaumig, hacken sie die gewässerte Leber fein und fügen Sie sie bei. Geben Sie je eine Messerspitze gehackten Knoblauch, Meersalz und Pfeffer aus der Mühle sowie den gehackten Bund Basilikum dazu und durchmischen Sie alles nochmals kräftig. Füllen Sie diese Basilikumbutter in die Bauchöffnung der Rotbarben.

Grillieren Sie die Rotbarben:

Wickeln Sie die gefüllten Rotbarben in Alufolie ein und grillieren Sie sie auf dem heißen Grill beidseitig 6 Minuten.

Zum Servieren:

Verteilen Sie die leicht erwärmte Gemüsevinaigrette auf flache Teller, nehmen Sie die Rotbarben aus der Folie und setzen Sie sie auf die Vinaigrette. Servieren Sie dazu geröstetes französisches Stangenbrot.

Chablis, Fendant, Morillon (Pinot Chardonnay), Oeil de Perdrix, Riesling Kabinett trocken (Württemberg)

Salat von St. Petersfisch und Hummer in Knoblauchsauce

Einkauf:

1 Möhre/Karotte
1 Fenchelknolle
2 runde weiße Rüben
2 Tomaten
einige Fäden Safran
50 g Butter
Salz, Pfeffer
1 Kopfsalat frisé
1 Bund Schnittlauch
Petersilie

Bereiten Sie die Gemüse zu:

Waschen und schälen Sie die Möhre/Karotte, die weißen Rüben, den Fenchel und schneiden Sie alles in Streifen. Schälen und entkernen Sie die Tomaten und schneiden Sie sie ebenfalls in Streifen. Kochen Sie die Möhre/Karotte, die Rüben und den Fenchel in einer Sauteuse mit Safran, Salz und Pfeffer und etwas Butter, knapp mit wasser bedeckt, knackig. Stellen Sie die Gemüse beiseite. Putzen, waschen und trocknen Sie den Salat, hacken Sie Schnittlauch und Petersilie.

2 Knoblauchzehen
1 kleine Kartoffel
1 Eigelb
0,1 l Olivenöl
etwas Zitronensaft
Salz, Pfeffer
1 Messerspitze Dijonsenf
2 El Schlagsahne

Machen Sie die Knoblauchsauce:

Kochen Sie die Kartoffel in der Schale, schälen Sie sie anschließend und zerdrücken Sie sie in der Kartoffelpresse. Geben Sie die feingehackten Knoblauchzehen, den Senf und das Eigelb dazu, vermischen Sie alles. Dann rühren Sie nach und nach das Olivenöl dazu und träufeln Zitronensaft ein. Heben Sie die Schlagsahne unter, schmecken Sie mit Salz und Pfeffer ab und mengen Sie zum Schluß die gehackten Kräuter darunter.

2 kleine Hummer,
(je 500 g)
1 St. Petersfisch (1,5 kg)
Salz, Pfeffer
etwas Zitronensaft
30 g Butter

Präparieren Sie den Hummer und den Fisch:

Kochen Sie den Hummer 7 Minuten in Salzwasser, brechen Sie ihn auf, schneiden Sie die Scheren in grobe Würfel, den Schwanz in dicke Medaillons. Filieren Sie den St. Petersfisch und schneiden Sie ihn in Streifen. Salzen und pfeffern Sie die Hummerstücke und Fischstreifen leicht und beträufeln Sie sie mit etwas Zitronensaft. Braten Sie sie in der Pfanne mit Butter zusammen kurz an, lassen Sie sie auf einem Tuch abtropfen.

Zum Servieren:

Richten Sie den Salat auf dem Teller an, geben Sie die Gemüsestreifen, den lauwarmen Fisch und die Hummerstücke darauf. Nappieren Sie das Ganze mit der Knoblauchsauce.

Zubereitung: 30 Min.
Kochzeit: 10 Min.
Küchengeräte:
großer Topf
Bratpfanne
Sauteuse
Schüssel
Kartoffelpresse
Tuch

Sie können den Hummer durch Langostinos ersetzen und den Petersfisch durch Steinbutt oder Seezunge. Vermischen Sie die Sauce mit dem Fisch erst, wenn er lauwarm ist, damit sie nicht gerinnt.

Blanc de Blancs, Malvoisie, Pinot Chardonnay, Weißburgunder Kabinett trocken (Franken)

Sardinenfilets gratiniert mit Zitrone

Einkauf:

1,2 kg Sardinen
30 g Butter

3 ganze Zitronen (ungespritzt)
0,2 l Crème fraîche
Salz, Pfeffer

Toastbrot

Zubereitung: 30 Min.
Kochzeit: 5 Min.
Küchengeräte:
Küchenpapier
dünnes Filier-Messer
feuerfeste Schüssel
Rührschüssel

Bereiten Sie die Sardinen vor:

Putzen Sie die Sardinen (entfernen Sie die Flossen) und nehmen Sie sie aus. Waschen Sie sie und trocknen Sie sie mit Küchenpapier. Schneiden Sie sie vom Kopf bis zum Schwanz entlang der Rückengräte auf, trennen Sie die Filets in Höhe der Kiemen vom Kopf und heben Sie sie mit einem Messer ab, in dem Sie die Klinge den Gräten entlang gleiten lassen. Schlichten Sie die Filets mit der Hautseite nach unten in eine bebutterte, feuerfeste Schüssel.

Machen Sie die Sauce:

Verrühren Sie in einer Schüssel die geriebene Schale von 2 Zitronen, die Crème fraîche, Salz, Pfeffer und den Saft von 3 Zitronen und verteilen Sie die Masse auf den Sardinen.

Gratinieren Sie die Sardinen:

Heizen Sie Ihr Rohr 10 Minuten, bevor Sie die Sardinen gratinieren wollen, gut vor (240°C, Thermostat Stufe 8) und lassen Sie die Sardinen darin 5 Minuten gar werden (aber nicht länger). Bringen Sie die Sardinenfilets dann mit getoastetem Brot zu Tisch.

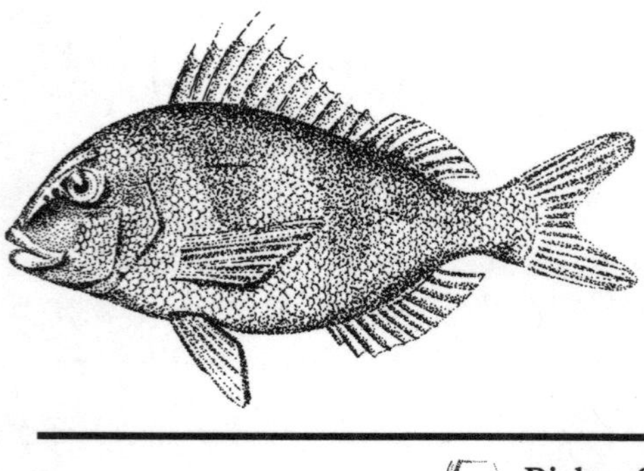

Bieler Seewein, Grüner Veltliner, Muscadet, Riesling Kabinett trocken (Württemberg)

Scampi gebacken mit Sauce tartare

Einkauf:

36 rohe Scampi
Salz, Pfeffer
50 g Mehl
2 ganze Eier

Bereiten Sie die Scampi vor:

Entfernen Sie den Kopf der Scampi, lösen Sie den Schwanz aus seiner Schale und entfernen Sie den Darm, tupfen Sie die ausgelösten Scampi trocken, salzen und pfeffern Sie sie leicht.
Geben Sie das Mehl in einen tiefen Teller, schlagen Sie die Eier in einen anderen Teller und wenden Sie die Scampi zuerst im Mehl, dann in den verquirlten Eiern.

Erdnußöl
Salz, Pfeffer
1 Bund Petersilie

Backen Sie die Scampi:

Schütten Sie 4 cm hoch Öl in eine Bratpfanne und erhitzen Sie es bei mittlerer Flamme (aber nicht so lange, daß es zu rauchen beginnt). Geben Sie die Scampi mit einem Schaumlöffel in das heiße Öl, immer so viele auf einmal, daß sie in der Pfanne nicht zusammenkleben, und backen Sie diese jeweils ungefähr 10 bis 12 Minuten. Würzen Sie nach. Nun backen Sie im heißen Öl rasch die Petersilie einige Sekunden lang.

2 Eier
Salz
Pfeffer aus der Mühle
0,2 l Öl
Weinessig
1 Bund Schnittlauch
2 Zitronen

Machen Sie die Sauce tartare:

Kochen Sie die Eier 10 Minuten hart. Zerdrücken Sie die hartgekochten Dotter in einer Schüssel (das Eiweiß brauchen sie nicht) und würzen Sie sie gut mit Salz und frisch gemahlenem Pfeffer. Lassen Sie das Öl unter ständigem Rühren nach und nach eintropfen, wie beim Zubereiten einer Mayonnaise (wenn Sie den Geschmack mögen, können Sie kaltgepreßtes Olivenöl verwenden), und mischen Sie zum Schluß einen Kaffeelöffel Weinessig und den gehackten Schnittlauch unter.

Zum Servieren:

Richten Sie die Scampi auf einer mit einer gefalteten Serviette belegten Platte an, garnieren Sie sie mit Zitronenscheiben und der gebackenen Petersilie und reichen Sie die Sauce tartare dazu.

<u>Zubereitung:</u> 40 Min.
<u>Kochzeit:</u> 10—12 Min.
<u>Küchengeräte:</u>
Bratpfanne
Schaumlöffel
Schüssel
Schneebesen

Zur Vereinfachung
Beginnen Sie mit der Sauce tartare und stellen Sie diese in den Kühlschrank, bis sie zusammen mit den Scampi serviert wird. Sie können die Scampi ruhig vorkochen: Geben Sie die rohen Scampi in kochendes Salzwasser, lassen Sie sie aufkochen und dann noch 3 Minuten weiterkochen. Lassen Sie sie danach abtropfen und spülen Sie sie kalt ab. Sie werden sehen, daß sich die Scampi dann wesentlich leichter schälen lassen.

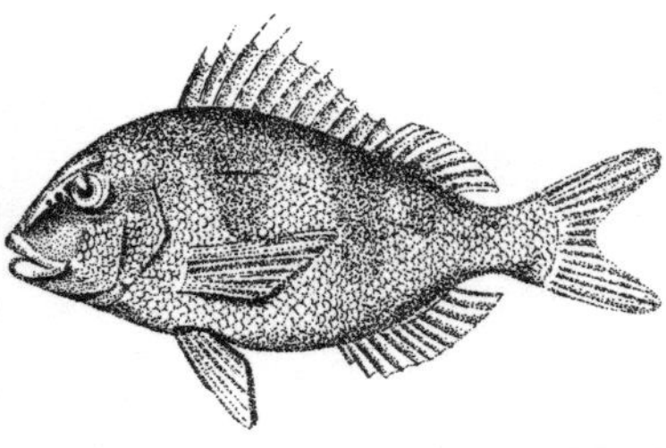

Bianco del Ticino, Rotgipfler, Ruländer Kabinett trocken (Baden), Zierfandler

Scampi-Kuchen

Einkauf:

75 g Butter
250 g gesiebtes Mehl
Salz
1 Eigelb
(oder 350 g fertigen Mürbteig)

Machen Sie den Mürbteig:

Schneiden Sie die Butter in Stücke und lassen Sie sie bei Zimmertemperatur weich werden. Geben Sie das Mehl in eine tiefe Schüssel, drücken Sie in die Mitte eine Mulde ein und geben Sie in diese Vertiefung eine Prise Salz, das Eigelb und etwas Wasser (ca. $^1/_8$ Liter), kneten Sie alles rasch zu einem Teig und arbeiten Sie dabei die Butter ein. Formen Sie den Teig zu einer Kugel und lassen Sie ihn eine Stunde ruhen.

2 Möhren/Karotten
2 Zwiebeln
1 Stangensellerie
Salz
zerdrückte Pfefferkörner
Kräutersträußchen
$^1/_8$ l Weinessig
40 Scampi
40 g Butter
0,1 l Cognac
0,2 l Crème fraîche

Kochen Sie die Scampi in der Würzbrühe:

Schälen Sie die Möhren/Karotten und die Zwiebeln, schneiden Sie den Stangensellerie in Streifen. Bringen Sie das Gemüse mit 4 Liter Wasser, Salz und zerdrückten Pfefferkörnern im Kochtopf zum Kochen. Fügen Sie das Kräutersträußchen und den Weinessig bei und lassen Sie diese Würzbrühe 20 Minuten kochen. Geben Sie die Scampi dazu und lassen Sie sie 3 Minuten köcheln, lassen Sie sie etwas abkühlen, um sie aus der Schale lösen zu können, ohne sich dabei die Finger zu verbrennen. Stellen Sie die ausgelösten Scampi beiseite und braten Sie die Schalen auf mittlerer Flamme mit einem nußgroßen Stück Butter in einer Bratpfanne an, löschen Sie mit Cognac ab und kratzen Sie die Bratrückstände mit einem Kochlöffel vom Boden der Pfanne. Anschließend fügen Sie die Crème fraîche hinzu und lassen die Sauce 5 Minuten kochen. Seihen Sie diese dann durch ein Spitzsieb und drücken Sie dabei die Scampischalen mit dem Rücken des Kochlöffels gut aus. Stellen Sie die Sauce beiseite.

20 g Butter
4 Eier
0,5 l Crème fraîche

Stellen Sie den Kuchen fertig:

Rollen Sie den Teig mit einem Nudelholz auf eine Stärke von $^1/_2$ cm aus, bestreichen Sie die Kuchenform mit Butter und legen Sie sie mit dem Teig aus. Stechen Sie den Teigboden mit einer Gabel mehrmals ein und backen Sie ihn 10 Minuten im heißen Rohr (200°, Thermostat Stufe 6). Belegen Sie den gebackenen Teigboden mit den Scampi. In einer Salatschüssel vermischen Sie 4 Eier, die Crème fraîche und die Scampisauce und gießen diese über den Kuchen. Schieben Sie den Kuchen in das mittelheiße Rohr (180°—200°, Thermostat Stufe 5—6) und backen Sie ihn 25 bis 30 Minuten.

Zubereitung: 1 Std.
Rastzeit für den Teig: 1 Std.
Kochzeit: 25—30 Min.
Küchengeräte:
Kochtopf
Bratpfanne
Pergamentpapier
Spitzsieb
Nudelholz
Tortenform, 26 cm Durchmesser
Salatschüssel

Man kann eine Würzbrühe (court-Bouillon) immer längere Zeit im voraus zubereiten und einfrieren, bis sie gebraucht wird.
Es empfiehlt sich, den Tortenboden zum Vorbacken mit einem auf die Größe der Tortenform zugeschnittenen Blatt Pergamentpapier zu belegen und darauf einige getrocknete Bohnen zu verteilen, dann wirft der Teig keine Blasen, nach dem Backen läßt sich das Papier samt den Bohnen spielend leicht entfernen.

Fendant, Riesling Kabinett halbtrocken (Mosel/Saar/Ruwer), Soave, Welschriesling

Scholle mit Kohl und Zitronenbutter

Einkauf:

1 schöner Kohlkopf
Salz, Pfeffer

Bereiten Sie den Kohl zu:

Zerteilen Sie den Kohl in seine Blätter, damit Sie ihn besser waschen können, entfernen Sie den Strunk und zerschneiden Sie grob die Blätter. Kochen Sie den Kohl 8 Minuten im Dampfkochtopf, salzen und pfeffern Sie ihn anschließend leicht.

1 l Fischessenz
400 g Butter
1 Zitrone (ungespritzt)
Salz, Pfeffer

Bereiten Sie die Fischessenz mit Zitronenbutter:

Die Fischessenz machen Sie nach unserem Rezept auf Seite 262. Gießen Sie die Fischessenz in eine Schwenkpfanne, lassen Sie sie auf die Hälfte einkochen und rühren Sie nach und nach die Butter in kleinen Stückchen ein, damit Sie eine dickliche Sauce erhalten. Vermischen Sie diese Sauce mit dem Zitronensaft (die Zitronenschale heben Sie auf) und schmecken Sie sie ab. Dann seihen Sie die Sauce durch ein Spitzsieb.

2 kg Scholle
Salz, Pfeffer
40 g Butter
2 Schalotten

Kochen Sie den Fisch:

Lassen Sie die Scholle von Ihrem Fischhändler filieren. Geben Sie die gesalzenen und gepfefferten Schollenfilets mit einem Stück Butter und den fein gehackten Schalotten in eine feuerfeste Schüssel und lassen Sie die Filets 2 bis 3 Minuten lang im Rohr (200°C, Thermostat Stufe 6) kochen.

1 gekochte rote Bete

Zum Servieren:

Richten Sie die Schollenfilets auf einer vorgewärmten Platte an, gießen Sie die Zitronen-Fisch-Sauce darüber und bestreuen Sie die Filets zur Dekoration mit fein geraspelter Zitronenschale und einer feinstiftelig geschnittenen, gekochten roten Bete.
Bringen Sie die Scholle mit dem Kohl heiß zu Tisch.

Zubereitung: 30 Min.
Kochzeit: ca. 3 Min.
Küchengeräte:
Dampfkochtopf
Schwenkpfanne
Spitzsieb
feuerfeste Schüssel

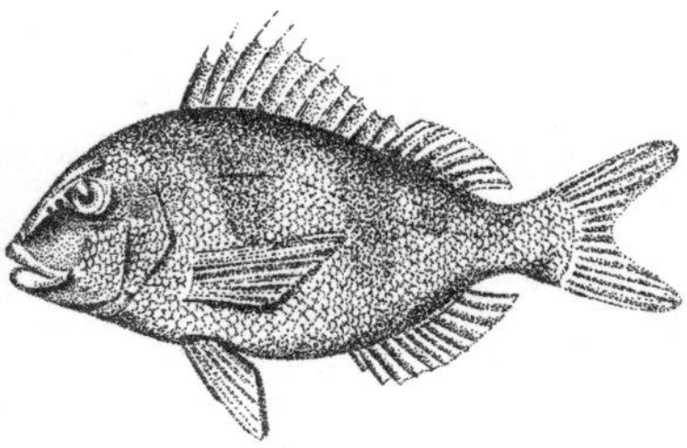

Ersuchen Sie Ihren Fischhändler um die Abfälle und Gräten der Scholle und bereiten Sie daraus nach unserem Rezept auf Seite 262 die Fischessenz zu. Sie können die Fischessenz auch im voraus zubereiten und sie einfrieren, sie hält dann 3 Monate.
Es empfiehlt sich, den Kohl vor dem Kochen einige Sekunden in siedendem Wasser zu blanchieren, so wird er zarter.

Bieler Seewein, Entre-Deux-Mers, Mont sur Rolle, Sauvignon blanc, Weißburgunder Kabinett trocken (Franken)

Seeteufelmedaillons in Knoblauchsauce mit Tomatenkirschen

Einkauf:

12 Seeteufelmedaillons (insg. 1,2 kg)
2 cl Olivenöl
20 g Butter
Salz, Pfeffer, Paprika
Mehl zum Wenden
30 g Butter
1 Thymianzweig
1 Knoblauchzehe

Bereiten Sie den Fisch vor:

Erhitzen Sie das Olivenöl und 20 g Butter in der Fischpfanne. Würzen Sie die Seeteufelmedaillons mit Salz, Pfeffer und Paprika auf beiden Seiten und wenden Sie sie in Mehl. Dann legen Sie die Medaillons in die Pfanne und braten sie von beiden Seiten goldgelb an. Geben Sie die restliche Butter, den Thymianzweig und die Knoblauchzehe in eine zweite Pfanne, fügen Sie die angebratenen Seeteufelmedaillons bei, braten Sie sie auf kleiner Flamme zirka 3 bis 4 Minuten von beiden Seiten fertig und würzen Sie nach.

180 g Tomatenkirschen
30 g Butter
Salz, Pfeffer

Bereiten Sie die Tomatenkirschen zu:

Überbrühen Sie die Tomatenkirschen kurz in kochendem Wasser, schrecken Sie sie in Eiswasser ab, ziehen Sie die Haut ab und schwenken Sie sie in heißer Butter. Schmecken Sie mit Salz und Pfeffer ab.

0,4 l Milch
120 g Knoblauchzehen
$^1/_4$ l Fischfond
0,4 l Crème double
$^1/_2$ Zitrone
Salz, Cayenne-Pfeffer
50 g Butter

Machen Sie die Knoblauchsauce:

Kochen Sie die Milch in einer Sauteuse auf, fügen Sie die geschälten Knoblauchzehen bei und kochen Sie sie weich. Nehmen Sie die Knoblauchzehen aus der Milch, pürieren Sie die Hälfte davon im Mixer fein und behalten Sie die andere Hälfte als Garnitur zurück. Geben Sie den Fischfond in die Milch, lassen sie die Flüssigkeit auf zwei Drittel einkochen, füllen Sie mit der Crème double auf und kochen Sie die Sauce, bis sie sämig wird. Nehmen Sie die Sauce von der Kochstelle, schwenken Sie die Butter und das Knoblauchpüree ein und passieren Sie sie durch ein feines Haarsieb. Zum Schluß schmecken Sie die Sauce mit Salz, Zitronensaft und Cayenne-Pfeffer ab und erhitzen die zurückbehaltenen Knoblauchzehen darin.
Richten Sie die Seeteufelmedaillons mit den Tomatenkirschen und der Knoblauchsauce an.

Zubereitung: 1 Std.
Küchengeräte:
2 Pfannen
Kasserolle
Mixer
Haarsieb

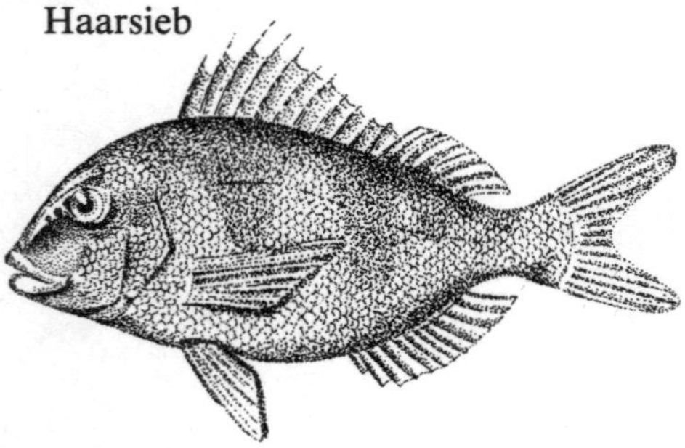

Das Beste vom Kalb im Kohlmantel ▶

Arvine, Chassagne Montrachet, Johannisberg du Valais, Muskat-Sylvaner, Riesling Spätlese trocken (Pfalz), Weißburgunder

Seewolf-Schnitzel mit Austern

Einkauf:

1 Seewolf oder Wolfsbarsch (ca. 1 kg)
18 Austern (Belon 000)
0,1 l Weißwein
Kerbel
Salz, Pfeffer
Cayenne-Pfeffer

Bereiten Sie den Seewolf und die Austern vor:

Lösen Sie die Seewolf-Filets aus, schneiden Sie die Filets in 6 Schnitzel und klopfen Sie diese zwischen je 2 Blättern Plastik-Folie mit der Handfläche flach. Öffnen Sie die Austern, fangen Sie den Saft in einer Kasserolle auf und stellen Sie die Austern beiseite. Gießen Sie den Austernsaft mit 0,1 Liter Weißwein auf und kochen Sie ihn auf großer Flamme auf ein Viertel ein. Benetzen Sie ein bebuttertes Backblech mit einigen Spritzern Weißwein, schlichten Sie die Seewolf-Schnitzel darauf und würzen Sie mit Salz, Pfeffer, Cayenne-Pfeffer und Kerbel.

0,1 l Crème double
100 g Butter

Kochen Sie das Gericht zu Ende:

Fügen Sie die Crème double zur reduzierten Austernsaft-Weinmischung, lassen Sie die Flüssigkeit etwas einkochen und montieren Sie die Sauce, sobald die Flüssigkeit beginnt, eine ölige Konsistenz anzunehmen, indem Sie nach und nach 100 g Butter mit dem Schneebesen einschlagen. Dann nehmen Sie die Kasserolle vom Feuer und würzen die Sauce, wenn nötig, nach.
Erwärmen Sie die Austern, indem Sie sie einige Augenblicke — neben dem Herd — in der Sauce ziehen lassen. Währenddessen schieben Sie das Backblech mit den Seewolf-Schnitzeln für $2^1/_2$ bis 3 Minuten ins vorgeheizte Rohr (280°C, Thermostat Stufe 10).

6 Stämmchen Kerbel

Zum Servieren:

Legen Sie auf jeden Teller ein Stück Seewolf, verteilen Sie je 3 Austern darüber und nappieren Sie alles mit der Sauce. Zur Dekoration setzen Sie auf jeden Teller obenauf ein Stämmchen Kerbel.

Zubereitung: 1 Std.
Küchengeräte:
Plastik-Folie
Kasserolle
Backblech
Schneebesen

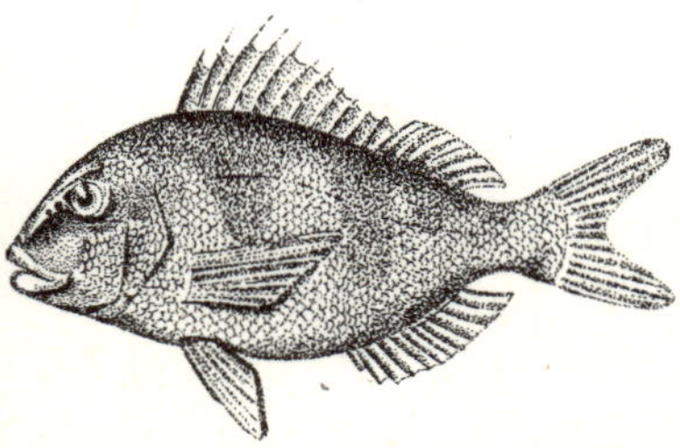

Falls die Sauce, nachdem Sie die Austern darin pochiert haben, etwas gerinnen sollte, lassen Sie alles unter ständigem Rühren nochmals aufkochen und schlagen Sie noch etwas Butter darunter.

◀ Gefüllter Kohl

Bieler Seewein, La Côte, Kluser Gutedel, Rheinriesling, Riesling Kabinett trocken (Württemberg)

Tellerkürbchen mit Krebsen und roter Paprikabutter

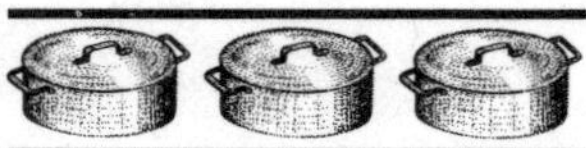

Einkauf:

2,2 kg Flußkrebse
(6 Stück à ca. 60 g
pro Person)

Krebsköpfe
40 g Butter
50 g Lauch
50 g Sellerie
2 Schalotten
50 g Möhren/Karotten
3 reife Tomaten
$^1/_2$ El Tomatenmark
6 zerdrückte Pfeffer-Körner
1 Zweig Thymian
0,1 l trockener Weißwein

2 schöne, dunkelrote Paprika
30 g Butter
$^1/_2$ El Tomatenmark
0,1 l Crème fraîche
90 g Butterwürfelchen
Salz
Pfeffer aus der Mühle

6 kleine Kürbchen
(je ca. 7 cm
Durchmesser)

Bereiten Sie die Krebse vor:

Kochen Sie die Krebse abgedeckt zirka 4 Minuten in Salzwasser. Schrecken Sie sie ab, brechen Sie die Krebsschwänze und Scheren aus und stellen Sie sie abgedeckt kühl.

Kochen Sie den Krebsfond:

Zerkleinern Sie die Krebsköpfe im Mörser, geben Sie sie in eine heiße Kasserolle mit Butter und dünsten Sie sie gut an. Geben Sie das in kleine Würfel geschnittene Gemüse und die gewürfelten Tomaten dazu, dünsten Sie sie ebenfalls ein wenig. Fügen Sie einen halben Eßlöffel Tomatenmark, die Pfefferkörner und den Thymianzweig bei, bedecken Sie das Ganze mit Weißwein und Wasser und lassen Sie es 20 Minuten köcheln. Passieren Sie den Fond durch ein feines Sieb und lassen Sie ihn auf einen halben Liter Flüssigkeit einkochen.

Machen Sie die rote Paprikabutter:

Halbieren, waschen und entkernen Sie die Paprika und schneiden Sie sie klein. Dünsten Sie sie in einer Kasserolle mit Butter an, fügen Sie einen halben Eßlöffel Tomatenmark bei, füllen Sie mit dem Krebsfond auf und lassen Sie das Ganze zirka 15 Minuten köcheln. Danach pürieren Sie die Sauce im Mixer und passieren sie. Lassen Sie die Sauce auf einen Viertelliter reduzieren, geben Sie die Crème fraîche hinzu, lassen Sie die Sauce kurz köcheln und rühren Sie dann am Herdrand Butterwürfelchen bis zur richtigen Konsistenz ein. Schmecken Sie mit Salz und Pfeffer aus der Mühle ab.

Zum Servieren:

Schneiden Sie das obere Drittel der Kürbchen ab (als Deckel). Lösen Sie etwas Fruchtfleisch vom Bodenteil aus und schmoren Sie dann die Böden und Deckel zirka 5 bis 7 Minuten in Butter. Sie sollen dabei nicht Farbe nehmen und knackig bleiben. Geben Sie auf sechs Teller etwas Sauce, legen Sie die Kürbchenböden darauf, geben Sie die warmgestellten Krebse in die Kürbchen, nappieren Sie diese mit etwas Sauce, legen Sie den Deckel seitlich dazu und servieren Sie rasch.

Zubereitung: ca. 2,5 Std.
Küchengeräte:
Kochtopf
Sauteuse
Kasserolle
Mixer
Schneebesen
Spitzsieb

Tellerkürbchen sind eine Kürbisart, die Sie im Garten problemlos anpflanzen können. Sie können auch die Blüten der Kürbchen mit einer leichten Fischfarce füllen und zirka 10 Minuten in Salzwasser pochieren. Zum Servieren legen Sie die gefüllten Blüten zu den Kürbchen. Ihre Gäste werden von der Optik und der Harmonie dieses Gerichtes überrascht sein.

Bâtard-Montrachet, Genfer Gamay, Ruländer Spätlese trocken, Welschriesling Spätlese

Waller und Jakobsmuscheln in Grün

Einkauf

(für 4 Personen):
1 Waller (ca. 1,2 kg)

Bereiten Sie den Waller vor:

Filieren Sie den Waller, vierteln Sie die ausgelösten Filets, sodaß 8 Tranchen entstehen. Heben Sie die Fischabschnitte für den Sud auf.

Fischabschnitte vom Waller
$^1/_2$ l Wasser
$^1/_4$ l trockener Weißwein
$^1/_2$ Zwiebel
1 Möhre/Karotte
1 Lauch (nur das Weiße verwenden)
50 g Sellerie
1 Kräutersträußchen (Lorbeer, Thymian, Petersilie, Estragon, Basilikum, Dill)
1 geschälte Tomate
Salz, Pfeffer

Machen Sie den Fischfond:

Erhitzen Sie die Zutaten im Topf und lassen Sie sie 20 Minuten langsam ziehen. Anschließend seihen Sie den Sud ab.

4 Jakobsmuscheln
Salz, Pfeffer
1 El Butter

Präparieren Sie die Jakobsmuscheln:

Reinigen Sie die Jakobsmuscheln mit einer Bürste gründlich unter fließendem kaltem Wasser. Öffnen Sie die Muscheln und lösen Sie die Nüßchen mit dem Rogen aus. Waschen Sie sie gut und tupfen Sie sie mit Küchenpapier trocken.
Salzen und pfeffern Sie die Muscheln. Zerlassen Sie etwas Butter in einem Topf, fügen sie die Muscheln bei und dünsten Sie sie leicht (nicht bräunen).

$^1/_8$ l trockener Weißwein
$^1/_8$ l Fischfond
2 gehackte Schalotten
$^1/_4$ l Crème double
Kräuter (Estragon, Basilikum, Sauerampfer, Kerbel)
Zitrone
Pfeffer, Salz
1 cl trockener Wermut
100 g Butter

Machen Sie die Sauce:

Lassen Sie Weißwein und Fischfond mit der Schalotte auf die Hälfte reduzieren. Füllen Sie mit Crème double auf und kochen Sie die Sauce auf die gewünschte Konsistenz ein. Zum Schluß geben Sie die im Mixer pürierten Kräuter bei und passieren das Ganze. Schmecken Sie mit Salz, Pfeffer, Zitrone und dem trockenen Wermut ab und verfeinern Sie die Sauce mit den Butterstückchen.

<u>Zubereitung:</u> 45 Min.
<u>Küchengeräte:</u>
Kochtopf
Bürste
Küchenpapier
Mixer

Zum Servieren:

Servieren Sie als Beilage Pommes nature oder Reis.

Bianco del Ticino, Johannisberg du Valais, Rheinriesling, Riesling Kabinett trocken (Rheinhessen)

FLEISCH

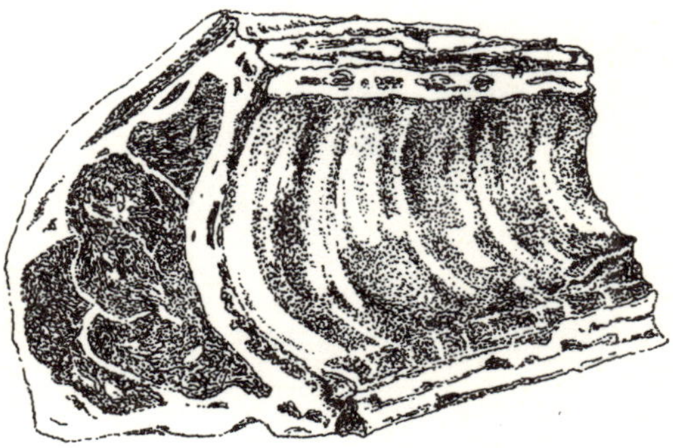

Baeckeoffe
(Elsässer Nationalgericht)

Einkauf:

3 Stangen Lauch
2 Zwiebeln
4 Knoblauchzehen
1 kg Schweinsrücken
1 kg Hammelschulter
1 kg Rinderbrust
3 Schweinshaxen
2 Schweinsschwänze
1 Flasche Riesling
Thymian, Lorbeerblatt
Salz, Pfeffer

2 kg Kartoffeln
4 Zwiebeln
1 Kräutersträußchen
10 El Mehl

Bereiten Sie die Marinade zu:

Putzen Sie am Vorabend den Lauch, entfernen Sie die äußeren, unansehnlichen Blätter, schneiden Sie das Grüne klein und teilen Sie den weißen Stengel in 3 oder 4 Stücke. Schälen und schneiden Sie die Zwiebeln in kleine Würfel, schälen Sie den Knoblauch und lassen Sie die Zehen ganz.
Schneiden Sie das Fleisch, die Schweinshaxen und die Schweinsschwänze in je ungefähr 80 g schwere Stücke.
Geben Sie alles zusammen in ein großes Gefäß, gießen Sie den Riesling dazu und fügen Sie ein Stämmchen Thymian, ein Lorbeerblatt, Salz und Pfeffer hinzu. Lassen Sie das Fleisch und die Gemüse die ganze Nacht ziehen.

Machen Sie das Gericht fertig:

Schälen Sie die Kartoffeln und schneiden Sie sie in ungefähr 3 mm dicke Scheiben. Schälen Sie die 4 Zwiebeln und schneiden Sie sie in kleine Würfel. Geben Sie das marinierte Fleisch auf ein Sieb und behalten Sie die Marinade zurück. Schichten Sie in einen großen Topf — am besten in einen Tontopf — zuerst drei Lagen Kartoffelscheiben (wie für ein Kartoffelgratin), dann einen Teil der Fleischstücke, das Kräutersträußchen, anschließend die geschnittenen Zwiebeln und schließlich wieder Kartoffelscheiben, und fahren Sie in der Reihenfolge fort, den Topf zu füllen, so lange die Zutaten reichen. Hören Sie mit einer Lage Kartoffeln auf.
Gießen Sie die abgeseihte Marinade dazu und schließen Sie den Topf mit seinem Deckel.
Rühren Sie aus 10 Eßlöffeln Mehl und 10 Eßlöffeln Wasser einen weichen Teig und kleben Sie ihn rund um den Deckel, um so den Topf abzuschließen und um zu vermeiden, daß während des Kochens Dampf austritt. Schieben Sie den Topf für $2^1/_2$ bis 3 Stunden ins mittelheiße Backrohr (180°—200°C, Thermostat Stufe 5—6) und bringen Sie das Gericht warm, im Topf, zu Tisch.

Zubereitung: 30 Min.
Marinierzeit: 1 Nacht
Kochzeit: $2^1/_2$—3 Std.
Küchengeräte:
großes Gefäß
(zum Marinieren)
Tontopf
Spitzsieb

Am Waschtag
Am Waschtag brachten die Frauen im Elsaß früher ihren „Baeckeoffe" zum Bäcker, er wurde im Backofen (daher sein Name) gar und das Abendessen war fertig. Zu diesem rustikalen Essen paßt im Winter sehr gut ein einfacher Löwenzahn- oder Feldsalat, im Sommer ein Frisésalat.

Hallauer Blauburgunder, Ostschweizer Pinot Gris, Ruländer Kabinett trocken (Baden), Salvagnin, Steirischer Traminer, Tokay d'Alsace

Carpaccio

Einkauf:

500 g flaches Roastbeef
oder Rinderfilet
Basilikum
Rosmarin
Estragon
Salbei
Pfeffer
1 l Öl

Salz, Pfeffer
1 Zitrone
Olivenöl
Basilikum

<u>Zubereitung:</u> 15 Min.
<u>Marinierzeit:</u> 24 Std.
<u>Küchengeräte:</u>
Schüssel
elektrische Schneidemaschine (oder ein sehr scharfes Messer)

Marinieren Sie das Fleisch:

Verlangen Sie bei Ihrem Fleischer ein wie für einen Braten gebundenes, flaches Roastbeef. Geben Sie das Fleisch in eine Schüssel und fügen Sie die Kräuter hinzu: Basilikum, Rosmarin, Estragon und Salbei. Salzen Sie nicht, aber pfeffern Sie das Fleisch und bedecken Sie es mit dem Öl. So lassen Sie das Fleisch 24 Stunden ziehen.

Schneiden Sie das Fleisch:

Schneiden Sie das Fleisch anschließend mit der Schneidemaschine in ganz dünne Scheiben. Wenn Sie keine Schneidemaschine haben, können Sie das Fleisch auch mit einem sehr scharfen Messer schneiden, was aber viel schwieriger ist.
Richten Sie die Fleischscheiben auf einem großen Teller an, bestreuen Sie sie mit Salz und Pfeffer, träufeln Sie den Zitronensaft und etwas Olivenöl darüber und verteilen Sie fein gehacktes Basilikum über das Fleisch.
Servieren Sie das Carpaccio mit einer mit Kapern verbesserten Mayonnaise und eventuell mit gebackenen Gemüsen (Zucchini zum Beispiel).

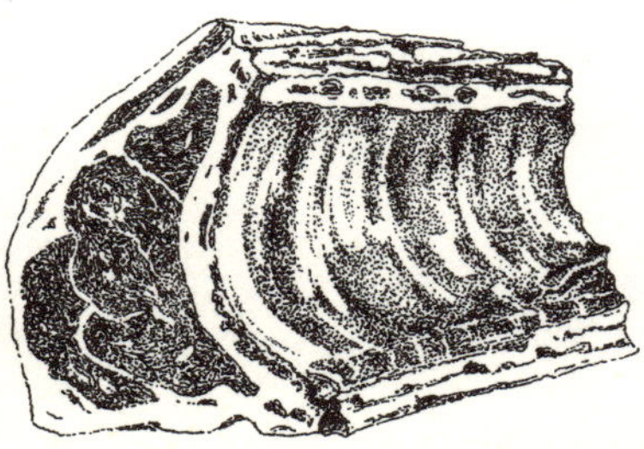

Leichter schneiden Sie das Fleisch (ob Sie es nun mit der Schneidemaschine oder mit einem scharfen Messer versuchen), wenn Sie es am Vortag im Ganzen einfrieren und in gefrorenem Zustand (leicht angetaut) in dünne Scheiben schneiden. Vor dem Servieren lassen Sie die Fleischscheiben bei Zimmertemperatur auftauen.

Bordeaux jeune, Chianti, Chinon, Junger Zweigelt

Das 2-Stunden-Cassoulet

Einkauf:

500 g getrocknete weiße Bohnen

1 große Zwiebel
1 Gewürznelke
Thymian, Lorbeerblatt
1 Knoblauchzehe
300 g frische Schweinsbrust
1 rohe Knoblauchwurst
50 g geräucherter Speck oder Schinkenschwarte
Salz
5 Tomaten

3 eingemachte Entenkeulen
3 Toulouser Würste (oder einfache Schweinswürste zum Mitkochen)

Salz, Pfeffer
1 El Nußöl
frischer Schnittlauch

Weichen Sie die Bohnen ein:

Weichen Sie die Bohnen für 12 Stunden in reichlich Wasser ein, wobei Sie das Wasser zwei- oder dreimal wechseln.

Kochen Sie dann die Bohnen:

Lassen Sie die Bohnen abtropfen und spülen Sie sie nochmals unter kaltem Wasser ab. Geben Sie die Bohnen in einen großen Kochtopf, bedecken Sie sie mit Wasser (2 Teile Wasser auf 1 Teil Bohnen) und geben Sie die geschälte Zwiebel, die Sie mit der Gewürznelke gespickt haben, Thymian, ein Lorbeerblatt, die nicht geschälte Knoblauchzehe, die Schweinsbrust, die Knoblauchwurst und die Schwarte dazu. Salzen Sie leicht und lassen Sie alles 45 Minuten lang auf mittlerer Flamme kochen. Schöpfen Sie den Schaum mehrmals von der Oberfläche ab und geben Sie dann die geschälten, entkernten und klein geschnittenen Tomaten dazu (zum Schälen tauchen Sie die Tomaten einige Sekunden in heißes Wasser und schrecken sie dann kalt ab). Mit den Tomaten lassen Sie alles nochmals 15 Minuten weiterkochen.

Kochen Sie die Toulouser Würste:

Befreien Sie die Entenkeulen von allem Fett und lassen Sie das Fett in einer Schmorpfanne schmelzen, bevor Sie die Würste dazugeben und sie 15 bis 20 Minuten auf kleiner Flamme braten.
Die Entenkeulen schneiden Sie beim Gelenk ein und stellen sie beiseite.

Kochen Sie das Cassoulet zu Ende:

Lassen Sie die Bohnen abtropfen, wenn sie gar sind, nehmen Sie den Thymian, das Lorbeerblatt, den Knoblauch und die Zwiebel heraus und geben Sie sie gemeinsam mit der in dicke Scheiben geschnittenen Knoblauchwurst, der ebenfalls in Scheiben geschnittenen Schweinsbrust, den Entenkeulen und den Toulouser Würsten in einen Topf. Bedecken Sie alles reichlich mit Wasser (soviel Wasser, daß es 1 bis 2 Zentimeter über den Zutaten steht), rühren Sie vorsichtig um und lassen Sie das Cassoulet noch ungefähr 10 Minuten kochen.
Vor dem Servieren schmecken Sie ab, ob das Gericht gut gewürzt ist, fügen einen Eßlöffel Nußöl hinzu, richten alles in einer Schüssel an und streuen frischen Schnittlauch über das Cassoulet. Bringen Sie es heiß zu Tisch.

Einweichzeit für die Bohnen: 12 Std.
Zubereitung: 30 Min.
Kochzeit: $1^1/_2$ Std.
Küchengeräte:
großer Kochtopf
Schaumlöffel
Schmorpfanne
Topf

Aigle rouge, Bergerac, Schilcher, Spätburgunder Kabinett trocken (Rheinhessen), Welschriesling

Das Beste vom Kalb im Kohlmantel

Einkauf:

200 g zarte Kohlblätter
$^1/_2$ El Schalotten
1 El Butter
Salz, Pfeffer

Bereiten Sie den Kohl vor:

Blanchieren Sie die Kohlblätter in kochendem Wasser, nehmen Sie sie heraus und lassen Sie sie in kaltem Wasser abkühlen und zuletzt auf einem Gitter abtropfen.
Schneiden Sie die Schalotten fein, erhitzen Sie sie mit der Butter, schwenken Sie die Kohlblätter darin kurz an, salzen und pfeffern Sie sie und lassen Sie sie anschließend wieder auskühlen.

100 g sehnenfreies Kalbfleisch
1 Eiweiß
$^1/_4$ l gut gekühlte Schlagsahne
Salz, Muskatnuß

Machen Sie die Kalbfleischfarce:

Drehen Sie das gut gekühlte Kalbfleisch zweimal durch die feine Scheibe des Fleischwolfes. Geben Sie das Kalbfleisch anschließend in eine Schüssel und mengen Sie nach und nach unter ständigem Rühren das Eiweiß und die Schlagsahne bei. Würzen Sie mit Salz und Muskatnuß.

2 Kalbsfilets, je ca. 150 g
1 Briesrose (ca. 200 g)
1 Kalbsleber (ca. 200 g), ohne Haut und Sehnen
Salz
Pfeffer aus der Mühle
Mehl zum Bestäuben
2 El Olivenöl
1 El Butter

Bereiten Sie die Filets vor:

Putzen und entsehnen Sie die Kalbsfilets, wässern und blanchieren Sie die Briesrose. Würzen Sie die Kalbfilets, die Briesrose und die länglich geschnittene Kalbsleber, bestäuben Sie sie leicht mit Mehl und braten Sie sie rasch in heißem Olivenöl mit Butter auf allen Seiten ab. Lassen Sie sie anschließend auskühlen.

1 großes Schweinenetz

Vollenden Sie das Gericht:

Breiten Sie das gut gewässerte Schweinenetz auf einem Küchentuch aus, salzen Sie es etwas und legen Sie die Kohlblätter darauf. Streichen Sie darauf ein Drittel der Kalbfleischfarce zu einem Sockel von 15 cm Länge und $^1/_2$ cm Höhe. Legen Sie die Kalbsfilets, die Briesrose und die Kalbsleber in Form eines schönen Mosaiks der Länge nach auf und streichen Sie die restliche Kalbfleischfarce darauf. Rollen Sie das Netz zusammen, verschnüren Sie es mit Küchenfaden so, daß es die Form behält, und garen Sie das Ganze auf einem gefetteten Backblech ca. 20 Minuten bei 220°C (Thermostat Stufe 7) im Rohr. Nehmen Sie es dann heraus und lassen Sie es etwa 15 Minuten rasten. Zur weiteren Garung schieben Sie es nochmals für 10 bis 15 Minuten ins Rohr.

Vorbereitung: 1 Std.
Kochzeit: 35 Min.
Küchengeräte:
Pfanne
Backblech
Schüssel
Mixer
Kochtopf
Fleischwolf
Küchenfaden

Zum Servieren:

Schneiden Sie die Roulade in Tranchen und servieren Sie sie mit frischem Gemüse und Naturjus ganz heiß.

Eine besonders feine Note erhält dieses Gericht, wenn Sie anstatt Kalbsleber dieselbe Menge Gänse- oder Entenstopfleber verwenden.

Rheinriesling (trockene Spätlese), Riesling Kabinett halbtrocken

Fleischpastete nach Art der Touraine

Einkauf:

2 kg frische, magere Schweinsbrust
100 g Möhren/Karotten
30 g Schalotten
Lorbeerblatt
Thymian
10 zerdrückte Pfefferkörner
1 Flasche Vouvray (oder leichter Rotwein)

200 g Schweinefett
2 kg Schweinefett
Salz, Pfeffer

<u>Zubereitung:</u> 15 Min.
<u>Marinierzeit:</u> 12 Std.
<u>Kochzeit:</u> 1 Std.
<u>Küchengeräte:</u>
Schüssel
Küchenpapier
Schmorpfanne
kleines Passiertuch
6 Pastetenförmchen oder Töpfchen

Marinieren Sie das Schweinefleisch:

Schneiden Sie das Schweinefleisch in 4 cm große Stücke. Schälen Sie die Möhren/Karotten und die Schalotten für die Marinade in grobe Stücke und geben Sie sie zusammen mit dem Fleisch in eine Schüssel. Fügen Sie das Lorbeerblatt, ein Stämmchen Thymian und die zerdrückten Pfefferkörner hinzu und gießen Sie mit dem Vouvray auf.
Lassen Sie alles über Nacht an einem kühlen Ort (zum Beispiel ganz unten im Kühlschrank) ziehen.

Kochen Sie das Fleisch:

Am nächsten Morgen lassen Sie die Fleischstücke abtropfen, tupfen sie sorgfältig mit Küchenpapier trocken und braten sie in 200 g Schweinefett in einer Schmorpfanne rundherum goldbraun an.
Wickeln Sie alle Marinade-Zutaten einschließlich der Pfefferkörner in ein kleines Tuch ein und binden Sie es zu. Geben Sie dieses Säckchen zum Fleisch, sobald es schön angebraten ist, und füllen Sie bis in Fleischhöhe mit abgekühltem Schweinefett auf. Würzen Sie mit Salz und Pfeffer und lassen Sie alles eine gute Stunde lang auf kleiner Flamme kochen. Dann nehmen Sie das Säckchen aus der Schmorpfanne.

Zum Servieren:

Wenn Sie die Fleischpastete kalt zu Tisch bringen, richten Sie sie in kleinen Pastetenförmchen, in kleinen Pfännchen oder auf einer mit einer Serviette belegten Platte an.
Servieren Sie sie warm, türmen Sie sie pyramidenförmig, mit Salz bestreut, auf einer mit einer Serviette belegten Platte auf.

Zur Fleischpastete reichen Sie Butter, Essiggurken, Pickles, Oliven, Senf, in Essig eingelegte Kirschen, kleine Zwiebeln und warum nicht auch Pfefferminzgelee. Dekorieren Sie die Platte mit würfelig geschnittenem Rinder-Aspik (das Sie bei Ihrem Metzger fertig kaufen können).

Gamay de Loire, Goron, Müller-Thurgau

Hammelkeule mit Kohl und Tomaten

Einkauf:

1 Hammelkeule
(ca. 3 kg)
50 g Butter
Salz, Pfeffer

Braten Sie die Hammelkeule:

Drehen Sie das Backrohr ganz stark auf (240°C, Thermostat Stufe 8) und heizen Sie es 15 Minuten vor. Währenddessen legen Sie die Hammelkeule in eine Bratpfanne, bestreichen sie mit Butter, würzen sie mit Salz und Pfeffer und schieben sie dann ins heiße Backrohr (220°C, Thermostat Stufe 7). Rechnen Sie 20 Minuten pro Kilo Fleisch. Begießen Sie die Hammelkeule immer wieder mit dem Saft und lassen Sie diese nach beendeter Bratzeit auf der offenen Türe Ihres Backrohres rasten.

$^1/_4$ Kohlkopf
150 g frische Schweinsbrust
3 Tomaten

Bereiten Sie den Kohl und die Tomaten vor:

Entfernen Sie die groben Rippen vom Kohl, schneiden Sie die Schweinsbrust in kleine Würfel, blanchieren Sie Kohl und Fleisch separat jeweils 2 Minuten in heißem Wasser und lassen Sie beides gut abtropfen. Schälen Sie die Tomaten, nachdem Sie diese einige Sekunden in heißes Wasser getaucht haben, halbieren und entkernen Sie sie und schneiden Sie das Fruchtfleisch kleinwürfelig. Zerteilen Sie den Kohl in seine Blätter und braten Sie diese in einer Schmorpfanne mit den Fleischwürfeln auf mittelgroßer Flamme in etwas Butter 4 bis 5 Minuten an.

30 g Butter
1 Knoblauchzehe
150 g Butter
Salz, Pfeffer

Vollenden Sie das Gericht in letzter Minute:

Schneiden Sie die Hammelkeule in Scheiben und stellen Sie diese dann wieder auf der Türe Ihres Backrohres warm. Geben Sie die Tomaten zu Kohl und Schweinefleisch in die Schmorpfanne, fügen Sie den gehackten Knoblauch und die Butter hinzu und vermischen Sie alles, indem Sie die Schmorpfanne auf dem Feuer hin- und herbewegen. Lassen Sie das Tomaten-Kohl-Gemüse 2 Minuten auf ganz kleiner Flamme ziehen, achten Sie jedoch darauf, daß es nicht zu kochen beginnt. Würzen Sie nach und servieren Sie das Gemüse gemeinsam mit der aufgeschnittenen Hammelkeule.

Zubereitung: 25 Min.
Kochzeit: ca. 1 Std.
Küchengeräte:
Bratpfanne
Töpfe
Schmorpfanne

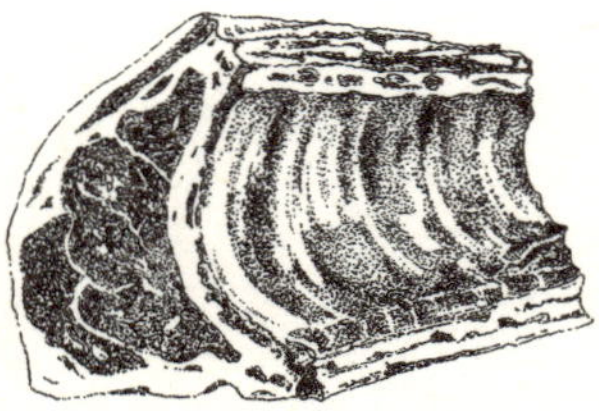

Wie man eine Hammelkeule brät

Im allgemeinen rechnet man 15 Minuten Kochzeit für das erste halbe Kilo Fleisch und 10 Minuten für jedes weitere halbe Kilo. Zusätzlich hängt die Bratzeit auch von der Hitze Ihres Backrohres ab, von der Dicke der Hammelkeule sowie vom persönlichen Geschmack. Der Saft, der beim Braten aus dem Fleisch tritt, gibt Ihnen Aufschluß über den Garungsgrad der Hammelkeule; ist er rot, ist das Fleisch noch roh, ist er rosig, ist es richtig „am Punkt“.

Bandol, Blaufränkischer, Paulliac, Spätburgunder Kabinett trocken

Gefüllter Kohl

Einkauf:

1 schwerer Kohlkopf (1,5 kg)
1 Zitrone (oder Essig)

Bereiten Sie den Kohl vor:

Entfernen Sie die äußeren, großen, oft unansehnlichen und harten Blätter. Höhlen Sie den Strunk von der Unterseite her mit einem spitzen Messer so weit wie möglich aus, um den Großteil des harten Kerns zu entfernen, und schneiden Sie einen Teil der harten Rippen weg, ohne dabei die Blätter zu durchlöchern. Waschen Sie den Kohlkopf, der ganz bleiben muß, vorsichtig und weichen Sie ihn 15 Minuten in Zitronen- oder Essigwasser ein.

Blanchieren Sie den Kohl:

Geben Sie den Kohl in einen großen Kochtopf, bedecken Sie ihn vollständig mit Wasser und lassen Sie ihn 12 Minuten lang kochen, wobei Sie darauf achten, daß das Wasser nicht zu stark kocht, damit die Blätter nicht zerfallen. Lassen Sie den Kohl dann — womöglich mit dem Kopf nach unten — in einem Sieb abtropfen.

3 Möhren/Karotten
1 große Zwiebel
250 g Champignons
Zitronensaft
250 g fetter Speck
250 g Schweinsbrust
1 Bund Petersilie
3 Halme Schnittlauch
1 Knoblauchzehe
250 g gehackte Kalbsnuß
2 Eier
Salz
Pfeffer aus der Mühle
1 großes Schweinenetz

Füllen Sie den Kohl:

Schälen und hacken Sie die Möhren/Karotten und die Zwiebel und stellen Sie sie beiseite.
Putzen Sie die Champignons, indem Sie den sandigen Teil des Stiels wegschneiden, waschen Sie sie rasch in Zitronenwasser, damit sie nicht schwarz werden, und hacken Sie sie ebenfalls. Drehen Sie die Schweinsbrust und den Speck durch den Fleischwolf (heben Sie die Schwarte auf). Hacken Sie die Petersilie, den Schnittlauch und die Knoblauchzehe.
Vermischen Sie alle diese kleingehackten Zutaten in einer Salatschüssel mit der gehackten Kalbsnuß, arbeiten Sie diese Fülle mit zwei ganzen Eiern gut durch, salzen Sie und geben Sie frisch gemahlenen Pfeffer dazu. Zum Füllen setzen Sie den Kohl auf die Arbeitsfläche, breiten die Kohlblätter flach aus, verteilen zwischen jedes Blatt einen Eßlöffel Fülle, schließen den Kohlkopf wieder und schlagen ihn in das Schweinenetz ein. Dann binden Sie einen Küchenfaden um den Kohl, als ob Sie ein Geschenkpäckchen machen wollten.

3 Möhren/Karotten
2 Zwiebeln
50 g Butter
1 l Rinderbrühe
1 Kräutersträußchen
Salz, Pfeffer

Kochen Sie den Kohl:

Schälen und zerkleinern Sie die Möhren/Karotten und die Zwiebeln und braten Sie sie in einer Pfanne mit 50 g Butter an. Legen Sie die Speckschwarte, die Sie aufgehoben haben, auf den Boden eines Topfes, mit der fetten Seite nach unten. Verteilen Sie die kleingeschnittenen Möhren/Karotten und Zwiebeln darüber und setzen Sie den gefüllten Kohl darauf. Gießen Sie mit 1 Liter Rinderbrühe auf, die Sie entweder aus einem Konzentrat oder nach unserem Rezept, Seite 264, zubereitet haben und fügen Sie das Kräutersträußchen hinzu (die Flüssigkeit darf nicht höher als bis drei Viertel des Kohls reichen). Decken Sie den Topf zu und lassen Sie den Kohl darin 3 Stunden lang auf kleinem Feuer kochen. Begießen Sie den Kohl während des Kochens einige Male mit der Suppe, die fast ganz verkochen soll, und würzen Sie, wenn nötig, am Ende der Kochzeit nach. Zum Servieren entfernen Sie den Faden, wickeln den Kohl aus dem Schweinenetz aus und schneiden ihn in Scheiben.

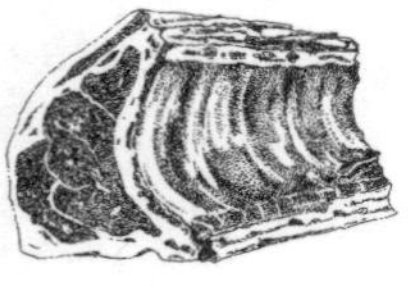

Zubereitung: 30 Min.
Kochzeit: 3 Std.
Küchengeräte:
kleines, spitzes Messer
großer Kochtopf
Fleischwolf
Küchenfaden
Bratpfanne
Topf

Man kann die Gemüse für die Fülle variieren. Nehmen Sie wahlweise Tomaten, Zwiebeln, blanchierten, mit einigen Kohlblättern vermischten gehackten Spinat oder grünen Salat, frische Erbsen, Mangold usw. Sie können die Fülle auch mit Brotkrumen oder mit Reis vermengen, wodurch sie lockerer wird.

Beaujolais, Genfer Gamay, Fendant, Riesling Kabinett trocken (Württemberg)

Irish Stew

Einkauf:

3 Zwiebeln
5 Kartoffeln
50 g Butter
2,5 kg in Stücke geschnittenes Hammelfleisch vom Hals oder von der Schulter
Salz, Pfeffer
1 Kräutersträußchen

Bereiten Sie das Hammelragout zu:

Schälen Sie die Zwiebeln und die Kartoffeln. Schneiden Sie die Zwiebeln in kleine Würfel und die Kartoffeln in dicke Scheiben. Lassen Sie die Butter in einem Topf heiß werden und braten Sie darin die Zwiebeln glasig (ohne daß die Zwiebeln Farbe bekommen) und geben Sie die Hammelfleischstücke und die Kartoffelscheiben zu den Zwiebeln in den Topf. Salzen Sie, pfeffern Sie stark und gießen Sie mit soviel Wasser auf, daß das Fleisch gerade bedeckt ist. Fügen Sie das Kräutersträußchen hinzu und lassen Sie alles 2 Stunden lang zugedeckt auf kleiner Flamme kochen. Während des Kochens werden die Kartoffeln zerfallen und damit die Sauce binden. Würzen Sie nochmals nach.

1 kg Kartoffeln
3 El Öl
20 g Butter

Braten Sie die Kartoffeln:

Schälen Sie die Kartoffeln und schneiden Sie sie in Scheiben. Lassen Sie in einer Schmorpfanne 3 Eßlöffel Öl und 20 g Butter heiß werden und braten Sie darin die Kartoffeln. Bringen Sie das Irish Stew sehr heiß zu Tisch und reichen Sie die Bratkartoffeln dazu.

Zubereitung: 15 Min.
Kochzeit: 2 Std.
Küchengeräte:
Schüssel
Kochtopf
Schmorpfanne

Blauburgunder, Côtes de Beaune, Riesling Spätlese halbtrocken (Rheinpfalz), dunkles Bier

Hammelschulter nach Gascogner Art

Einkauf:

1,5 kg Hammelschulter
2 El Olivenöl

Braten Sie das Fleisch an:

Lassen Sie die Hammelschulter von Ihrem Fleischer auslösen und heben Sie die Knochen auf. Schneiden Sie das Fleisch in ungefähr 80 g schwere Stücke und rösten Sie das Fleisch in einer Pfanne in 2 Eßlöffeln Olivenöl von allen Seiten goldbraun an, wofür Sie ungefähr 5 bis 6 Minuten rechnen müssen.

200 g schwarze, entkernte Oliven
4 Knoblauchzehen
6 in Öl eingelegte Sardellenfilets
0,15 l trockener Weißwein
Pfeffer

Lassen Sie das Fleisch 2 Stunden lang kochen:

Geben Sie die zerhackten Hammelknochen in einen Topf, plazieren Sie die gut abgetropften Fleischstücke darauf und verteilen Sie die entkernten Oliven, die geschälten Knoblauchzehen und die Sardellenfilets über dem Fleisch. Gießen Sie mit Weißwein auf, pfeffern, aber salzen Sie nicht (die Sardellenfilets sind salzig genug), bringen Sie alles zum Kochen, decken Sie den Topf zu und lassen Sie die Hammelschulter 2 Stunden auf kleinem Feuer kochen. Wenn nötig, gießen Sie während des Kochens mit etwas Wasser auf.

250 g Spinat
250 g Sauerampfer
250 g Lauch
250 g Mangold
Salz
1 Kräutersträußchen (Petersilie, Thymian, Lorbeerblatt sowie eventuell Stangensellerie, Basilikum, Estragon, Kerbel)
6 große Kohlblätter
2 ganze Eier + 2 Eiweiß
0,2 l Crème fraîche
Salz, Pfeffer
je 1 Tl Estragon, Schnittlauch, gehackte Petersilie
1 Zwiebel

Währenddessen machen Sie den Kräuterkuchen:

Entfernen Sie die Stengel vom Spinat und vom Sauerampfer; putzen Sie den Lauch und den Mangold, zerkleinern Sie den Lauch und kochen Sie alle Gemüse mit einem Kräutersträußchen (bestehend aus etwas Petersilie, Thymian, einem Lorbeerblatt und eventuell aus Stangensellerie, Basilikum, Estragon und Kerbel). Rechnen Sie 4 Minuten Kochzeit für die Kohlblätter, den Spinat, den Sauerampfer und den Mangold und 9 Minuten für den Lauch. Schlagen Sie inzwischen die ganzen Eier und das Eiweiß in eine Schüssel und fügen Sie die Crème fraîche, Salz, Pfeffer, Estragon, Schnittlauch, Petersilie und die feingehackte Zwiebel hinzu. Vermischen Sie alles gut und stellen Sie die Masse beiseite. Legen Sie den Boden einer Savarinform so mit den Kohlblättern aus, daß sie über den Rand hängen und Sie sie über dem Kuchen zusammenschlagen können, um die anderen Gemüse damit zuzudecken.

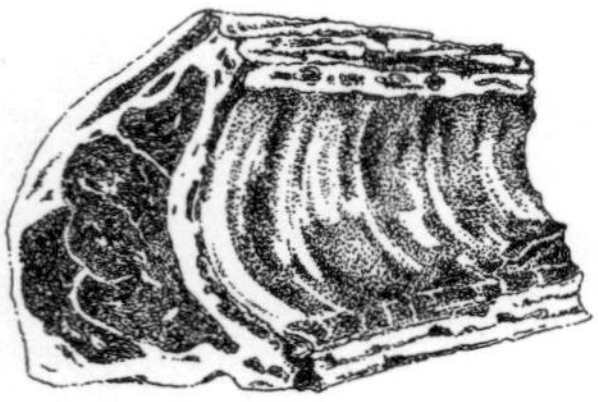

Schichten Sie die Gemüse übereinander:

Nehmen Sie zuerst den Lauch, dann den Spinat, den Sauerampfer und schließlich den Mangold, obenauf verteilen Sie die Eier-Crème-fraîche-Kräuter-Mischung. Decken Sie den Kräuterkuchen mit Alufolie ab und lassen Sie ihn im mittelheißen Backrohr (200°C, Thermostat Stufe 6) im Wasserbad $1^1/_4$ Stunden lang ziehen. Nehmen Sie den Kräuterkuchen aus der Form, bevor Sie ihn mit dem Fleisch zu Tisch bringen.

Zubereitung: 1 Std.
Kochzeit: 2 Std.
Küchengeräte:
Bratpfanne
Topf
1 Satz Schmorpfannen
Schüssel
Savarinform,
22 cm Durchmesser,
4 cm Höhe
(das ist eine kranzförmige, flache Form mit einem Loch in der Mitte)
Alufolie

Ihr Sonntagsbraten

Es ist immer vorteilhafter, eine Keule zu kaufen als die ersten Rippenstücke. Nicht zu vergessen die Schulter, die wesentlich billiger als die Keule, ihr geschmacklich aber durchaus ebenbürtig ist. Vor allem gerollt als Braten oder geschnitten als Ragout oder Irish Stew ist sie vorzüglich. Und auch die Brust ist nicht zu verachten. Oft vergessen, schmeckt sie doch herrlich, wenn Sie sie wie für ein Ragout schneiden und dann braten.

Bergerac, Bianco del Ticino, Riesling Spätlese halbtrocken (Rheinpfalz), St. Laurent

Kalbsfilets mit Zitrone

Einkauf:

1 Kalbsfilet (160 g) pro Person
Butter
Salz, Pfeffer

Bereiten Sie die Filets zu:

Braten Sie die gesalzenen und gepfefferten Filets in einer Bratpfanne von beiden Seiten an.

$^1/_{16}$ l Portwein
3 El Zitronensaft
Butter

Machen Sie die Sauce:

Reduzieren Sie daneben in einem kleinen Topf den Portwein und den Zitronensaft. Ist die Flüssigkeit gut eingekocht, rühren Sie nußgroße Butterstücke in den Saft.

Zitronenspalten

Richten Sie die Filets an:

Richten Sie die Filets auf einer Platte an, verteilen Sie den Saft darüber und garnieren Sie alles mit Zitronenspalten.

Zubereitung: 30 Min.
Küchengeräte:
Bratpfanne
kleiner Topf
Schneebesen
Servierplatte

Der pikante Geschmack dieser Sauce stellt eine willkommene Abwechslung zu den sonst üblichen, oft langweiligen Begleitsaucen zu Kalbfleisch dar.

Muskat Sylvaner, Traminer Spätlese trocken (Nahe)

Kalbfleisch gedünstet mit geschmolzenen Tomaten

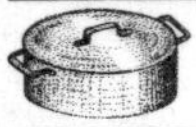

Einkauf:

500 g Zwiebeln
3 El Öl

Braten Sie die Zwiebeln an:

Schälen Sie die Zwiebeln, schneiden Sie diese klein und rösten Sie sie in einer Pfanne mit 3 Eßlöffeln Öl leicht an. Wenn sie beginnen, goldgelb zu werden, nehmen Sie sie vom Feuer und stellen sie beiseite.

2 El Öl
1,5 kg in Stücke geschnittene Kalbsschulter oder -nuß
0,15 l trockener Weißwein
Salz, Pfeffer

Bereiten Sie das Kalblfeisch vor:

Erhitzen Sie in einem Topf 2 Eßlöffel Öl und braten Sie darin das in Stücke geschnittene Kalbfleisch von allen Seiten an.
Gießen Sie das Bratfett ab, geben Sie die gerösteten Zwiebeln zum Fleisch, gießen Sie mit dem Weißwein auf, salzen und pfeffern Sie und lassen Sie das Fleisch zugedeckt 30 Minuten auf kleiner Flamme dünsten.

1 kg Tomaten
2 Knoblauchzehen
2 Stangen Sellerie

Bereiten Sie die Gemüse vor:

Während das Fleisch dünstet, schälen Sie die Tomaten, nachdem Sie sie einige Sekunden in heißes Wasser getaucht und kurz abgeschreckt haben, entkernen sie und schneiden sie in kleine Stücke.
Schälen Sie den Knoblauch und den Stangensellerie und schneiden Sie auch den Sellerie in kleine Stücke.

1 Kräutersträußchen
Salz, Pfeffer

Kochen Sie das Gericht zu Ende:

Nach 30 Minuten Kochzeit geben Sie die geschnittenen Tomaten, das Kräutersträußchen, die Knoblauchzehen und den geschnittenen Sellerie in den Topf zum Fleisch. Lassen Sie alles zusammen nochmals 30 Minuten auf kleiner Flamme weiterdünsten und würzen Sie nach, bevor Sie das Gericht zu Tisch bringen.

Zubereitung: 30 Min.
Kochzeit: 1 Std.
Küchengeräte:
Pfanne
2 Töpfe

Diese Kräuter gehören zum Kräutersträußchen
Um Ihren Gerichten mehr Geschmack und Aroma zu geben, brauchen Sie oft ein Kräutersträußchen. Ein solches setzt sich aus allen möglichen Arten geschmacksintensiver Kräuter zusammen: aus Thymian, Lorbeerblatt, Petersilie und auch Lauch und Sellerie, die Sie alle mit einem ganz einfachen Küchenfaden zusammenbinden. Benützen Sie nach Möglichkeit keine Kräutersträußchen, die Sie fertig kaufen können, denn sie sind in der Regel ausgetrocknet und meist wenig aromatisch. Stellen Sie Ihr Kräutersträußchen lieber selbst zusammen und variieren Sie dabei die Kompositionen je nach Gericht.

Lammeintopf mit Kartoffeln ▶

Bandol, Bourgogne blanc, Fendant, Riesling Kabinett halbtrocken

Kalbskopf in Riesling auf Rote-Bete- und Buttersauce

Einkauf:

$1^{1}/_{2}$ El gehackte Schalotten
80 g Butter
0,2 l Sahne
$^{1}/_{4}$ l Kalbs- oder Geflügelfond

Machen Sie die Buttersauce:

Schwitzen Sie $1^{1}/_{2}$ Eßlöffel feingehackte Schalotten in 80 g Butter glasig, löschen Sie mit 0,2 Liter Sahne und $^{1}/_{4}$ Liter Fond ab und lassen Sie alles so lange einkochen, bis die Reduktion dickflüssig vom Löffel geht. Pürieren Sie sie anschließend im Mixer und streichen Sie die Sauce durch ein Haarsieb. Stellen Sie sie anschließend warm.

900 g gekochter Kalbskopf
30 g Butter
4—5 El trockener Riesling
0,1 l Sahne

Bereiten Sie den Kalbskopf zu:

Schneiden Sie den Kalbskopf in Würfel mit ca. 1,5 cm Seitenlänge. Sautieren Sie die Würfel in 30 g Butter, löschen Sie mit 4 bis 5 Eßlöffeln Riesling ab, fügen Sie 0,1 Liter Sahne bei und lassen Sie alles kurz aufkochen. Dann stellen Sie die Kalbskopfwürfel warm.

300 g rote Bete
$^{1}/_{2}$ El gehackte Schalotten
40 g Butter
0,1 l Sahne
$^{1}/_{4}$ l Kalbs- oder Geflügelfond
Salz
Pfeffer aus der Mühle
Muskatnuß
falls erwünscht
1 Prise Zucker,
1 Messerspitze gemahlene Nelke

Bereiten Sie die Rote-Bete-Sauce zu:

Kochen Sie die roten Beten und pürieren Sie sie im Mixer. Sautieren Sie einen halben Eßlöffel fein gehackte Schalotten mit 40 g Butter, fügen Sie die pürierten roten Beten hinzu, füllen Sie mit der Sahne und dem Fond auf und lassen Sie alles etwa 12 bis 15 Minuten leicht köcheln. Schmecken Sie danach nach eigenem Geschmack mit den Gewürzen ab und montieren Sie schließlich die Sauce mit der Butter. Dabei darf sie nicht mehr kochen.

1 kleiner Bund Schnittlauch

Zum Servieren:

Verteilen Sie die Rote-Bete-Sauce gleichmäßig in der Mitte der Teller, richten Sie darauf den Kalbskopf an, bestreuen Sie ihn mit dem fein geschnittenen, aber nicht gehackten Schnittlauch und überziehen Sie ihn mit der Buttersauce. Servieren Sie zum Beispiel feine Nudeln mit frischen Gartenkräutern als Beilage.

Zubereitung: 30 Min.
Küchengeräte:
Topf
Mixer
Haarsieb

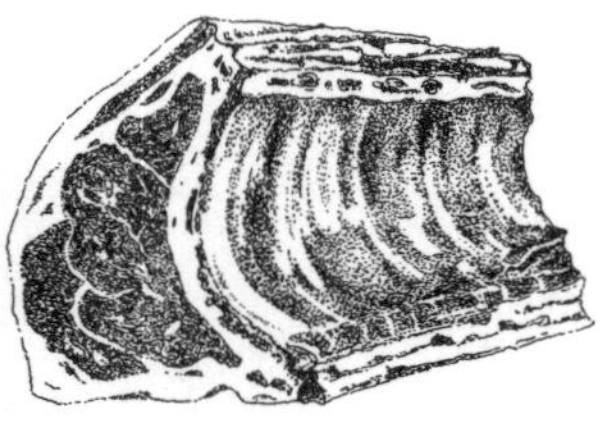

◀ Feines Ochsenschwanzragout mit kleinen Gemüsen

Elsässer Riesling trocken, Rheinriesling, Riesling Kabinett trocken, Welschriesling

Hammelkeule mit Minze oder Knoblauch

Einkauf:

1 Hammelkeule
(ca. 3 kg)
50 g Butter
Salz, Pfeffer

Braten Sie die Hammelkeule:

Heizen Sie Ihr Backrohr 15 Minuten gut vor (240°C, Thermostat Stufe 8), legen Sie die Hammelkeule in eine Bratpfanne, bestreichen Sie sie mit der Butter und würzen Sie sie mit Salz und Pfeffer. Wenn das Rohr heiß ist, schieben Sie die Hammelkeule hinein, damit das Fett schnell schmilzt, nach 10 Minuten senken Sie die Temperatur (220°C, Thermostat Stufe 7) und lassen die Hammelkeule ungefähr 20 Minuten pro Kilo Fleisch braten. 10 Minuten vor Ende der Kochzeit schalten Sie das Backrohr ab, damit die Hitze ins Innere der Hammelkeule vordringen kann, ohne daß die Oberfläche neuer Hitze ausgesetzt ist. Dann gießen Sie das Bratfett ab.

frische Minze
Staubzucker
0,2 l Essig
Salz, Pfeffer

Machen Sie die Minzsauce:

Zerstoßen Sie in einem Mörser soviel Minze, daß Sie einen Eßlöffel zerkleinerte Minze erhalten. Fügen Sie einen Eßlöffel Staubzucker hinzu und stoßen Sie die Minze mit dem Zucker so lange weiter, bis Sie eine teigartige Masse bekommen. Wenn Sie keinen Mörser besitzen, schneiden Sie die Minze mit einer Schere in ein Glas und zerdrücken sie gemeinsam mit dem Staubzucker in einer Schüssel mit der Rückseite eines Löffels. Verwenden Sie auf keinen Fall einen Mixer dazu. Lassen Sie in einem kleinen Topf 0,2 Liter Essig auf die Menge von 2 Eßlöffeln einkochen, dann fügen Sie die Minze, 5 cl Wasser, Salz und Pfeffer hinzu, lassen alles 5 Minuten weiterkochen, seihen die Sauce ab und stellen sie beiseite.
Zum Servieren vermischen Sie die Sauce mit dem Bratensaft. So gewürzt, schmeckt Ihre Hammelkeule sehr originell und „very british". Wenn Sie den eigenwilligen Geschmack fürchten, ist es vielleicht besser, Sie machen eine Knoblauchsauce.

100 g Knoblauch
0,1 l Milch
Pfeffer, Muskatnuß
50 g Butter

Machen Sie die Knoblauchsauce:

Schälen Sie den Knoblauch, weichen Sie ihn am Vorabend in Wasser ein, das Sie innerhalb von 24 Stunden dreimal wechseln, und trocknen Sie ihn anschließend sorgfältig ab. Bringen Sie den Knoblauch mit 0,2 Liter Wasser und 0,1 Liter Milch zum Kochen, fügen Sie ein bißchen Pfeffer und etwas geriebene Muskatnuß hinzu und lassen Sie ihn 1 Stunde lang in der gewässerten Milch kochen, bis er zerfällt. Pürieren Sie die Knoblauchmasse dann im Mixer, geben Sie die Butter dazu und rühren Sie diese Sauce in den Bratensaft, nachdem Sie die Hammelkeule aufgeschnitten haben.

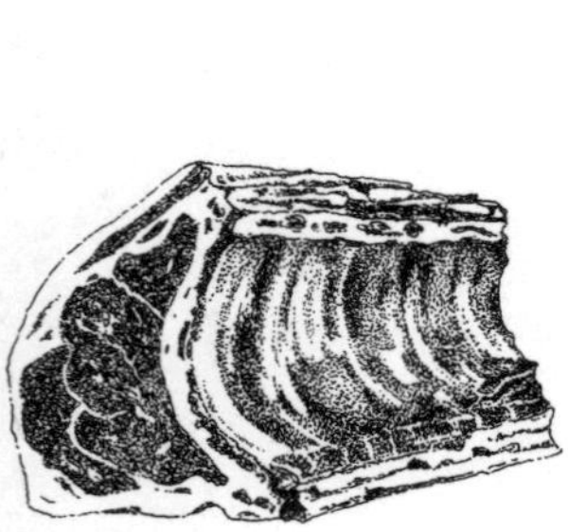

Zeit zum Einweichen des Knoblauchs: 24 Std.
Zubereitung: 30 Min. bis 1 Std.
Kochzeit: 1 Std.
Küchengeräte:
Bratpfanne
Mörser
kleiner Topf
Haarsieb
Mixer

Wie schneidet man eine Hammelkeule?
Nach französischer Art schneidet man das Fleisch rund um den Knochen herum in Scheiben, was den Nachteil hat, daß die Scheiben relativ dick werden. Nach englischer Art schneidet man das Fleisch parallel zum Knochen. Man hält die Hammelkeule dazu in 45gradigem Winkel zur Arbeitsfläche und führt das Messer von unten nach oben. Das ist zwar etwas komplizierter — vor allem dann, wenn Ihr Messer nicht gut schneidet —, Sie bekommen auf diese Weise aber wesentlich dünnere Scheiben und können sich aussuchen, ob Sie lieber ein blutigeres Stück Fleisch haben möchten oder eines, das mehr durch ist.

Bandol, Blauer Portugieser, Dôle, Riesling Spätlese halbtrocken (Rheingau), Riesling x Sylvaner (Ostschweiz)

Kalbshaxe mit Möhren/Karotten

Einkauf:

50 g Butter
1,5 kg in Scheiben geschnittene Kalbshaxe
2 Zwiebeln
600 g Möhren/Karotten
1 Kräutersträußchen
Salz, Pfeffer

Bereiten Sie die Kalbshaxe zu:

Lassen Sie die Butter in einem Topf heiß werden und braten Sie darin die Kalbshaxenscheiben von allen Seiten goldbraun an. Fügen Sie die geviertelten Zwiebeln und die in Scheibchen geschnittenen Möhren/Karotten hinzu, decken Sie den Topf zu und lassen Sie alles 15 Minuten auf kleiner Flamme dünsten. Gießen Sie mit soviel Wasser auf, daß das Fleisch gerade bedeckt ist, geben Sie das Kräutersträußchen dazu und lassen Sie alles nochmals eineinhalb Stunden weiterkochen. Schmecken Sie das Gericht nochmals ab, bevor Sie es mit Pilaw-Reis zu Tisch bringen.

Zubereitung: 1 3/4 Std.
Küchengerät:
Topf

Aigle rouge, Bourgogne rouge, Frühroter Veltliner, Riesling Kabinett halbtrocken (Rheingau), Ruländer

Kalbsbries, Nieren und Steinpilze „Tourangelle“

Einkauf:

2 Kalbsbriesrosen
Salz
$^1/_2$ Zitrone
(oder Essig)

Blanchieren Sie das Kalbsbries:

Legen Sie das Kalbsbries für eine Stunde in fließendes Wasser. Geben Sie es in einen mit leicht gesalzenem Wasser gefüllten Topf (das Kalbsbries muß mit Wasser bedeckt sein), fügen Sie einige Tropfen Zitronensaft oder Essig hinzu und lassen Sie es aufkochen. Wenn das Wasser aufzuwallen beginnt, reduzieren Sie die Hitze und pochieren das Kalbsbries 3 bis 5 Minuten.
Dann nehmen Sie das Bries mit einem Schaumlöffel aus dem Topf, spülen es mit kaltem Wasser ab und entfernen die Haut und alle härteren Stellen. Beschweren Sie das Bries nun mit einem Teller, auf den Sie einen schweren Gegenstand gelegt haben, und lassen Sie es eine Stunde lang in dieser „Presse“.

2 Kalbsnieren
30 g Butter
Salz
Pfeffer aus der Mühle
2 El Cognac oder
guter Weinbrand

Rösten Sie die Nieren:

Während das Bries flachgepreßt wird, entfernen Sie das Fett sowie die Haut von den Nieren. Schneiden Sie die Nieren in feine, ungefähr 5 mm starke und 3 cm lange Scheiben. Lassen Sie in einer Pfanne ein nußgroßes Stück Butter zergehen und geben Sie die geschnittenen Nieren dazu, sobald die Butter heiß wird. Würzen Sie mit etwas Salz und zwei Umdrehungen Pfeffer aus der Mühle, rösten Sie die Nieren auf großer Flamme unter ständigem Umrühren einige Minuten goldgelb und lassen Sie sie auf kleiner Flamme noch eine oder zwei Minuten weiterdünsten (die Nieren sollen innen noch leicht rosig sein). Gießen Sie nun den Bratensaft ab, erhöhen Sie die Hitze wieder und flambieren Sie die Nieren mit 2 Eßlöffeln Cognac. Anschließend stellen Sie die Nieren warm.

500 g Steinpilze,
frisch oder aus der Dose
30 g Butter
Salz, Pfeffer
0,2 l Crème fraîche

Rösten Sie die Steinpilze:

Schneiden Sie die Steinpilze fein und rösten Sie sie in etwas heißer Butter (oder Öl) rasch, bis sie eine schöne Farbe bekommen. Salzen und pfeffern Sie die Pilze und legen Sie diese auf ein breites Sieb, damit das Fett abtropfen kann. Geben Sie die Steinpilze und die Crème fraîche in die Pfanne und lassen Sie die Sauce auf mittlerer Flamme dick einkochen. Nappieren Sie die Pilze mit der Sauce und stellen Sie sie warm.

Pfeffer, Salz
30 g Butter
0,1 l Crème fraîche

Braten Sie das Bries goldbraun:

Wenn das Bries eine Stunde in seiner „Presse“ gelegen ist, schneiden Sie es in gleichgroße Scheiben wie die Nieren, pfeffern es auf jeder Seite und salzen es ganz leicht (nicht zuviel, denn Sie haben es beim Pochieren bereits einmal gesalzen). Dann braten Sie das Bries in einem nußgroßen Stück Butter goldbraun. Gießen Sie das Bratfett ab und halten Sie das Bries warm. Geben Sie 0,1 Liter Crème fraîche in die Pfanne und lassen Sie die Crème fraîche auf großer Flamme einkochen. Nappieren Sie das Bries mit der Sauce.

100 g Parmesan
(gerieben)

Im letzten Moment überbacken Sie alles:

Vermischen Sie in einer feuerfesten Schüssel das Bries, die Nieren und die Steinpilze, bestreuen Sie alles mit Parmesan und schieben Sie die Schüssel zum Gratinieren unter den vorgeheizten Grill. Bringen Sie das Gericht heiß zu Tisch.

Zubereitung: $2^1/_2$ Std.
Küchengeräte:
Topf
Schaumlöffel
Pfannen
feuerfeste Schüssel

Sie können dieses Rezept auch mit Pariser Champignons zubereiten, doch mit Wiesenchampignons wird es wesentlich schmackhafter. Wußten Sie, daß die kleinen, geschlossenen Pariser Champignons mit dem kurzen Stiel die besten sind? Die Farbe ist dabei kaum von Bedeutung. Doch sind die hellbraunen und grauen — entgegen der allgemeinen Meinung — etwas geschmacksintensiver als die weißen.

Anjou, Bordeaux rouge léger, Blauer Portugieser, Merlot del Ticino, Spätburgunder Kabinett trocken (Baden)

Kalbsleber à la Max

Einkauf

(für 4 Personen):
ca. 600 g Kalbsleber
50 g frische Butter
Salz, Pfeffer, Paprika
50 g Schalotten
0,1 l Weißwein
1 El Schnittlauch
1 El Petersilie
50 g Butter
0,1 l trockener Wermut

Bereiten Sie die Leber zu:

Schneiden Sie die Kalbsleber in 1 cm große Würfel. Lassen Sie die Pfanne sehr heiß werden, geben Sie 50 g Butter hinein — sie soll sofort braun werden. Fügen Sie die Kalbsleberwürfel bei, würzen Sie die Oberfläche dick mit Paprika, streuen Sie die gehackten Schalotten darauf und drehen Sie die Leberwürfel um. Lassen Sie sie anbräunen. Nehmen Sie die Leberwürfel aus der Pfanne und richten Sie sie auf einer heißen Platte an.
Löschen Sie den Pfannensatz mit dem Weißwein und dem trockenen Wermut ab, geben Sie den fein geschnittenen Schnittlauch und die fein gehackte Petersilie dazu und gießen Sie alles über die Leber.
Bräunen Sie die restliche Butter in einer separaten Pfanne an und gießen Sie sie ebenfalls über die Leber, servieren Sie sofort.

Zubereitung: 10 Min.
Kochzeit: 5 Min.
Küchengerät:
2 Pfannen

Die Kalbsleberwürfel sollten innen noch blutig und außen braun angebraten sein.

Beaujolais, Blauer Portugieser, Riesling Kabinett trocken (Nahe), Spätburgunder Kabinett trocken (Rheinhessen)

Kalbsleber im Rohr

Einkauf:

1 kg Kalbsleber
1 Schweinenetz
Salz, Pfeffer

Braten Sie die Kalbsleber:

Wickeln Sie die Kalbsleber in das Schweinenetz ein, salzen und pfeffern Sie sie von allen Seiten, setzen Sie sie in eine feuerfeste Schüssel und schieben Sie sie für 30 Minuten in das heiße Backrohr (220°C, Thermostat Stufe 7). Dann schalten Sie das Backrohr aus und lassen die Leber im offenen Backrohr noch etwas rasten, damit sich das Blut gleichmäßig verteilt.

3 Bund Petersilie
3 Schalotten
100 g Champignons
0,5 l Crème fraîche
Salz, Pfeffer
800 g Möhren/Karotten
50 g Butter

Vollenden Sie das Gericht:

Während die Leber im Backrohr gart, putzen Sie die Petersilie, heben einige Stämmchen zur Dekoration auf und hacken den Rest fein. Lassen Sie die Petersilie, die Schalotten und die feingehackten Champignons mit der Crème fraîche in einem Topf 10 Minuten köcheln, seihen Sie die Sauce durch ein Spitzsieb, würzen Sie mit Salz und Pfeffer und stellen Sie sie warm. Machen Sie die Sauce erst im letzten Moment fertig, indem Sie die restlichen Stämmchen Petersilie daruntermischen. Schälen Sie die Möhren/Karotten, schneiden Sie sie in kleine Würfel und braten Sie sie auf kleiner Flamme 12 Minuten in etwas Butter. Wenn nötig, gießen Sie mit ein wenig Wasser auf.
Bringen Sie die Leber in Scheiben geschnitten mit den Möhren-/Karottenwürfeln zu Tisch und reichen Sie die Sauce dazu.

Zubereitung: 20 Min.
Kochzeit: ca. 20 Min.
Küchengeräte:
feuerfeste Schüssel
Pfanne
Spitzsieb

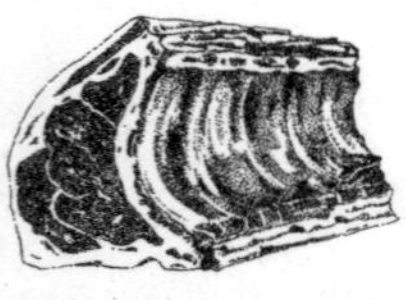

Bourgogne blanc, Fendant, Kluser Pinot blanc, Weißburgunder Kabinett trocken (Rheinpfalz)

Kalbsnuß nach Italienischer Art

Einkauf:

3 mittelgroße Zwiebeln
3 El Olivenöl
1 kg Kalbsnuß
1 kleine Dose
Thunfisch in Öl
1 kleine Dose
Sardellenfilets in Öl
2 Zitronen
1 Kräutersträußchen
0,15 l Weißwein
Salz, Pfeffer

Bereiten Sie das Fleisch zu:

Schälen Sie die Zwiebeln und hacken Sie sie fein. Lassen Sie 3 Eßlöffel Olivenöl in einem Topf heiß werden und geben Sie die Zwiebeln dazu. Wenn die Zwiebeln nach ungefähr 5 Minuten beginnen, glasig zu werden, geben Sie die Kalbsnuß dazu und braten sie — auf mittelgroßer Flamme, damit die Zwiebeln nicht verbrennen — von allen Seiten goldbraun an. Fügen Sie den zerpflückten Thunfisch, die grob geschnittenen Sardellenfilets, die bis zum Fruchtfleisch geschälten, kleinwürfelig geschnittenen Zitronen und das Kräutersträußchen hinzu, gießen Sie mit dem Weißwein und der gleichen Menge Wasser auf, decken Sie den Topf zu und lassen Sie alles 50 Minuten auf kleiner Flamme langsam dünsten. Würzen Sie im letzten Moment nach — salzen Sie dabei aber nicht zuviel, denn der Thunfisch und die Sardellenfilets sind salzig — und kochen Sie den Saft etwas ein, falls er zu dünn ist. Sie können dieses Gericht vorher zubereiten, im letzten Moment wärmen und mit Teigwaren zu Tisch bringen.

<u>Zubereitung:</u> 15 Min.
<u>Kochzeit:</u> 50 Min.
<u>Küchengerät:</u>
Topf

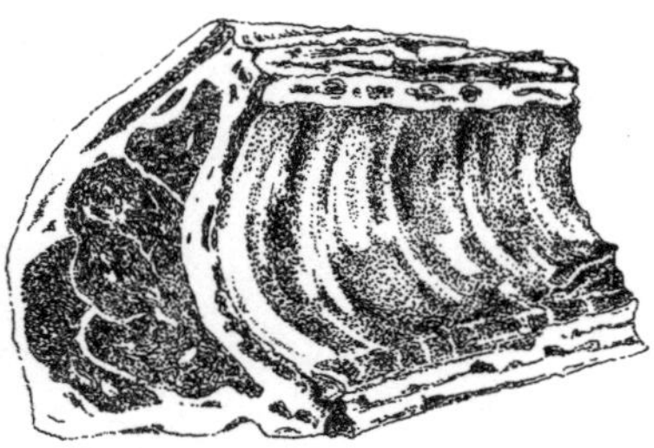

Bandol, Chianti, Goron, Merlot del Ticino, Riesling Kabinett halbtrocken, Weißburgunder

Karree vom Heidelamm mit Wirsing

Einkauf:

1 Lammrücken (3 kg)
50 g Butter
1 Möhre/Karotte
1 Lauchstange
1 Zwiebel
5 Knoblauchzehen
1 El Pfefferkörner
1 Lorbeerblatt

4—5 El Butter
200 g durchwachsener Speck, feinwürfelig geschnitten
6 Schalotten, feinwürfelig geschnitten
3 kleine Köpfe Wirsing
$^1/_4$ l Sahne
Salz, Muskatnuß

125 g feste Butter

Bereiten Sie den Lammfond zu:

Lassen Sie beim Fleischer den Lammrücken in Form schneiden und der Länge nach zu zwei Karrees halbieren. Braten Sie die zurückbleibenden Knochen und die Haut vom Lamm in etwas Butter scharf an, fügen Sie die Gemüse bei und rösten Sie auch diese an, füllen Sie mit etwa 3 Liter Wasser auf und lassen Sie den Sud 6 Stunden leicht kochen. Gießen Sie diesen Lammfond durch ein Sieb und stellen Sie ihn beiseite.

Bereiten Sie das Lammkarree zu:

Lassen Sie 4 bis 5 Eßlöffel Butter in einem Topf bei kleiner Hitze zergehen, bis sie schaumig wird. Schöpfen Sie die klare Butter ab. Braten Sie die Lammkarrees mit der geklärten Butter im Ofen rosa. Dünsten Sie Speck und Schalotten glasig, geben Sie den in feine Streifen geschnittenen Wirsing dazu (verwenden Sie nur das zarte, gelbgrüne Innere), fügen Sie die Sahne bei und lassen Sie den Wirsing fertig garen. Schmecken Sie mit Salz und frisch geriebener Muskatnuß ab.

Vollenden Sie das Gericht:

Schlagen Sie die feste Butter stückchenweise in den Lammfond, montieren Sie die Sauce auf. Servieren Sie je 2 Eßlöffel Wirsing, 2 Scheiben vom Lammkarree und 2 Löffel von der Sauce.

Zubereitung: 7 Std.
Kochzeit: 6 Std.
Küchengeräte:
Kasserolle
Topf
Haarsieb

Blauburger, Kluser Gewürztraminer, Riesling Spätlese halbtrocken (Rheingau), Spätburgunder Kabinett trocken (Baden), St. Laurent

Kartoffel-Pilzknödel auf Kalbsbriesragout

Einkauf:

400 g Kartoffeln
150 g Austernpilze
50 g Butter
1 Schalotte
1—2 ganze Eier
50 g Stärkemehl
50 g Weizengrieß
Salz, Pfeffer
Muskatnuß

500 g Kalbsbries
1 Möhre/Karotte
1 kleine Stange Lauch
1 Schalotte
1 englischer Stangensellerie
200 g Austernpilze
4 cl Riesling
2 cl trockener Wermut
0,15 l Geflügelfond
0,1 l Sahne oder Crème double
50 g Butter
Salz, Cayennepfeffer
Zitronensaft

Zubereitung: 5 Std.
Küchengeräte:
Kochtopf
Fleischwolf
Pfanne

Bereiten Sie die Knödel zu:

Kochen Sie die Kartoffeln in der Schale und lassen Sie sie vollkommen auskühlen. Schälen Sie sie und drehen Sie sie durch die feine Scheibe des Fleischwolfes. Putzen Sie die Austernpilze, waschen Sie sie kurz und hacken Sie sie fein. Schwitzen Sie sie in Butter zusammen mit der fein gewürfelten Schalotte an, schmecken Sie mit Salz und Pfeffer ab. Vermengen Sie die Kartoffeln mit den Pilzen, den Eiern, Mehl, Grieß und Gewürzen. Rollen Sie von dieser Masse kleine Knödel, lassen Sie sie in kochendem Wasser erst kurz aufkochen und anschließend 10 bis 15 Minuten ziehen.

Machen Sie das Briesragout:

Enthäuten Sie das Bries und wässern Sie es 4 bis 5 Stunden. Bringen Sie das gewässerte Bries in Zitronenwasser einmal langsam zum Aufwallen und lassen Sie es dann ca. 8 Minuten ziehen. Kühlen Sie es unter fließendem Wasser ab und pflücken Sie es in zirka 1 cm große Stücke. Dünsten Sie das feinwürfelig geschnittene Gemüse sowie die geputzten, gewaschenen und ebenfalls in Würfel geschnittenen Pilze in etwas Butter an, löschen Sie mit dem Weißwein, dem trockenen Wermut und dem Geflügelfond ab. Lassen Sie das Ganze auf ein Viertel einkochen, fügen Sie die Briesrosen bei und dünsten Sie diese zirka 5 Minuten mit, füllen Sie mit der Sahne auf und schwenken Sie zum Schluß die eiskalte Butter in das Briesragout ein. Schmecken Sie mit Salz, Pfeffer und Zitronensaft ab. Richten Sie das Ganze mit den Pilzknödeln auf vorgewärmten Tellern an.

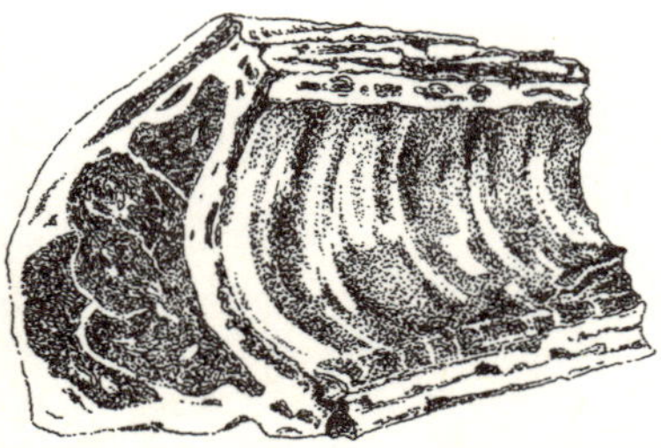

Bieler Seewein, Gutedel, Kluser Gutedel, Rheinriesling Spätlese trocken, Riesling Spätlese trocken

Kitzrücken im Strudelteig mit Gartengemüse

Einkauf:

1 Kitzrücken
(für 6 Personen)
50 g Fett zum Anbraten
etwas Kalbfleisch
200 g Steinpilze
100 g Zwiebeln
1 Zitronenschale
1 Knoblauchzehe
3 Eigelb
3 El Crème fraîche
2 Pakete Strudelteig

Knochen und Abschnitte vom Kitzrücken
Wurzelwerk
2 Flaschen Rotwein (0,7 l)
1 l Kalbsfond
1 l Rinderfond
2 weiche Tomaten
1 Kräutersträußchen
50 g Butter

500—600 g Gemüse
30 g Butter
Gewürze nach Geschmack
1 El gehackte Petersilie

Bereiten Sie den Strudel zu:

Würzen Sie den ausgelösten Kitzrücken mit Salz und Pfeffer, braten Sie ihn vorsichtig an und stellen Sie ihn kalt.
Aus den Abschnitten und etwas Kalbfleisch sowie Steinpilzen, Zwiebeln, Petersilie, Zitronenschale und etwas Knoblauch stellen Sie eine passierte Farce her, würzen sie und ziehen 3 Eigelb und 3 Eßlöffel Crème fraîche darunter. Verteilen Sie die Masse zu einem Teil auf einem Strudelteig, legen Sie die angebratenen Rückenstücke darauf und verteilen Sie den Rest der Masse darüber. Rollen Sie das Ganze wie einen Strudel ein und backen Sie diesen im heißen Backrohr bei 180—200°C (Thermostat 5—6) 20 Minuten lang.

Machen Sie die Sauce:

Rösten Sie die nußgroß zerkleinerten Knochen, die Abschnitte und das Wurzelwerk in einer Pfanne goldgelb an, füllen Sie mit Rotwein, Kalbsfond und Rinderfond auf, verfeinern Sie den Sud mit einem Kräutersträußchen und zwei weichen Tomaten und lassen Sie ihn 3 Stunden kochen.
Seihen Sie den Sud ab und reduzieren Sie ihn auf 0,2 Liter. Seihen Sie ihn wiederum ab, lassen Sie ihn auf 0,1 Liter einkochen und schlagen Sie die Sauce dann mit 50 g Butter auf.

Bereiten Sie das Gemüse zu:

Kaufen Sie zirka 500 bis 600 g Gemüse wie Möhren/Karotten, Petersilienwurzel, Rüben, gelbe Rüben, Spargeln, Erbsenschoten usw., putzen und schneiden Sie es wie gewohnt und blanchieren Sie es kurz, höchstens 2 Minuten lang. Legen Sie es dann in Eiswasser, erwärmen Sie es in zerlassener Butter, würzen Sie es und bestreuen Sie es schließlich mit gehackter Petersilie.

Zum Servieren:

Schneiden Sie den gebratenen Rücken im Strudelteig in 6 Tranchen, legen Sie diese auf Teller, umrunden Sie sie mit Gemüse und servieren Sie die Sauce separat.

<u>Zubereitung</u>: ca. 70 Min.
(mit gekauftem Strudelteig und fertigem Kalbs- und Rinderfond)
<u>Küchengeräte</u>:
2 Kasserollen
Backblech
Fleischwolf
Passiersieb

Aigle rouge, Blauer Burgunder, Merlot del Ticino, Muskat-Trollinger Spätlese trocken (Württemberg), Riesling Spätlese halbtrocken (Rheingau), Roter Zweigelt

Lammeintopf mit Kartoffeln

Einkauf:

$^1/_2$ l trockener Weißwein
400 g Kalbshaxe
1 Markknochen
300 g Geflügelklein
2 Möhren/Karotten
3 Lauchstangen
1 Zwiebel
1 Gewürznelke
1 Kräutersträußchen
Salz, Pfeffer

3 El Öl
750 g Lammschulter
750 g Lammhals
1 große Zwiebel
3 Knoblauchzehen
3 El Mehl
5 Tomaten
Salz, Pfeffer
1 Kräutersträußchen
$^1/_2$ l trockener Weißwein

1,5 kg Kartoffeln
30 g Butter
30 g Gänsefett
Salz, Pfeffer

3 Stengel Petersilie

<u>Zubereitung:</u> 30 Min.
<u>Kochzeit:</u> 3 Std.
<u>Rastzeit für den Fond:</u>
1 Nacht
<u>Küchengeräte:</u>
Kochtopf
Schaumlöffel
Spitzsieb
Pfanne
Topf

Kochen Sie am Vorabend den Geflügelfond:

Das ganze Geheimnis dieses Gerichtes liegt im Geflügelfond: Lassen Sie in 2 Liter Wasser und $^1/_2$ Liter Weißwein 400 g in Scheiben geschnittene Kalbshaxe, einen Markknochen, 300 g Geflügelklein (Hals, Schenkel, Flügel, Wirbelsäule), 2 Möhren/Karotten, 3 Lauchstangen, eine mit einer Gewürznelke gespickte Zwiebel und ein Kräutersträußchen 3 Stunden lang kochen. Salzen und pfeffern Sie und schöpfen Sie den Fond regelmäßig ab. Seihen Sie den Fond durch ein Spitzsieb und lassen Sie ihn über Nacht stehen.

Bereiten Sie das Lammragout zu:

Lassen Sie 3 Eßlöffel Öl in einer Pfanne heiß werden und braten Sie darin das in Würfel geschnittene Fleisch und die kleingehackte Zwiebel goldbraun an. Geben Sie das Fleisch in einen Topf, fügen Sie die Zwiebel, 3 ausgepreßte Knoblauchzehen, 3 Eßlöffel Mehl, die geschälten Tomaten (die Sie vorher einige Minuten in heißes Wasser getaucht und kalt abgeschreckt haben) und das Kräutersträußchen hinzu. Würzen Sie mit Salz und Pfeffer, mischen Sie alles gut durch, gießen Sie mit $^1/_2$ Liter Weißwein und soviel Geflügelfond auf, daß das Fleisch bedeckt ist und lassen Sie alles zugedeckt auf mittlerer Flamme $1^1/_2$ Stunden kochen.

Kochen Sie in der Zwischenzeit die Kartoffeln:

Schälen Sie die Kartoffeln, waschen Sie sie und lassen Sie sie ganz. Erhitzen Sie in einem Kochtopf 30 g Butter und 30 g Gänsefett, fügen Sie die Kartoffeln, Salz und Pfeffer hinzu, gießen Sie mit soviel Geflügelfond auf, daß die Kartoffeln bedeckt sind, und schieben Sie den Kochtopf für 45 Minuten ins heiße Rohr (220°C, Thermostat Stufe 7).

Bringen Sie das Lammragout zu Tisch:

Richten Sie die Kartoffeln zum Servieren in einer Schüssel an, schichten Sie das Fleisch darüber, nappieren Sie beides mit der Sauce, die Sie durch ein Spitzsieb abgeseiht haben, und bestreuen Sie das Ragout mit gehackter Petersilie.

Suppenkonzentrate

Wenn Sie keine Zeit haben, selbst einen Geflügelfond zuzubereiten, können Sie natürlich jederzeit auf eine fertige Geflügelbrühe zurückgreifen. Die Geflügelbrühen sind im allgemeinen einigermaßen in Ordnung. Was allerdings die Rinderbrühen betrifft, so ist der salzige, mit einem kräftigen Schuß Sellerie versehene Geschmack einigermaßen überraschend. Nur ein echter Rindsgeschmack ist meist nicht zu entdecken.

Bergerac, Bourgueil, Goron, Neuburger, Salvagnin, Spätburgunder Kabinett trocken (Baden)

Lammkeule als Salat

Einkauf:

1,5 kg Lammkeule
30 g Butter
Salz, Pfeffer

Braten Sie am Vorabend die Hammelkeule:

Sie können für dieses Rezept entweder Reste einer Lammkeule verwenden oder eigens eine Lammkeule dafür braten. Heizen Sie dafür Ihr Rohr 15 Minuten stark vor (240°C, Thermostat Stufe 8).
Legen Sie die Lammkeule in eine Bratpfanne, bestreichen Sie sie mit Butter, würzen Sie sie mit Salz und Pfeffer und schieben Sie sie ins heiße Backrohr. Nach 10 Minuten senken Sie die Temperatur (220°C, Thermostat Stufe 7). Rechnen Sie ungefähr 20 Minuten Bratzeit pro Kilo Fleisch. Wenn die Lammkeule fertig ist, lassen Sie sie etwas abkühlen, bevor Sie sie, in Alufolie gewickelt, über Nacht in den Kühlschrank geben.

300 g Möhren/Karotten
300 g weiße Rüben
Salz
300 g Mischblattsalat

Bereiten Sie die Gemüse zu:

Schälen Sie die Möhren/Karotten und die weißen Rüben und schneiden Sie sie in 5 cm große Stücke, die Sie olivenförmig zuschneiden, das heißt, an den Ecken abrunden. Kochen Sie sie getrennt jeweils 10 Minuten in Salzwasser und lassen Sie sie anschließend gut abtropfen.
Während die Gemüse kochen, putzen Sie den Mischblattsalat und schneiden die Lammkeule in dünne Scheiben, von denen Sie das Fett entfernen.

kräftiger Senf
Madras-Curry
Salz, Pfeffer
Weinessig
Öl

Machen Sie die Marinade:

Vermischen Sie in einer Schüssel einen Kaffeelöffel Senf, einen halben Kaffeelöffel Curry, Salz, Pfeffer und einen Eßlöffel Weinessig und rühren Sie 3 Eßlöffel Öl dazu.

Zum Servieren:

Verteilen Sie auf einer großen Platte den geputzten und abgetropften Mischblattsalat, die Möhren/Karotten, die weißen Rüben und die aufgeschnittene Lammkeule und gießen Sie im letzten Moment, bevor Sie das Gericht auftragen, die Marinade darüber.

<u>Kühlzeit für die Hammelkeule:</u> 24 Std.
<u>Zubereitung:</u> 30 Min.
<u>Kochzeit:</u> 1 Std.
<u>Küchengeräte:</u>
Bratpfanne
2 Töpfe
Schüssel

Man tourniert gewisse Gemüse (weiße Rüben, Möhren/Karotten), um ihren Geschmack zu verbessern und um ihnen eine ansprechendere Form zu geben. Zu diesem Zweck schälen Sie die Gemüse zuerst, dann schneiden Sie sie in ungefähr 5 cm große, möglichst gleichmäßige Stücke, zerteilen diese Stücke kreuzförmig und erhalten so jeweils 4 längliche Gemüsestücke, deren Ecken Sie dann olivenförmig abrunden.

Bellet, Côte-Rôtie, Merlot del Ticino, Riesling Spätlese halbtrocken (Rheinpfalz), Rosé, St. Laurent

Lammragout mit Gemüsen

Einkauf:

1,5 kg Lammkeule
2 Möhren/Karotten
2 weiße Rüben
3 Schalotten
4 junge Zwiebeln
6 Knoblauchzehen
1 Kräutersträußchen
Salz, Pfeffer

Kochen Sie das Fleisch mit den Gemüsen:

Lassen Sie die Lammkeule auslösen und schneiden Sie das Fleisch in je ungefähr 70 bis 80 g schwere Stücke.
Schälen Sie die Möhren/Karotten, die weißen Rüben, die Schalotten, die jungen Zwiebeln und die Knoblauchzehen.
Schneiden Sie alle Gemüse — außer dem Knoblauch, den Sie ganz lassen — klein. Geben Sie die Gemüse in einen Topf, schichten Sie das Fleisch darüber, gießen Sie mit soviel Wasser auf, daß das Fleisch gerade bedeckt ist, und bringen Sie alles zum Kochen. Fügen Sie das Kräutersträußchen hinzu, salzen und pfeffern Sie und lassen Sie das Ragout eine Stunde leicht kochen. Schöpfen Sie während dieser Zeit drei- bis viermal den Schaum ab, der sich auf der Oberfläche bildet.

0,2 l Crème fraîche
Salz, Pfeffer
1 Eigelb

Bereiten Sie die Sauce zu:

Wenn das Fleisch und das Gemüse gar sind, stellen Sie die Fleischstücke und die Knoblauchzehen warm, entfernen das Kräutersträußchen, lassen die Gemüse abtropfen und pürieren sie im Mixer. Gleichzeitig lassen Sie den Saft ungefähr 10 Minuten lang einkochen. Fügen Sie dann das Gemüsepüree hinzu und geben Sie die Fleischstücke und die Knoblauchzehen zurück in den Topf. Wenn das Fleisch warm ist, geben Sie die Crème fraîche, vermischt mit dem Eigelb, dazu und bringen das Ragout mit kreolischem Reis zu Tisch.

Zubereitung: 30 Min.
Kochzeit: 1 Std.
Küchengeräte:
Topf
Schaumlöffel
Mixer

Saucen — aufessen mit Genuß
Jeder weiß, daß es verpönt ist, eine Sauce von seinem Teller aufzutunken. Was tun? Muß man den guten Manieren zuliebe darauf verzichten, lustvoll eine gute Sauce aufzuessen? Es gibt eine Lösung, die sowohl der Naschhaftigkeit als auch der guten Erziehung und zudem noch der schlanken Linie gerecht wird. Geben Sie Ihren Freunden Saucenlöffel — an sich sind es Eislöffel — und stellen es so jedem frei, mit seiner Sauce zu tun, was er gerne möchte.

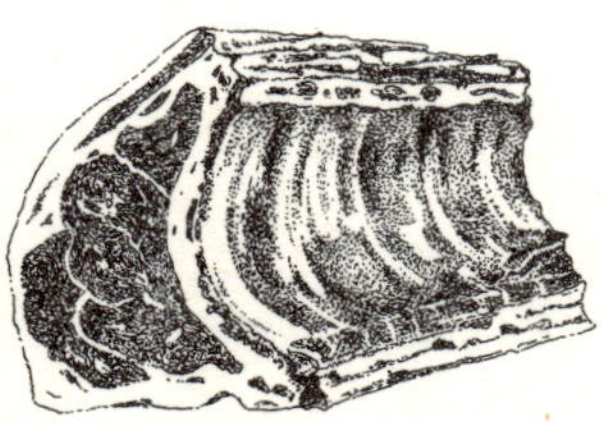

Bourgueil, Côtes du Rhône, Genfer Gamay, Goron, Spätburgunder Kabinett trocken (Baden), St. Laurent

Lammschulter mit Curry-Gemüsen

Einkauf:

Öl
1,5 kg ausgelöste Lammschulter
1 El Staubzucker
Salz
6 Tomaten
3 Knoblauchzehen
1 Kräutersträußchen

Bereiten Sie das Fleisch zu:

Lassen Sie 3 Eßlöffel Öl in einem Topf heiß werden und braten Sie darin die Fleischstücke rundherum goldbraun an. Gießen Sie das Bratfett ab, streuen Sie einen Eßlöffel Staubzucker zum Fleisch und lassen Sie den Zucker auf großer Flamme 1 bis 2 Minuten unter ständigem Umrühren karamelisieren (wodurch die Sauce eine schöne Farbe bekommt). Salzen Sie leicht, gießen Sie mit soviel Wasser auf, daß die Fleischstücke gerade bedeckt sind, geben Sie die geschälten und grob geschnittenen Tomaten (die Sie vor dem Schälen einigen Sekunden in heißes Wasser tauchen und kurz abschrecken), die zerdrückten Knoblauchzehen und das Kräutersträußchen dazu, bringen Sie alles zum Kochen, decken Sie die Schmorpfanne zu und lassen Sie das Fleisch 50 Minuten auf kleiner Flamme dünsten, wobei Sie von Zeit zu Zeit den Schaum abschöpfen, der sich während des Kochens auf der Oberfläche bildet. Stellen Sie die Fleischstücke beiseite und seihen Sie die Sauce durch ein Spitzsieb, drücken Sie dabei die Gemüse gut aus, damit Ihnen kein Saft verlorengeht. Gießen Sie die Sauce in den Topf zurück und lassen Sie sie langsam einkochen, bis sie eine dickliche Konsistenz bekommt. Dann geben Sie das Fleisch in die Sauce zurück und lassen beides zusammen auf sehr kleiner Flamme weiterkochen.

6 Möhren/Karotten
5 weiße Rüben
400 g Broccoli
300 g grüne Bohnen
3 Lauchstangen
4 Zucchini
Salz

Kochen Sie die Gemüse:

Während das Fleisch kocht, bereiten Sie die Gemüse zu. Schälen Sie die Möhren/Karotten und die weißen Rüben und putzen Sie die Broccoli, den Lauch und die grünen Bohnen. Die Zucchini schälen Sie nicht, sondern waschen sie nur gründlich.

Schneiden Sie die Möhren/Karotten, die weißen Rüben und die Zucchini in Stäbchen, den Lauch in 3 cm lange Stücke und kochen Sie die Gemüse, jedes einzeln, in Salzwasser. Rechnen Sie ungefähr 10 Minuten pro Gemüse, damit es schön knackig bleibt. Dann lassen Sie die Gemüse gut abtropfen.

3 mittelgroße Zwiebeln
Madras-Curry
3 Knoblauchzehen

Machen Sie die Curry-Sauce:

Braten Sie in einer Schmorpfanne mit dickem Boden die feingehackten Zwiebeln 10 Minuten auf kleiner Flamme an. Vermengen Sie die Zwiebeln mit 3 Teelöffeln Curry, geben Sie die Knoblauchzehen dazu, rühren Sie mit einem Kochlöffel gut um und lassen Sie alles 5 Minuten kochen. Stellen Sie die Curry-Mischung dann beiseite.

<u>Zubereitung:</u> 30 Min.
<u>Kochzeit:</u> 30 Min.
<u>Küchengeräte:</u>
Topf
Schaumlöffel
Spitzsieb
1 Satz Töpfe

Kochen Sie das Gericht zu Ende:

Braten Sie die abgetropften Gemüse in der Curry-Mischung auf mittelgroßer Flamme rasch an und bringen Sie sie mit dem Fleisch, das Sie mit der Sauce nappiert haben, zu Tisch.

Dieses Gericht können Sie schon im voraus zubereiten. Sie müssen dann nur das Fleisch in der Sauce erwärmen und die Gemüse in der Curry-Mischung anbraten.

Blauer Burgunder, Chinon, Nostrano rosso, Spätburgunder Kabinett trocken (Baden)

Feines Ochsenschwanzragout mit kleinen Gemüsen

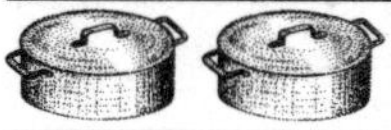

Einkauf:

2 kg Ochsenschwanz
3 Möhren/Karotten
3 große Zwiebeln
1 Kräutersträußchen

Kochen Sie den Ochsenschwanz:

Schneiden Sie den Ochsenschwanz in ungefähr 8 cm lange Stücke und legen Sie die Ochsenschwanzstücke zum Spülen 1 Stunde lang in klares kaltes Wasser. Lassen Sie Wasser in einem Topf heiß werden und kochen Sie darin die Ochsenschwanzstücke 10 Minuten, dann lassen Sie sie abtropfen. Nun geben Sie die Ochsenschwanzstücke in einen Kochtopf, bedecken sie reichlich mit Wasser, fügen als einzige Würze ein Kräutersträußchen, 3 geschälte Möhren/Karotten und die 3 großen Zwiebeln hinzu und bringen das Wasser erneut zum Kochen. Beginnt das Wasser aufzukochen, schöpfen Sie den Schaum ab, verringern die Temperatur und lassen die Ochsenschwanzstücke 2 bis 2½ Stunden weiterkochen.

600 g frische Perlzwiebeln
80 g Butter
30 g Staubzucker
Salz, Pfeffer
8 Möhren/Karotten
60 g Butter
Salz, Pfeffer
30 g Zucker

Glasieren Sie die Gemüse:

Schälen Sie die Perlzwiebeln und geben Sie sie in einen Topf, gießen sie mit soviel Wasser auf, daß sie gerade bedeckt sind, fügen Sie 80 g Butter hinzu und lassen Sie sie aufkochen. Beginnen sie zu kochen, geben Sie den Staubzucker dazu, würzen mit Salz und Pfeffer, mischen alles gut durch und lassen die Perlzwiebeln weiterkochen, bis der ganze Saft eingekocht ist und die Perlzwiebeln von einer braunen, glänzenden Karamelschicht umhüllt sind. Dann stellen Sie sie beiseite.
Während die Perlzwiebeln kochen, schälen Sie die Möhren/Karotten und schneiden sie in nicht zu dünne Stiftchen. Lassen Sie in einem Topf 60 g Butter zergehen, geben Sie die Möhren-/Karottenstiftchen dazu, würzen Sie mit Salz und Pfeffer und fügen Sie den Zucker bei. Gießen Sie soviel Wasser hinzu, daß die Möhren/Karotten gerade bedeckt sind, und lassen Sie sie ungefähr 15 Minuten lang kochen, bis das ganze Wasser verdampft ist. Lassen Sie die Möhren/Karotten aber nicht braun werden.

Kochen Sie das Gericht zu Ende:

Wenn der Ochsenschwanz gar gekocht ist, lösen Sie das Fleisch von den Knochen und zerkleinern es, wenn es zu grob ist. Die Suppe, in der Sie den Ochsenschwanz gekocht haben, reduzieren Sie in ungefähr 20minütiger Kochzeit auf die Hälfte.
Wenn der Saft braun und etwas dicker geworden ist, seihen Sie ihn durch ein Spitzsieb. Fügen Sie dann die Fleischstücke, die Möhren/Karotten und die kleinen, glasierten Perlzwiebeln hinzu und lassen Sie alles im Saft warm werden. Würzen Sie nach und bringen Sie das Gericht sehr heiß zu Tisch.

Zubereitung: 1 Std.
Kochzeit: 2—2½ Std.
Küchengeräte:
2 Töpfe
Kochtopf
Schaumlöffel
Spitzsieb

Wenn Sie den Ochsenschwanz in Wasser mit den Möhren/Karotten und den Zwiebeln kochen, bekommen Sie eine herrliche Suppe. Nützen Sie diese Gelegenheit und kochen Sie gleichzeitig eine halbe oder eine ganze Rindszunge mit. Sie sparen dadurch nicht nur Energie, sondern haben damit auch gleich ein fertiges Gericht, das Sie einige Tage später essen können.

Blauer Burgunder, Blaufränkischer, Bourgogne, Dôle, Ostschweizer Pinot blanc, Riesling Spätlese halbtrocken (Rheingau), Spätburgunder Spätlese trocken (Baden)

Ochsenschwanzragout nach meiner Art

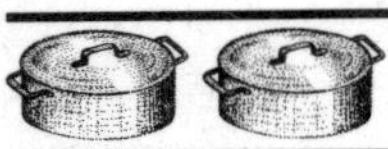

Einkauf:

3 El neutrales Pflanzenöl
2,5—3 kg Ochsenschwanz
3—4 große Zwiebeln
350—400 g Gemüse (Möhren/Karotten, Lauch, Sellerie),
8—10 zerdrückte Wacholderbeeren
3—4 Lorbeerblätter
8—10 zerdrückte Piment-/Neugewürzkörner
8—10 zerdrückte Kardamomkörner
3 geschälte und entkeimte Knoblauchzehen
1 Kl geschroteter weißer Pfeffer
4 El Tomatenmark
1 El Senf
1,5—2 l kräftiger Rotwein (z. B. Württemberger Spätburgunder)
1,5 l Kalbs-, Geflügel- oder Rinderfond
Salz
Pfeffer aus der Mühle
Muskatnuß
falls erwünscht
1 Prise Zucker

Bereiten Sie das Ragout zu:

Erhitzen Sie das Pflanzenöl in einer Bratenkasserolle von mindestens 6 Liter Fassungsvermögen stark und braten Sie darin den in Stücke geschnittenen Ochsenschwanz von allen Seiten scharf an. Nehmen Sie die Fleischstücke heraus und stellen Sie sie beiseite. Schälen Sie die Zwiebeln, schneiden Sie sie in Streifen und schwitzen Sie sie im Bratfond goldgelb, geben Sie danach das geputzte und in 3 cm lange Stücke geschnittene Gemüse in der Reihenfolge Möhren/Karotten, Lauch und zuletzt Sellerie zu und dünsten Sie sie unter ständigem Rühren kurz an. Rühren Sie dann Wacholder, Lorbeer, Piment/Neugewürz, Kardamom und Knoblauch sowie den geschroteten Pfeffer ein, ebenso Tomatenmark und Senf. Rühren Sie das Ganze bei mittlerer Hitze einige Male gut um, löschen Sie dann mit $^3/_4$ Liter Rotwein und $^3/_4$ Liter Fond ab und lassen Sie es 15 Minuten gut durchkochen. Anschließend geben Sie die angebratenen Ochsenschwanzstücke hinein, lassen erneut aufkochen, decken dann den Topf zu und lassen alles bei mittlerer Hitze schmoren. Machen Sie während des Schmorens immer wieder die Nadelprobe bei größeren und kleineren Schwanzstücken und nehmen Sie die kleineren heraus, wenn sich bei ihnen das Fleisch vom Knochen löst. Füllen Sie nach Bedarf mit dem restlichen Rotwein und Fond auf. Die Kochzeit beträgt je nach Größe der Einzelstücke 4 bis 6 Stunden.
Nehmen Sie die Ochsenschwanzstücke aus der Sauce, kochen Sie die Suppe noch einmal kurz auf, passieren Sie sie durch ein Haarsieb und würzen Sie die passierte Sauce nach Geschmack mit Salz, Muskatnuß, Pfeffer aus der Mühle und eventuell einer Prise Zucker.

Zum Servieren:

Richten Sie die Ochsenschwanzstücke in einer tiefen Schüssel an, überdecken Sie sie mit der Sauce und servieren Sie sie mit hausgemachten Schupfnudeln, Kresserösti oder Kartoffelpuffern.

Zubereitung: 2 Std.
Kochzeit: 4—6 Std.
Küchengeräte:
große Bratenkasserolle
Haarsieb

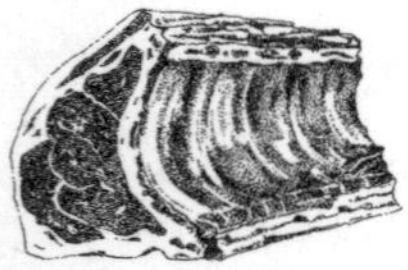

Osso Bucco ▶

Bandol, Bianco del Ticino, Blauer Portugieser, Blaufränkischer, Goron, Ostschweizer Pinot gris, Spätburgunder trocken (Württemberg)

ONE QUART

Osso Bucco

Einkauf:

250 g Möhren/Karotten
2 Knoblauchzehen
250 g Zwiebeln
$^1/_2$ Knollensellerie
0,1 l Öl
1,5 kg in Scheiben geschnittene Kalbshaxen
Mehl

Braten Sie die Kalbshaxen an:

Schälen Sie die Möhren/Karotten, die Zwiebeln, den Knoblauch und den Sellerie und schneiden Sie alle diese Gemüse feinnudelig, nach Art der Julienne-Gemüse. Lassen Sie 0,1 Liter Öl in einem Topf heiß werden und braten Sie darin die in Mehl gewendeten Kalbshaxen-Scheiben von allen Seiten goldbraun an. Nehmen Sie sie dann vom Feuer, gießen Sie das Bratfett ab und stellen Sie sie beiseite.

60 g Butter
1 El Mehl
0,3 l trockener Weißwein
3 El Tomatenmark
1 Hühnerbrühwürfel
1 Kräutersträußchen
Salz, Pfeffer

Kochen Sie die Kalbshaxen weiter:

Lassen Sie 60 g Butter in einem Topf zergehen, geben Sie die Julienne-Gemüse dazu und schwitzen Sie sie unter ständigem Umrühren, damit sie sich weder anlegen noch anbrennen, leicht an. Bestäuben Sie sie mit 1 Eßlöffel Mehl und lassen Sie das Mehl kurz mit den Gemüsen weiterrösten, bevor Sie mit dem Wein aufgießen. Lassen Sie den Saft auf großer Flamme fast ganz einkochen und fügen Sie dann das Tomatenmark und 0,3 Liter Wasser hinzu. Würzen Sie mit einem Hühnerbrühwürfel, geben Sie das Kräutersträußchen dazu und lassen Sie alles nochmals aufkochen, bevor Sie das Fleisch $1^1/_4$ Stunden in dieser Sauce weichdünsten. Würzen Sie anschließend nach.

$^1/_2$ Orange (ungespritzt)
$^1/_2$ Zitrone (ungespritzt)
Salz, Pfeffer

Fügen Sie Orangen und Zitronen hinzu:

Während das Fleisch dünstet, schneiden Sie die Schalen von je einer halben Orange und Zitrone dünn ab. Schneiden Sie sie feinnudelig. Blanchieren Sie sie einige Minuten in kochendem Wasser, um sie zarter zu machen, und lassen Sie sie dann abtropfen. Im letzten Moment mischen Sie sie unter das Fleisch, würzen nochmals nach und bringen den Osso Bucco so zu Tisch.
Im allgemeinen serviert man zu Osso Bucco frische Tagliatelle mit Butter und Parmesan, gedämpfte Kartoffeln oder Reis. Sie können aber auch ruhig Erbsen und Champignons dazu reichen.

Zubereitung: 20 Min.
Kochzeit: $1^1/_4$ Std.
Küchengeräte:
Kochtopf
Topf

Kartoffel-Variationen

Hier ein ganz einfaches, aber herrliches Kartoffelrezept: Kochen Sie die Kartoffeln in der Schale, lassen sie abtropfen und über Nacht rasten. Am nächsten Morgen schneiden Sie die Kartoffeln in dünne Scheibchen, schichten Sie in eine feuerfeste Schüssel, wobei Sie jede Lage mit Butterstückchen belegen und mit Salz und Pfeffer bestreuen, und schieben die Schüssel für 30 Minuten ins Rohr (200°C, Thermostat Stufe 6). Wenn Sie die Kartoffeln aus dem Rohr nehmen, sind Sie weich gekocht und cremig.

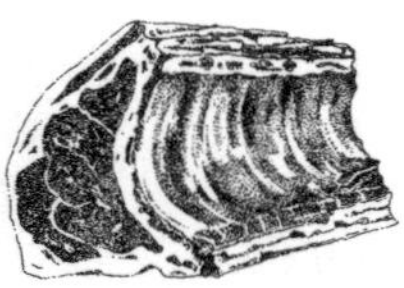

◀ Ente mit Orangen

Blaufränkischer, Chianti, Chinon, Goron, Merlot del Ticino, Riesling Kabinett trocken (Franken)

Rillettes aus Tours mit Vouvray

Einkauf:

1 kg Schweinsschulter
500 g vorderes, ausgelöstes Schweinskarree
500 g hinteres, ausgelöstes Schweinskarree
100 g Möhren/Karotten
30 g Schalotten
1 Flasche Vouvray (trockener Weißwein)
Thymian, Lorbeerblatt,
10 Pfefferkörner

Marinieren Sie das Fleisch:

Schneiden Sie das Schweinefleisch in ca. 4 cm große Stücke. Schälen Sie das Gemüse (Möhren/Karotten und Schalotten). Schneiden Sie es in grobe Stücke und geben Sie alles mit dem Vouvray sowie Thymian, Lorbeerblatt und Pfefferkörnern in eine Schüssel. Lassen Sie das Fleisch ca. 12 Stunden marinieren.

200 g Schweinefett
1 El Salz (gestrichen)

Vollenden Sie das Gericht:

Nehmen Sie das Schweinefleisch aus der Marinade, trocknen Sie es mit einem Tuch ab und braten Sie es im heißen Schweinefett auf allen Seiten goldbraun an.
Geben Sie das Gemüse mit den Pfefferkörnern in ein Tuch und binden Sie es mit einem Faden zu. Nun geben Sie alles mit der Marinade und dem Salz in einen Topf und lassen es für ca. 3 Stunden kochen. Nehmen Sie das Gemüse im Tuch heraus und lassen Sie das Fleisch mit der Marinade auskühlen.
Zerkleinern Sie das Fleisch mit Hilfe einer Gabel oder, wenn dies zu schwierig sein sollte, drehen Sie es durch den Fleischwolf. Vermischen Sie das Fleisch wiederum mit dem Saft der Marinade. Würzen Sie nach Belieben nach.
Geben Sie alles in ein Tongeschirr und lassen Sie es für einige Stunden im Kühlschrank rasten.

Vorbereitung: 15 Min.
Marinierzeit: 10—12 Std.
Kochzeit: 13—18 Min.
Kühlzeit: 3—4 Std.
Küchengeräte:
Schüssel
Küchenpapier
Kochtopf
Tuch
Küchenfaden
Tontopf

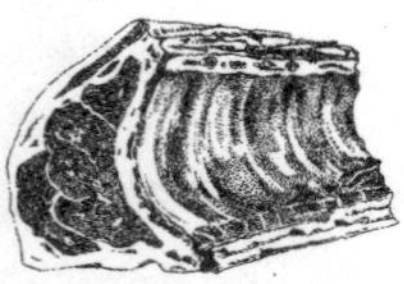

Möchten Sie die Rillettes länger aufbewahren, bedecken Sie die Oberfläche der Rillettes mit einer dicken Schicht Schweineschmalz oder frieren Sie sie einfach ein. Die Rillettes eignen sich sehr gut für Brotaufstriche.

Anjou blanc, Coulée de Serrant, Vouvray

Rindercarbonaden nach Flämischer Art

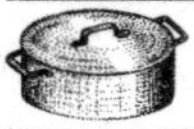

Einkauf:

6 große Zwiebeln
70 g Butter
70 g Butter
6 Rumpsteaks (je 150 g)

Salz, Pfeffer
1 Kräutersträußchen
0,1 l Rinderbrühe
0,5 l helles Bier

Braten Sie die Zwiebeln und das Fleisch an:

Schälen Sie die Zwiebeln und schneiden Sie sie fein. Lassen Sie in einer Bratpfanne 70 g Butter zergehen und braten Sie darin die Zwiebeln goldgelb an.
Lassen Sie in einer anderen Pfanne ebenfalls 70 g Butter zergehen und braten Sie darin die Rumpsteaks auf großer Flamme 30 Sekunden auf jeder Seite an.

Kochen Sie das Gericht zu Ende:

Verteilen Sie die Hälfte der Zwiebeln auf dem Boden einer Gratinierform, legen Sie die Fleischscheiben darüber und geben Sie die restlichen Zwiebeln darauf. Salzen und pfeffern Sie, fügen Sie das Kräutersträußchen hinzu und gießen Sie mit 0,1 Liter Rinderbrühe auf, die Sie entweder aus einem Konzentrat oder nach unserem Rezept auf Seite 264 zubereitet haben. Gießen Sie auch das Bier dazu, damit alle Zutaten bedeckt sind, decken Sie die Gratinierform mit einem Blatt Alufolie zu und schieben Sie sie für $1^3/_4$ Stunden in das mittelheiße Rohr (200°C, Thermostat Stufe 6).
Bringen Sie das Gericht mit frischen Teigwaren zu Tisch.

<u>Zubereitung:</u> 20 Min.
<u>Kochzeit:</u> $1^3/_4$ Std.
<u>Küchengeräte:</u>
2 Pfannen
Gratinierform
Alufolie

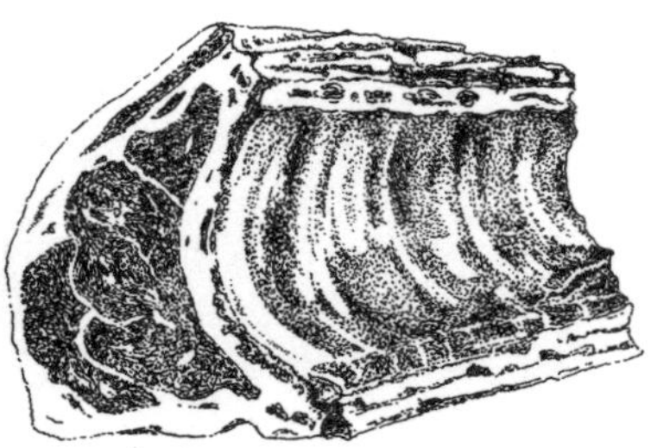

Bier, Blauer Portugieser, Cahors, Goron, Sauvignon blanc Kabinett

Rinderfilet Stroganoff

Einkauf:

1,2 kg Rinderfilet
Salz, Pfeffer, Paprika
0,1 l Öl

Braten Sie das Fleisch an:

Schneiden Sie das Rinderfilet zuerst in Scheiben und dann in $^1/_2$ cm dicke Streifen. Salzen und pfeffern Sie das Fleisch und streuen Sie ein wenig Paprika darüber. Lassen Sie in einer Bratpfanne 0,1 Liter Öl heiß werden (es darf aber nicht rauchen) und braten Sie darin das Fleisch 1 Minute unter ständigem Umrühren an, damit es etwas Farbe bekommt. Stellen Sie es dann beiseite.

6 mittelgroße Schalotten
30 g Butter
0,3 l Crème fraîche
Salz, Pfeffer, Paprika

Bereiten Sie die Sauce zu:

Lassen Sie das Fleisch abtropfen, gießen Sie das Bratfett ab, lassen Sie 30 g Butter in der Pfanne zergehen und braten Sie darin unter ständigem Umrühren (mit einem Kochlöffel) die feinwürfelig geschnittenen Schalotten 3 Minuten. Fügen Sie die Crème fraîche hinzu, würzen Sie mit Salz, Pfeffer und Paprika nach und lassen Sie die Sauce 1 Minute lang weiterkochen.
Geben Sie das Fleisch in die Sauce, lassen Sie es gerade so lange auf dem Herd, daß es warm wird, und bringen Sie das Rinderfilet Stroganoff sofort, zum Beispiel mit frischen Teigwaren, zu Tisch.

Zubereitung: 20 Min.
Küchengeräte:
Bratpfanne

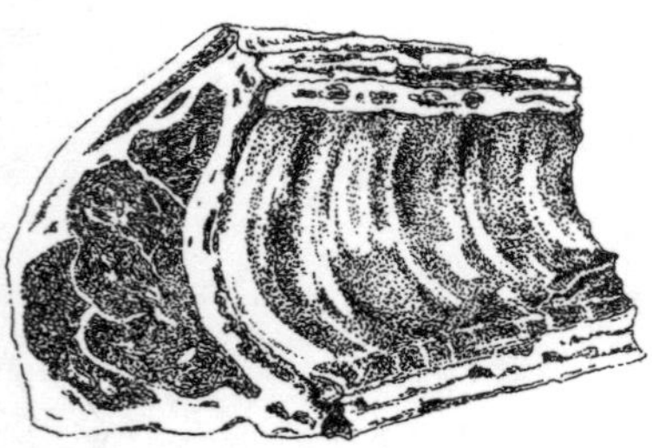

Bandol, Blaufränkischer, Côtes du Rhône, Dôle Pinot Noir, Riesling Kabinett trocken (Franken)

Rindfleisch mit Paprika

Einkauf:

2 grüne Paprika
2 rote Paprika
3 mittelgroße Zwiebeln
500 g Kartoffeln
1 kg Rindfleisch (vom Schulterstück oder vom Schlögel/Keule)
Salz, Pfeffer

Bereiten Sie die Gemüse und das Fleisch vor:

Halbieren Sie die Paprika, entfernen Sie den Strunk und die Kerne und schneiden Sie das Fruchtfleisch in feine Streifen. Schälen Sie die Zwiebeln und schneiden Sie sie in Ringe. Schälen Sie die Kartoffeln und schneiden Sie sie in in dünne Scheiben.
Schneiden Sie das Fleisch in gleichmäßige, ungefähr 2 cm große Stücke. Geben Sie die Fleischstücke in einen Tontopf, salzen und pfeffern Sie, verteilen Sie die Paprikastreifen und die Zwiebelringe auf dem Fleisch und legen Sie die Kartoffelscheiben so darauf, daß sie sich gegenseitig überlappen.

3 Tomaten
Salz, Pfeffer
10 g Zucker

Kochen Sie das Gericht zu Ende:

Schälen Sie die Tomaten, nachdem Sie sie einige Sekunden in kochendes Wasser getaucht und kurz kalt abgeschreckt haben. Entfernen Sie die Kerne und pürieren Sie das Fruchtfleisch im Mixer. Rühren Sie 0,1 Liter Wasser in das Püree, salzen und pfeffern Sie, geben Sie den Zucker dazu und vermischen Sie alles gut. Gießen Sie das Tomatenpüree zum Fleisch, verschließen Sie den Tontopf, entweder mit einem Deckel oder mit Alufolie, und lassen Sie das Fleisch $2^1/_2$ Stunden im Rohr (180°—200°C, Thermostat Stufe 5—6) kochen. Überprüfen Sie vor dem Servieren, ob die Kartoffeln durch sind.

Zubereitung: 20 Min.
Kochzeit: $2^1/_2$ Std.
Küchengeräte:
Tontopf mit Deckel
Mixer
Topf
Alufolie (eventuell)

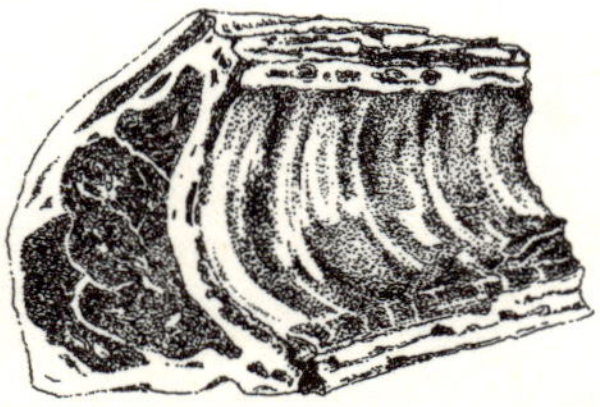

Blauer Portugieser, Blaufränkischer, Morgon, Nostrano rosso, Spätburgunder trocken (Baden)

Schweinshaxen mit grünem Pfeffer gespickt

Einkauf:

2 eingesalzene Schweinshaxen
30 grüne Pfefferkörner
1 Zwiebel
4 Gewürznelken
1 Stangensellerie
2 Möhren/Karotten
2 weiße Rüben
1 Kräutersträußchen

Kochen Sie die Schweinshaxen:

Spülen Sie die Schweinshaxen unter kaltem Wasser ab, um das überschüssige Salz abzuwaschen (wenn nötig, können Sie sie zum „Entsalzen“ auch 10 Minuten lang in heißes Wasser legen), und spicken Sie jede Schweinshaxe mit 15 grünen Pfefferkörnern. Schälen Sie die Zwiebel, rösten Sie sie entweder über offener Flamme oder 5 Minuten im heißen Rohr. Spicken Sie sie dann mit den Gewürznelken. Schälen Sie den Stangensellerie, die Möhren/Karotten und die weißen Rüben. Geben Sie die Zwiebel, den Stangensellerie, die Möhren/Karotten und die Rüben in einen Kochtopf, füllen Sie ihn mit Wasser auf, fügen Sie die Schweinshaxen und das Kräutersträußchen hinzu und lassen Sie sie 1$^1/_2$ Stunden kochen.

1 Zwiebel
1 El Olivenöl
0,15 l trockener Weißwein
0,15 l Crème fraîche
1 El Senf
Salz, Pfeffer

Bereiten Sie die Sauce zu:

Schälen Sie die Zwiebel und hacken Sie sie fein. Lassen Sie einen Eßlöffel Olivenöl in einer Schmorpfanne heiß werden und schwitzen Sie darin die Zwiebel glasig. Gießen Sie mit einem Glas entfetteter Suppe, in der Sie die Schweinshaxen gekocht haben, und mit dem Weißwein auf und lassen Sie alles 30 Minuten lang kochen. Dann pürieren Sie die Masse mit den Gemüsen im Mixer, verrühren sie mit der Crème fraîche und lassen sie zu dicklicher Konsistenz einkochen. Im letzten Moment rühren Sie noch einen Eßlöffel Senf in die Sauce und schmecken sie nochmals ab.

Zum Servieren:

Bringen Sie die Schweinshaxen mit der Senfsauce und mit gekochtem und dann in Butter gebratenem Kohl zu Tisch.

Zubereitung: 30 Min.
Kochzeit: 1$^1/_2$ Std.
Küchengeräte:
Kochtopf
Schmorpfanne
Mixer
Topf

Welchen grünen Pfeffer soll man nehmen?
Wie Sie wissen, ist der grüne Pfeffer normaler Pfeffer, der gepflückt wird, bevor er reif ist. Der, den Sie im Geschäft finden, ist immer entweder in einer Konserve oder in einem Glas eingelegt. Von den verschiedenen Sorten ist der in Essig eingelegte am wenigsten zu empfehlen. Bevor Sie ihn verwenden, müssen Sie ihn erst gründlich abspülen, um den unangenehmen Essiggeschmack zu entfernen. Der vakuumverpackte tiefgekühlte oder naturbelassene grüne Pfeffer ist weitaus besser.

Côtes de Provence rouge, Müller Thurgau trocken (Franken), Rheinriesling, Riesling Kabinett trocken, Salvagnin

Streifen vom Rinderfilet in Blauburgunder

Einkauf:

1,5 l Geflügelfond
1 l Blauburgunder
(Hermitage rouge)
1,2 kg Rinderfilet
Pfeffer
60 g Butter
20 g Butter
2 Schalotten
370 g Butter
Salz, Pfeffer

Bereiten Sie die Sauce und das Fleisch zu:

Gießen Sie den Geflügelfond (siehe Rezept für die Hühnerbrühe Seite 262) und den Wein in einen Kochtopf und lassen Sie die Flüssigkeit auf die Menge von ungefähr 0,4 Liter einkochen. Zerteilen Sie das Rinderfilet in 6 Tournedos, pfeffern Sie das Fleisch, aber salzen Sie es nicht. Lassen Sie in einer Bratpfanne ein nußgroßes Stück Butter zergehen und braten Sie die Tournedos zwischen 2 und 4 Minuten auf jeder Seite (sie sollen innen noch eher blutig sein). Nehmen Sie die Tournedos vom Feuer und halten Sie sie warm. Gießen Sie das Bratfett ab, geben Sie erneut ein nußgroßes Stück Butter in die Pfanne, fügen Sie die feingehackten Schalotten hinzu, sautieren Sie diese 3 bis 4 Minuten, löschen Sie mit der Blauburgundersauce ab, lassen Sie alles noch einmal aufkochen und schlagen Sie die Butter in kleinen Stücken in die Sauce ein. Würzen Sie nach und seihen Sie die Sauce durch ein Spitzsieb. Schneiden Sie die Tournedos in feine Streifen, salzen Sie sie, richten Sie die Fleischstreifen in einer Schüssel an und nappieren Sie sie mit der Sauce. Bringen Sie das Gericht warm zu Tisch.

Zubereitung: 1 Std.
Kochzeit: 4—8 Min.
Küchengeräte:
Kochtopf
Bratpfanne
Schneebesen
Spitzsieb

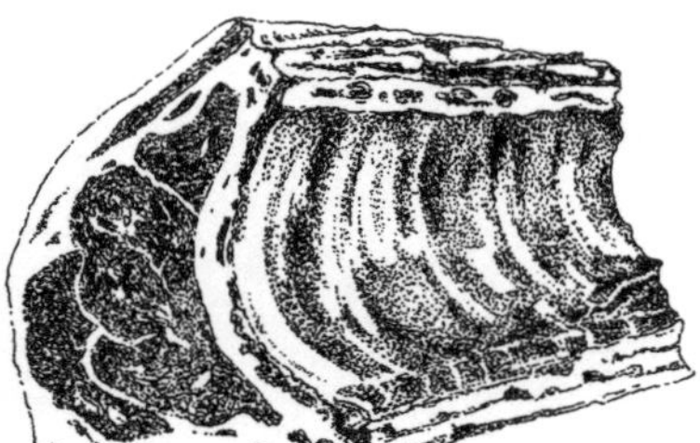

Blauer Burgunder, Hermitage rouge, Malanser Blauburgunder, Spätburgunder Kabinett trocken (Baden); in jedem Fall der Wein, mit dem man kocht

WILD UND GEFLÜGEL

Barbarie-Ente mit Rhabarber

Einkauf

(für 2 Personen):
1 Barbarie-Ente

Bereiten Sie die Ente zu:

Nehmen Sie die Ente aus und dressieren Sie sie, braten Sie sie ca. 25 Minuten im heißen Ofen, nehmen Sie sie heraus und lassen Sie sie 5 Minuten ziehen. Lösen Sie die Brüste vorsichtig am Stück aus und stellen Sie sie warm.

Karkasse der Ente
30 g Butter
1/4 l Burgunder oder guter Rotwein
50 g Zucker
5—6 Rhabarberstangen
100 g Butter

Machen Sie die Sauce:

Hacken Sie die Entenkarkasse fein, braten Sie sie scharf an, füllen Sie mit dem Burgunderwein auf und lassen Sie das Ganze kochen. Salzen Sie leicht.
Karamelisieren Sie den Zucker in einer Sauteuse, schneiden Sie den Rhabarber in Würfel, fügen Sie die Würfel bei und lassen Sie sie im eigenen Saft ziehen, sie sollten dabei noch etwas knackig bleiben. Passieren Sie den Fond der Entenkarkassen durch ein Tuch und lassen Sie ihn einkochen. Fügen Sie den Rhabarbersaft bei, pürieren Sie ein Drittel der Rhabarberwürfel und geben Sie sie ebenfalls hinzu. Montieren Sie unter ständigem Rühren die frische Butter darunter.

Junge Möhren/Karotten
50 g Butter
Basilikum

Zum Servieren:

Richten Sie die Sauce auf dem Teller an, schneiden Sie die Entenbrust in dünne Scheiben, legen Sie sie fächerartig auf die Sauce und gruppieren Sie die gedünsteten Rhabarberwürfel am unteren Teil des Fächers.
Servieren Sie dazu ganze, sehr junge Möhren/Karotten, die Sie in Butter dünsten und denen Sie kurz vor dem Servieren frisches, gehacktes Basilikum beifügen.

Zubereitung: 1 Std.
Kochzeit: 25 Min.
Küchengeräte:
Kasserolle
Sauteuse
Tuch
Mixer

Goron, Lemberger Spätlese trocken (Württemberg), Merlot del Ticino, Ruländer, Verrenberger Spätlese trocken (Württemberg)

Blätterteigpastetchen mit Kaninchenleber und Lauch

Einkauf:

1 Lauchstange
1 schöne Kaninchenleber

2 schon vorgebackene Blätterteigpastetchen
15 g Butter
0,1 l Schlagsahne
Salz, Pfeffer
15 g Butter
20 g Butter

<u>Zubereitung:</u> 10 Min.
<u>Kochzeit:</u> 30 Min.
<u>Küchengeräte:</u>
2 Pfannen

Bereiten Sie Lauch und Kaninchenleber vor:

Entfernen Sie die unansehnlichen Blätter und die Hälfte des Grünen, schneiden Sie den restlichen Lauch zuerst der Länge nach in 4 Teile, dann in 1 cm große Stücke. Schneiden Sie die Kaninchenleber in 2 cm lange und 5 mm starke Streifen.

Machen Sie die Farce:

Stellen Sie die Blätterteigpasteten, deren Deckel Sie vorher abgeschnitten haben, zum Aufwärmen ins Rohr.
Währenddessen braten Sie den Lauch in 15 g Butter schnell an, löschen mit 5 cl Wasser ab und lassen ihn so lange kochen, bis das ganze Wasser verdampft ist. Dann fügen Sie 0,1 Liter Schlagsahne hinzu, lassen das Gemüse unter ständigem Umrühren 2 Minuten auf größerer Flamme weiterdünsten, würzen, nehmen den Lauch vom Feuer, geben 15 g Butter dazu und stellen ihn warm.
Stellen Sie eine leere Pfanne auf den Herd, erhitzen Sie sie stark, geben Sie 20 g Butter hinein und fügen Sie, knapp bevor die Butter beginnt, braun zu werden, die geschnittene Kaninchenleber hinzu. Braten Sie die Kaninchenleber kurz (15 Sekunden) an, würzen Sie nach und stellen Sie sie auf einem warmen Teller beiseite.

Füllen Sie die Pastetchen:

Füllen Sie jedes Pastetchen zuerst mit dem Lauch, dann mit der Hälfte der Kaninchenleber und schließlich wieder mit einer Lage Lauch, setzen Sie die Deckel darauf und schieben Sie die Pastetchen vor dem Servieren nochmals für 30 Sekunden ins heiße Rohr.

Das „Papet“ vom Lauch ist die Spezialität der Provinz Landes in Frankreich. Im vorliegenden Rezept wird der Lauch genauso zubereitet, mit dem Unterschied, daß er weniger lange gekocht, dünner geschnitten und nicht mit Kartoffeln vermischt wird.

Aigle, Genfer Gamay, Lemberger Spätlese trocken (Württemberg), St. Laurent

Bressehuhn in Rahmsauce

Einkauf:

1 Bressehuhn oder Masthuhn bzw. Poularde (2 kg)
50 g Butter
Salz, Pfeffer

Braten Sie die Hühnerstücke an:

Ersuchen Sie Ihren Geflügelhändler, Ihnen das Huhn in Stücke zu schneiden und nehmen Sie auch den Hals, die Wirbelsäule und die Flügel mit. Erhitzen Sie in einem Topf 50 g Butter und braten Sie darin die Hühnerstücke samt dem Hals, der Wirbelsäule und den Flügeln goldbraun an, bevor Sie sie salzen und pfeffern.

1 Zwiebel
1 Gewürznelke
1 Knoblauchzehe
1 Stämmchen Thymian
$^1/_2$ Lorbeerblatt
30 g Butter
30 g Mehl

Kochen Sie die Hühnerstücke weiter:

Nun fügen Sie die Gewürze hinzu: eine mit einer Gewürznelke gespickte Zwiebel, die geschälte Knoblauchzehe, das Stämmchen Thymian und $^1/_2$ Lorbeerblatt. Geben Sie ein bißchen Butter dazu und bestäuben Sie alles mit Mehl. Lassen Sie das Mehl einige Minuten lang bräunen, gießen Sie mit 0,4 Liter Wasser oder Brühe auf — die Hühnerstücke sollen in genügend Flüssigkeit liegen, ohne davon aber völlig bedeckt zu werden —, rühren Sie kräftig um, lassen Sie alles einmal aufkochen und dann auf kleiner Flamme zugedeckt ungefähr 30 Minuten langsam weiterkochen. Die genaue Kochzeit hängt von der Größe des Huhnes ab. Nehmen Sie anschließend die Hühnerstücke aus dem Topf und stellen Sie sie warm, während Sie sich mit der Sauce beschäftigen.

0,5 l Crème fraîche
3 Eigelb

Binden Sie die Sauce:

Seihen Sie den Inhalt des Topfes durch ein Spitzsieb, wobei Sie die Gemüse und Gewürze gut auspressen, um keinen Saft zu verlieren, und erhitzen Sie die abgeseihte Sauce in einem Topf. Vermischen Sie die Crème fraîche in einer Schüssel mit dem Eigelb und rühren Sie diese Mischung auf kleinem Feuer mit einem Schneebesen in die Sauce, ohne sie aufkochen zu lassen. Die Sauce muß homogen und dicklich sein. Wenn nötig, fügen Sie etwas Crème fraîche oder Wasser hinzu, um die gewünschte Konsistenz zu erhalten. Geben Sie die Hühnerstücke in die Sauce zurück, lassen Sie sie darin warm werden und bringen Sie sie natur oder mit kreolischem Reis zu Tisch.

Zubereitung: 20 Min.
Kochzeit: ca. 30 Min.
Küchengeräte:
feuerfeste Schüssel
Spitzsieb
Topf
Schüssel
Schneebesen

Wenn Sie ein qualitativ hochwertiges Huhn nehmen, werden Sie nicht einmal mit Brühe aufgießen müssen. Die Hühnerstücke und die Zutaten werden genügen, der Sauce ihren guten Geschmack zu verleihen.

Beaujolais, Fendant, Fleurie, Silvaner trocken (Franken), Zweigelt

Bressehuhn mit kleinen Gemüsen

Einkauf:

Geflügelklein
(Hals, Flügel usw.)
1 Bressehuhn oder
Masthuhn bzw. Poularde
(ca. 2 kg)
4 Möhren/Karotten
2 Lauchstangen
3 Zwiebeln
1 Stangensellerie
1 Kräutersträußchen
Salz, Pfeffer

Bereiten Sie die Geflügelbrühe zu:

Ersuchen Sie Ihren Geflügelhändler um etwas Geflügelklein (Hals, Flügel usw.), welches Sie dazu verwenden, die Geflügelbrühe zuzubereiten. Zerkleinern Sie das Geflügelklein, geben Sie es in eine feuerfeste Schüssel und lassen Sie es im Rohr (220°C, Thermostat Stufe 7) 10 Minuten goldbraun anbraten.
Währenddessen schälen Sie die Möhren/Karotten, den Lauch und die Zwiebeln und putzen den Stangensellerie. Schneiden Sie alle Gemüse in Stücke und geben Sie sie in einen mit 3,5 Liter Wasser gefüllten Topf. Fügen Sie das Kräutersträußchen und das angebratene Geflügelklein hinzu, würzen Sie mit Salz und Pfeffer und lassen Sie die Brühe 1 Stunde kochen. Während des Kochens schöpfen Sie von Zeit zu Zeit den Schaum von der Oberfläche ab. Dann lassen Sie die Brühe auskühlen, um sie besser entfetten zu können (dazu heben Sie das gestockte Fett von der Oberfläche ab), und seihen sie durch ein Spitzsieb, wobei Sie alle Zutaten gut auspressen.

6 schöne Möhren/Karotten
6 lange weiße Rüben
6 Lauchstangen
1 Zwiebel
Salz, Pfeffer
(grobes) Salz
Gewürzgurken
in Essig eingelegte
Kirschen

Kochen Sie das Huhn und die Gemüse:

Schälen Sie die Möhren/Karotten und die weißen Rüben, putzen Sie den Lauch und binden Sie die Gemüse mit einem Küchenfaden zusammen. Schälen Sie die Zwiebel und lassen Sie die Hühnerbrühe aufkochen. Wenn sie zu kochen beginnt, geben Sie die Zwiebel und das Huhn in den Topf und lassen beides darin 1 oder $1^1/_4$ Stunden auf kleiner Flamme kochen. 45 Minuten vor Ende der Kochzeit fügen Sie das gebündelte Gemüse hinzu. Würzen Sie nach und bringen Sie das tranchierte Huhn mit der Brühe zu Tisch. Reichen Sie dazu (grobes) Salz, Gewürzgurken und in Essig eingelegte Kirschen.

Zubereitung:
1 Std. 10 Min.
Kochzeit: ca. $1^1/_4$ Std.
Küchengeräte:
feuerfeste Schüssel
Kochtopf
Schaumlöffel
Spitzsieb
Küchenfaden

Aigle rouge, Beaujolais, Fendant, Fleurie, Morgon, Müller-Thurgau Kabinett trocken (Franken), Rheinriesling, Riesling Kabinett trocken (Baden)

Junge Ente mit grünem Pfeffer und Schwarzwurzeln

Einkauf:

800 g frische Schwarzwurzeln
Essig
15 g Mehl
1 Zitrone
8 g Salz
300 g grüne Bohnen
20 g Salz

Kochen Sie zuerst das Gemüse:

Schälen Sie die Schwarzwurzeln mit einem Kartoffel- oder Spargelschäler und schneiden Sie sie in 5 cm lange Stücke, dann geben Sie sie in eine mit Essigwasser gefüllte Schüssel (2 Eßlöffel Essig auf 1 Liter Wasser), um zu vermeiden, daß sie schwarz werden. Füllen Sie 1 Liter Wasser in einen Kochtopf, fügen Sie das Mehl, den Zitronensaft und 8 g Salz hinzu, bringen Sie das Wasser zum Kochen und kochen Sie darin die Schwarzwurzeln 45 Minuten auf kleiner Flamme. Dann lassen Sie die Schwarzwurzeln abtropfen. Putzen Sie die grünen Bohnen und kochen Sie sie in Salzwasser je nach ihrer Größe 4 bis 8 Minuten; sie sollen schön knackig bleiben. Spülen Sie sie unter kaltem Wasser ab und lassen Sie sie abtropfen.

Salz, Pfeffer
1 junge Ente (2 kg, ausgenommen und gebunden)
1 El Erdnußöl

Braten Sie die Ente:

Heizen Sie das Rohr vor (240°C, Thermostat Stufe 8). Salzen und pfeffern Sie die Ente außen und innen, geben Sie sie in eine Bratpfanne, begießen Sie sie mit einem Eßlöffel Erdnußöl und braten Sie sie ungefähr 45 Minuten im Rohr. Wenn die Ente fertig ist, lassen Sie sie auf einem Grilleinsatz des Backrohrs oder auf einem saugfähigen Papier abtropfen, damit sie ihr ganzes Fett verliert, und stellen sie beiseite.

0,12 l trockener Weißwein
4 cl Armagnac
20 g grüne Pfefferkörner (Dose oder Glas)
$^{1}/_{10}$ Geflügelbrühwürfel
0,3 l Crème fraîche
Salz
2 cl roter Portwein
1 roter Paprika
Salz, Pfeffer

Machen Sie die Pfeffersauce:

Gießen Sie den Weißwein und den Armagnac in einen kleinen Topf und lassen Sie die Flüssigkeit 6—7 Minuten kochen, bis sie auf ein Drittel reduziert ist. Öffnen Sie eine Dose grünen Pfeffer, geben Sie den Pfeffer in eine Schüssel, füllen Sie die Dose mit kaltem Wasser auf, um die Flüssigkeit, in der der Pfeffer eingelegt war, zu verdünnen, gießen Sie die Dose voll Wasser in einen Topf, fügen Sie 6 cl Geflügelbrühe, die Sie aus $^{1}/_{10}$ Brühwürfel auf 6 cl Wasser hergestellt haben, hinzu, lassen Sie beides zusammen 5 Minuten einkochen, rühren Sie die Crème fraîche unter, salzen leicht und lassen Sie die Sauce 15 Minuten leicht vor sich hin kochen, um sie um ungefähr ein Fünftel zu reduzieren. Dann fügen Sie den Portwein, den grünen Pfeffer und den in ganz kleine Würfel geschnittenen roten Paprika hinzu und schmecken die Sauce ab.

Kochen Sie das Gericht zu Ende:

Nehmen Sie ein Blatt Alufolie, falten Sie es in die Hälfte, lassen Sie einen Rand offen und schließen Sie die übrigen Ränder so gut wie möglich. Lassen Sie die ganze Ente, die erkaltete Pfeffersauce, die Schwarzwurzeln und die grünen Bohnen in die Alufolie gleiten, wobei Sie darauf achten, daß das Papier nicht reißt, und schieben Sie das Alu-Päckchen für 30 Minuten ins Rohr (200°C, Thermostat Stufe 6). Nach beendeter Kochzeit öffnen Sie die Alufolie, tranchieren die Ente und bringen sie mit den Gemüsen zu Tisch.

Zubereitung: 1 Std.
Kochzeit: 1 Std. 5 Min.
Küchengeräte:
Kartoffel- oder Spargelschäler
Kochtopf
Topf
Bratpfanne
saugfähiges Papier
Alufolie

Das Kochen von weißen Gemüsen
Für einige Gemüse, wie Schwarzwurzeln, Artischockenböden, spanischen Artischocken usw., gibt es eine eigene Kochtechnik: Kochen Sie sie mit Mehl und Zitronensaft. Die Gemüse bewahren durch den Mehlfilm und die Säure der Zitrone ihre Farbe und sehen dann viel hübscher aus.

Blauer Portugieser, Châteauneuf du Pape, Churer Schiller, Dôle, Fitou, Muskat Ottonel, Riesling Spätlese halbtrocken (Rheingau)

Entenbrust in Muscadetsauce

Einkauf

(für 2 Personen):
6 Flußkrebse
1 Schalotte
$^1/_2$ Weinglas Muscadet
(oder Muskat Sylvaner)
2 El Sahne
150 g eiskalte
Butterwürfel
Salz, weißer Pfeffer
Cayenne-Pfeffer
Zitrone
1 Handvoll Sauerampfer
2 El geschlagene Sahne

2 ausgelöste
Barbarie-Entenbrüste
Salz, Pfeffer

Zubereitung: 30 Min.
Kochzeit: 15 Min.
Küchengeräte:
Krebsschere
Schneebesen
Kochtopf
Kasserolle

Machen Sie die Muscadetsauce:

Spülen Sie die Krebse unter fließendem Wasser ab, geben Sie sie in kochendes Salzwasser und lassen Sie sie 7 Minuten ziehen. Nehmen Sie sie heraus und brechen Sie Scheren und Schwänze aus.
Schneiden Sie die Schalotte fein, geben Sie sie in eine Pfanne, gießen Sie den Wein dazu und lassen Sie ihn reduzieren. Füllen Sie mit der Sahne auf und schlagen Sie die eiskalte Butter mit dem Schneebesen stückchenweise ein. Schmecken Sie mit Salz, weißem Pfeffer, Zitrone und Cayenne-Pfeffer ab. Kurz vor dem Servieren geben Sie den gewaschenen, entstielten und in Streifen geschnittenen Sauerampfer und die Krebse in die Sauce und vollenden sie mit der geschlagenen Sahne.

Bereiten Sie die Entenbrust zu:

Würzen Sie die Entenbrüste und braten Sie sie im vorgeheizten Backofen (300°C, Thermostat höchste Stufe) 5 bis 8 Minuten rosa. Stellen Sie sie warm und lassen Sie sie 5 Minuten ruhen. Dann servieren Sie sie mit der Muscadetsauce.

Fendant, Muscadet, Muskat-Sylvaner, Oeil de Perdrix, Riesling Spätlese trocken

Ente mit Orangen

Einkauf:

1 Ente (ca. 2 kg)
5 cl Öl
3 Möhren/Karotten
2 Zwiebeln
10 g Mehl
0,1 l Weißwein
30 g Tomatenmark
1 Kräutersträußchen
Salz, Pfeffer

Bereiten Sie den Entenfond zu:

Zerkleinern Sie den Hals, die Flügel und die Füße der Ente und braten Sie diese in einer Schmorpfanne in etwas Öl goldbraun an. Schälen Sie die Möhren/Karotten und die Zwiebeln und schneiden Sie beides würfelig, fügen Sie das gebratene Entenklein hinzu und braten Sie alles zusammen nochmals einige Minuten. Gießen Sie das Bratfett ab, streuen Sie Mehl zu den Gemüsen und dem Entenklein und gießen Sie mit 0,1 Liter Weißwein und Wasser (insgesamt 0,6 Liter) auf. Rühren Sie das Tomatenmark ein, geben Sie das Kräutersträußchen dazu, salzen und pfeffern Sie und lassen Sie alles zusammen 1 Stunde auf kleiner Flamme vor sich hin kochen.

Salz, Pfeffer
100 g Butter

Braten Sie die Ente:

Würzen Sie die Ente, bestreichen Sie sie mit Butter und braten Sie sie 1 oder 1 1/4 Stunden in einer feuerfesten Schüssel im Rohr, aber nicht länger. Nach beendeter Bratzeit lassen Sie die Ente abtropfen, entfetten den Saft und gießen ihn zum Entenfond, den Sie durch ein Spitzsieb geseiht haben.

10 g Zucker
0,1 l Weinessig
6 cl Grand Marnier
2 Orangen (ungespritzt)
1/2 Zitrone (ungespritzt)
Salz, Pfeffer

Machen Sie die Sauce fertig:

Lassen Sie den Zucker vorsichtig karamelisieren, löschen Sie mit dem Weinessig ab, lassen Sie Zucker und Essig 2 oder 3 Minuten zusammen weiterkochen und gießen Sie die Essig-Zucker-Mischung zum abgeseihten Entenfond. Gießen Sie 6 cl Grand Marnier in die Bratpfanne, in der Sie die Ente gebraten haben, fügen Sie den Entenfond hinzu, lassen Sie ihn erneut aufkochen und seihen Sie ihn wiederum durch ein Spitzsieb.
Während Sie Wasser in einem Topf zum Kochen bringen, schneiden Sie die Schale von 2 Orangen und einer halben Zitrone dünn ab und schneiden diese in feine Streifen, blanchieren sie einige Minuten lang in dem inzwischen kochenden Wasser, spülen sie kurz unter kaltem Wasser ab und lassen die Schalen abtropfen. Mischen Sie die fein geschnittenen Orangen- und Zitronenschalen und den Saft der Orangen und der Zitrone unter den Entenfond, lassen Sie ihn nicht aufkochen und schmecken Sie ihn ab.

3 Orangen

Richten Sie die Ente an:

Schälen Sie die Orangen, filieren Sie sie, nehmen Sie die restliche weiße Haut weg, richten Sie sie appetitlich rund um eine Servierplatte herum an, setzen Sie die Ente in die Mitte und übergießen Sie sie mit etwas heißem Saft. Den restlichen Saft reichen Sie getrennt in einer Sauciere.

Zubereitung: 1 1/4 Std.
Kochzeit: 1 1/4 Std.
Küchengeräte:
Schmorpfanne
feuerfeste Schüssel
Spitzsieb
kleiner Topf
Zitronenpresse

Eine gute Sauce

Lassen Sie vier Entenhälse in entfetteter Geflügelbrühe (wenn Sie keine Geflügelbrühe fertig haben, nehmen Sie Hühnerbrühwürfel) ziehen und reduzieren Sie dann den Fond entsprechend. Der Saft von zwei Orangen und einer Zitrone macht den Saft flüssiger.

Entenbrust in Muscadetsauce ▶

Genfer Gamay, Kluser Gewürztraminer, Lemberger Spätlese trocken (Württemberg), Mercurey, Moulin à Vent, Spätrot-Rotgipfler, Traminer

Geflügelleber mit Radieschen und Wachteleiern

Einkauf:

3 Bund Radieschen
40 g Butter
36 Perlzwiebeln
40 g Butter
15 g Zucker
Salz

Braten Sie zuerst die Radieschen und die Perlzwiebeln an:

Putzen Sie die Radieschen, schneiden Sie die Blätter weg und schneiden Sie sie in dünne Scheibchen. Braten Sie sie 2 bis 3 Minuten in etwas Butter an. Schälen Sie die Perlzwiebeln und dünsten Sie sie in einem Topf mit einem nußgroßen Stück Butter, mit Zucker, einem kleinen Glas Wasser und einer Prise Salz 12 bis 15 Minuten lang.

180 g frischer Speck
2 El Öl
350 g Geflügelleber
Mehl
0,15 l Essig
1/4 l Crème fraîche
1 Knoblauchzehe
Salz, Pfeffer

Bereiten Sie die Geflügellebern zu:

Schneiden Sie den Speck kleinwürfelig und braten Sie ihn in 2 Eßlöffeln Öl goldgelb an. Lassen Sie die Speckwürfel in einem Sieb abtropfen und stellen Sie sie beiseite. Braten Sie in derselben Pfanne die leicht in Mehl gewendeten Geflügellebern 2 bis 3 Minuten.

Gießen Sie das Bratfett ab, gießen Sie mit Essig auf und lassen Sie die Flüssigkeit so lange einkochen, bis der Essig eine sirupartige Konsistenz bekommt.

Fügen Sie die Crème fraîche und die fein gehackte Knoblauchzehe hinzu. Geben Sie die Speckwürfel, die Geflügellebern, die Radieschen und die Zwiebeln in die Pfanne zurück, lassen Sie alles gemeinsam einige Minuten lang weiterkochen und schmecken Sie ab.

18 Wachteleier
40 g Butter
Salz, Pfeffer

Braten Sie die Wachteleier:

Während alles gemeinsam in der Sauce kocht, bereiten Sie die Wachteleier mit etwas Butter wie ganz gewöhnliche Spiegeleier zu und würzen Sie sie mit Salz und Pfeffer.

Richten Sie die Geflügelleber, die Radieschen, die kleinen Zwiebeln, die Speckwürfel und die Sauce auf den Tellern an und setzen Sie auf jeden Teller 3 Wachtel-Spiegeleier.

Zubereitung: 30 Min.
Küchengeräte:
2 Pfannen
Sieb
Topf

◀ Gekochtes Huhn im Topf „Eugénie“

Im Stück, in Rollen oder in Form von kleinen Kugeln verfeinert und bereichert die Butter Ihre gute Küche und belastet Ihre Gesundheit. Die Butter ist zwar eines der am leichtest verdaulichen Fette (zumindest, wenn sie nicht erhitzt wurde), trotzdem sollte man nicht zuviel davon verwenden. Sie können ruhig die Freude am Genießen der Vernunft vorziehen, sofern Sie daran denken, daß die wahre Gefahr nicht die Butter selbst, sondern nur deren übermäßiger Genuß ist.

Aigle, Bordeaux rouge, Cahors, Ostschweizer Süßdruck, Riesling Kabinett halbtrocken (Nahe), St. Laurent, Zweigelt

Junge Rouenaiser Ente „Pays d'Auge"

Einkauf:

2 Enten, je 1,5 kg

Bereiten Sie die Enten vor:

Nehmen Sie die Enten aus, hacken Sie die Flügel und den Hals weg. Lösen Sie die Brüste und Keulen aus.
Wenn Sie glauben, daß Ihnen das nicht gelingt, ersuchen Sie Ihren Geflügelhändler darum, die Enten für Sie wie beschrieben vorzubereiten.

2 Möhren/Karotten
2 Zwiebeln
2 Lauchstangen
1 Stangensellerie
2 Schalotten
1 Knoblauchzehe
1 Kräutersträußchen
1 l Cidre (trockener Apfelwein)
Salz

Bereiten Sie den Entenfond zu:

Zerkleinern Sie mit einem Messer die Knochen und das Entenklein in grobe Stücke, geben Sie sie in eine feuerfeste Schüssel und braten Sie sie im Rohr goldbraun.
Währenddessen schälen Sie die Gemüse: die Möhren/Karotten, die Zwiebeln, den Lauch, den Stangensellerie, die Schalotten und den Knoblauch.
Geben Sie die angebratenen Entenknochen mit den Gemüsen, dem Entenklein und dem Kräutersträußchen in einen Kochtopf, gießen Sie den Apfelwein dazu und lassen Sie alles 20 Minuten kochen. Dann fügen Sie 1 Liter Wasser hinzu, salzen leicht und lassen alles $1^1/_2$ Stunden auf kleiner Flamme weiterkochen.

6 Äpfel
120 g Butter
30 g Kristallzucker
Paniermehl
Salz, Pfeffer

Braten Sie die Entenkeulen:

Schälen und vierteln Sie die Äpfel und bestreichen Sie sie mit zerlassener Butter, bevor Sie sie in Kristallzucker wälzen. Bestreichen Sie auch die Entenkeulen mit Butter, bevor Sie sie mit Paniermehl bestreuen und mit Salz und Pfeffer würzen. Legen Sie die Apfelviertel und die Entenkeulen auf ein Backblech und schieben Sie es für 15 bis 20 Minuten ins mittelheiße Rohr (200°C, Thermostat Stufe 6).

2 Möhren/Karotten
1 Knollensellerie
2 Schalotten
8 schöne Champignons
100 g Butter
Salz, Pfeffer
5 cl Calvados
0,1 l Crème fraîche
50 g Butter

Bereiten Sie die Enten zu:

Schälen Sie die Möhren/Karotten, den Knollensellerie und die Schalotten, putzen Sie die Champignons, indem Sie den sandigen Teil abschneiden und schneiden Sie alle Gemüse in 5 mm große Würfel.
Lassen Sie in einem Topf 100 g Butter zergehen, fügen Sie die würfelig geschnittenen Gemüse hinzu, vermischen Sie alles schnell mit einem Kochlöffel und legen Sie die gesalzenen und gepfefferten Entenbrüste darauf. Decken Sie den Topf zu und lassen Sie alles 12 Minuten auf kleiner Flamme dünsten, damit die Filets innen noch rosig bleiben. Dann schütten Sie das Fett ab und gießen den Calvados dazu, ohne ihn zu flambieren. Nehmen Sie die Entenbrüste aus dem Topf, fügen 2 Gläser des durch ein Spitzsieb abgeseihten Entenfonds und die Crème fraîche hinzu, lassen alles 10 Minuten einkochen und seihen die Sauce durch ein Spitzsieb. Geben Sie die reduzierte Sauce in einen Topf und rühren Sie nach und nach mit einem Schneebesen die Butter in die Sauce.
Währenddessen geben Sie die Entenbrüste, die Keulen und die Äpfel zum Warmhalten ins Rohr.

Zum Servieren:

Entfernen Sie die Haut von den Brüsten, richten Sie die Entenfilets, die Keulen und die Apfelviertel auf einer warmen Platte an, nappieren Sie alles mit der Sauce und bringen Sie das Gericht zu Tisch.

Zubereitung: 2 Std.
Kochzeit: 35 Min.
Küchengeräte:
Messer
feuerfeste Schüssel
Kochtopf
Küchenpinsel
Backrohr
Topf
Spitzsieb
Schneebesen

Blauburger, Blauburgunder, Côtes de Beaune, Chinon, Médoc, Riesling Spätlese (Nahe)

Hasenrücken in leichter Lebersauce

Einkauf:

3 hintere Stücke vom Hasen
2 Vorderteile vom Hasen
1 kleines Glas Hasenblut
2 Hasenherzen
2 Hasenlebern

Was Sie bei Ihrem Wildhändler verlangen:

Ersuchen Sie Ihren Wildhändler, Ihnen aus den hinteren Stücken die Filets auszulösen und Ihnen zwei Vorderteile zu geben. Weiters verlangen Sie — wenn möglich — 1 Glas Blut, 2 Hasenherzen und 2 Lebern.

2 Zwiebeln
3 Möhren/Karotten
4 El Öl
$^{1}/_{4}$ l Weinessig
2 l Burgunder-Rotwein (kleiner Jahrgang)
10 Knoblauchzehen
20 Schalotten
Salz, Pfeffer
1 Kräutersträußchen

Kochen Sie die Zutaten für die Sauce:

Hacken Sie mit einem Messer (mit starker Klinge) die Knochen der hinteren und die vorderen Stücke. Schälen Sie die Zwiebeln und die Möhren/Karotten und schneiden Sie sie blättrig.
Erhitzen Sie in einem Topf 4 Eßlöffel Öl und braten Sie darin die Hasenstücke, die Zwiebeln und die Möhren/Karotten 8 bis 10 Minuten unter ständigem Umrühren an. Fügen Sie den Essig, den Wein, die Knoblauchzehen, die geschälten Schalotten und das Kräutersträußchen hinzu, salzen und pfeffern Sie leicht und lassen Sie alles 2 Stunden lang auf kleiner Flamme ziehen. Schöpfen Sie jede Viertelstunde den Schaum ab.

Seihen Sie die Sauce ab:

Seihen Sie die Sauce anschließend durch ein Spitzsieb, wobei Sie die einzelnen Zutaten gut auspressen, um keinen Saft zu verlieren. Heben Sie die Gemüse auf und pürieren Sie sie im Mixer mit den Herzen und den Lebern. Rühren Sie dieses Püree in die Sauce, lassen Sie sie nochmals auf- und 30 Minuten weiterkochen, seihen Sie sie hierauf erneut durch ein Spitzsieb und lassen Sie sie im Kühlschrank abkühlen.

50 g Butter
Salz, Pfeffer
30 g Butter

Vollenden Sie das Gericht im letzten Moment:

Nehmen Sie die Sauce aus dem Kühlschrank, schöpfen Sie mit einem Löffel das gestockte Fett von der Oberfläche ab und lassen Sie sie 12 Minuten einkochen. Nehmen Sie die Sauce vom Feuer, schlagen Sie mit einem Schneebesen 50 g Butter in die Sauce, würzen Sie nach und rühren Sie mit einem Holzlöffel das Blut ein. Währenddessen salzen und pfeffern Sie die Hasenrücken-Filets und braten sie in einer Pfanne mit etwas Butter auf jeder Seite 2 Minuten an. Lassen Sie die Filets dann auf der offenen Türe des eingeschalteten Backrohrs 4 bis 5 Minuten ziehen und schneiden Sie sie anschließend in dünne Scheiben. Richten Sie die aufgeschnittenen Filets auf einer Platte an, gießen Sie die Sauce darüber und reichen Sie frische Teigwaren dazu.

Zubereitung: 30 Min.
Kochzeit: 2 Std. 35 Min.
Küchengeräte:
Topf
Schaumlöffel
Spitzsieb
Mixer
Schneebesen
Pfanne

Blauburgunder, Blaufränkischer, Côtes de Nuits, Genfer Gamay, Lavaux, Moulin à Vent, Pomerol, Silvaner Kabinett trocken (Rheinhessen)

Hasenrücken mit grünen Linsen

Einkauf:

300 g grüne Linsen
2 Lauchstangen (nur das Weiße verwenden)
2 Möhren/Karotten
100 g Butter
0,2 l Geflügel- oder besser Rinderbrühe
2 Lorbeerblätter
1 cl Balsamico- oder Sherryessig
6 cl flüssige Sahne
Salz, Pfeffer
1 cl Balsamico- oder Sherryessig
2 Schalotten
1 Bund Schnittlauch
Salz, Pfeffer
12 mittelgroße Schalotten
0,1 l Geflügel- oder Rinderbrühe
50 g Butter
50 g Butter

Bereiten Sie die Linsen zu:

Weichen Sie die Linsen 2 Stunden ein, putzen und waschen Sie den Lauch und die Möhren/Karotten und schneiden Sie sie in kleine Würfel. Lassen Sie die Gemüse in Butter anziehen, geben Sie ein Lorbeerblatt dazu, füllen Sie mit Brühe auf und kochen Sie die Linsen knackig. Stellen Sie die Hälfte der Linsen beiseite, die andere Hälfte lassen Sie im Sud etwas weicher kochen. Entfernen Sie das Lorbeerblatt, pürieren Sie die Linsen im Mixer und passieren Sie sie durch ein Sieb. Geben Sie sie in eine Sauteuse, fügen Sie Balsamico-Essig und flüssige Sahne hinzu, schmecken Sie mit Salz und Pfeffer ab. Erwärmen Sie die andere Hälfte der Linsen mit etwas Balsamico-Essig, den 2 gehackten Schalotten und dem Schnittlauch und schmecken Sie ebenfalls mit Salz und Pfeffer ab. Kochen Sie die ungeschälten, mittelgroßen Schalotten mit etwas Butter und Brühe gar, schälen Sie sie und sautieren Sie sie anschließend kurz in etwas Butter.

3 Hasenrücken
Salz, Pfeffer

Braten Sie den Hasenrücken:

Salzen und pfeffern Sie die Hasenrücken, braten Sie sie rosa, lassen Sie sie 5 Minuten ruhen und schneiden Sie sie dann in Medaillons auf.

Zum Servieren:

Geben Sie die Linsen auf die Teller, legen Sie darauf die Schalotten, gießen Sie die Sauce darüber und verteilen Sie darauf die Hasenmedaillons.

Vorbereitung: 3 Std.
Kochzeit: 10—12 Min.
Küchengeräte:
Sauteuse
Bratpfanne
Mixer
Sieb

Einem guten Hasen auf der Spur

Ein frischer Hase kostet meist doppelt soviel wie ein tiefgekühlter. Ob ein Hase aus der Tiefkühltruhe kommt, erkennen Sie leicht an seinem glänzenden, aber wenig festen Fell, an seinem nassen Maul und seinem weichen Fleisch. Einen jungen Hasen erkennen Sie daran, daß die Haut an der Innenseite der Schenkel platzt, wenn Sie sie zusammendrücken. Ein schöner Hase wiegt zwischen 2,5 und 5 kg, doch verliert er durch das Ausnehmen bis zu 30 Prozent seines Gewichts.
Verwenden Sie nur frisches Wild und nehmen Sie für dieses Gericht wenn möglich kleine Linsen.

Blauburgunder, Côtes de Nuits, Dézaley, Riesling Kabinett halbtrocken (Rheingau)

Gekochtes Huhn im Topf „Eugénie"

Einkauf:

einige Hühnerbrühwürfel
370 g Möhren/Karotten
370 g weiße Rüben
370 g Zucchini
370 g Lauch
1 kleiner Kohlkopf
(ca. 250 g)

Bereiten Sie die Gemüse vor:

Bringen Sie 4 Liter Wasser in einem Kochtopf zum Kochen und lösen Sie darin die der Flüssigkeitsmenge entsprechende Anzahl von Hühnerbrühwürfeln auf. Schälen Sie die Möhren/Karotten, die weißen Rüben und die Zucchini. Putzen Sie den Lauch und schneiden Sie das Grüne weg, den weißen Teil des Lauchs schneiden Sie in Stücke. Putzen Sie den Kohl und lassen Sie ihn ganz. Stellen Sie diese Gemüse zum Kochen des Huhnes beiseite.

100 g Möhren/Karotten
45 g weiße Rüben
70 g Champignons
45 g Tomaten
je 1 Bund Kerbel,
Petersilie und Estragon
1 Hühnerleber
1 ganzes Ei
1 Eiweiß
1 schönes Huhn
oder Masthuhn
bzw. Poularde (2,5 kg)

Bereiten Sie die Gemüsefülle vor:

Schälen Sie die Möhren/Karotten, die weißen Rüben, die Champignons und die Tomaten und schneiden Sie alle diese Gemüse würfelig. Hacken Sie den Kerbel, die Petersilie und den Estragon fein. Vermischen Sie die Gemüsewürfel mit der kleingehackten Hühnerleber und verrühren Sie die Masse mit dem ganzen Ei und dem Eiweiß. Breiten Sie auf Ihrer Arbeitsfläche ein Passiertuch aus und verteilen Sie darauf die Gemüsemasse. Formen Sie die Masse zu einer Wurst, rollen Sie sie mit dem Passiertuch ein und binden Sie sie an den beiden Enden ab. Umwickeln Sie die Gemüsewurst ihrer ganzen Länge nach mit Küchenfaden, um ihr etwas Halt zu geben. Geben Sie das Huhn mit den Gemüsen und der Gemüsewurst in die Suppe und kochen Sie alles gemeinsam 45 Minuten vom ersten Aufkochen an gerechnet.

500 g Blattspinat
Salz
350 g Champignons
1 Knoblauchzehe
1 Schalotte
Petersilie
200 g Tomaten
Thymian
Salz, Pfeffer

Bereiten Sie den Champignonkuchen zu:

Verlesen Sie den Spinat und kochen Sie ihn 15 Minuten in Salzwasser. Dann lassen Sie ihn abtropfen und hacken ihn. Putzen Sie die Champignons. Dünsten Sie sie in einer Pfanne ohne Fett mit dem Knoblauch, der Petersilie und der gehackten Schalotte.
Fügen Sie die geschälten und entkernten Tomaten hinzu (die Sie vor dem Schälen einige Sekunden in heißes Wasser getaucht und kalt abgeschreckt haben) und würzen Sie mit einer Prise geriebenem Thymian, Salz und Pfeffer. Legen Sie eine Kuchenform mit einer Lage Blattspinat aus (Boden und Wände), verteilen Sie darauf die Champignonmasse und bedecken Sie die Champignons mit einer neuerlichen Lage Blattspinat. Schieben Sie die Backform hierauf für 15 Minuten ins heiße Rohr (200°C, Thermostat Stufe 6).

1 Gurke
2 Tomaten
100 g Champignons
2 Paprika
Weinessig
500 g Quark/Topfen
Salz, Pfeffer

Bereiten Sie die Sauce Grelette zu:

Bevor Sie mit dem Kochen beginnen, schneiden Sie eine kleine, geschälte Gurke, 2 Tomaten, 100 g Champignons und 2 Paprika in ganz kleine Würfel und lassen sie 12 Stunden lang in gutem Weinessig ziehen.
Wenn Sie das Huhn auftragen, lassen Sie die Gemüse gut abtropfen, vermischen sie mit dem Quark/Topfen und würzen sie mit Salz und Pfeffer.

Zum Servieren:

Nehmen Sie das Huhn aus der Suppe, tranchieren Sie es, richten Sie es auf einer Platte mit den Gemüsen und der Gemüsewurst an und reichen Sie dazu die Sauce Grelette und den Champignonkuchen.

Zubereitung: 1 Std.
Zeit zum Ziehen der Gemüse: 12 Std.
Kochzeit: 45 Min.
Küchengeräte:
Kochtopf
Passiertuch
Küchenfaden
großer Topf
Pfanne
Kuchenform, 22 cm Durchmesser

Achtung: Die Gemüse für die Sauce Grelette müssen 12 Stunden lang in Weinessig ziehen. Sie müssen diese kleine Vorbereitung also rechtzeitig treffen.
Für den Kuchen können Sie auch tiefgekühlten Blattspinat verwenden, den Sie kurz erwärmen und dann gut abtropfen lassen.

Blaufränkischer, Ermitage sec, Graves, Johannisberg du Valais, Paulliac, Saint-Emilion, Spätburgunder Kabinett trocken (Baden), St. Laurent

Huhn en Papillotes mit Gemüsen

Einkauf:

$1^1/_2$ Hühner
($^1/_4$ Huhn pro Person)
1 junger Kohlkopf
Salz
6 mittelgroße Möhren/Karotten
6 weiße Rüben
Thymian
6 Zweige Estragon
0,3 l Crème fraîche
Salz, Pfeffer

Bereiten Sie die Hühnerrouladen zu:

Ersuchen Sie Ihren Geflügelhändler, die Hühner zu vierteln. Befreien Sie den Kohlkopf von seinem Strunk und den groben Rippen, entblättern Sie ihn und waschen Sie die Blätter sorgfältig. Kochen Sie die Kohlblätter 3 Minuten in Salzwasser, schälen Sie die Möhren/Karotten und die weißen Rüben und schneiden Sie sie in feine Streifen (nach Art der Julienne-Gemüse).
Nehmen Sie für jede Person ein großes Blatt Alufolie, breiten Sie darauf 2 Kohlblätter aus, setzen Sie ein Viertel Huhn darauf, verteilen Sie die Möhren/Karotten und weißen Rüben darüber, geben Sie je einen Zweig Thymian und Estragon und einen Dessertlöffel Crème fraîche dazu. Würzen Sie und decken alles mit einem Kohlblatt zu, schließen Sie die Alufolie vorsichtig fest zusammen und geben Sie sie ins heiße Rohr (220°C, Thermostat Stufe 7). Rechnen Sie für die Stücke mit den Flügeln 25 Minuten Bratzeit und für die Stücke mit den Keulen 30 Minuten.

Zubereitung: 20 Min.
Kochzeit: 25—30 Min.
Küchengeräte:
Kochtopf
Alufolie

Bordeaux jeune, Genfer Gamay, Müller-Thurgau Kabinett trocken (Franken), Ostschweizer Blauburgunder, Rheinriesling, Sancerre rouge

Huhn in Aspik

Einkauf:

1 Bressehuhn
oder Masthuhn bzw.
Poularde (ca. 1,7 kg)
2 Stämmchen Estragon
5 cl milder Essig
2 Fenchelknollen
0,5 l Hühneraspik (im Handel erhältlich)
250 g Gänseleberpastete
Salz, Pfeffer

Bereiten Sie die einzelnen Zutaten vor:

Braten Sie das Huhn insgesamt eine halbe Stunde lang — das heißt 12 Minuten auf jeder Seite und dann auf dem Rücken — damit das Fleisch innen noch zart rosig ist. Tranchieren Sie das Huhn, entfernen Sie die Haut vollständig und lösen Sie alle Knochen aus, auch von den Keulen und Flügeln, ohne dabei die einzelnen Stücke zu sehr zu zerstören. Dann schlichten Sie das ausgelöste und enthäutete Fleisch in eine ovale Schüssel und würzen es mit Salz und Pfeffer.
Hacken Sie den Estragon grob und streuen Sie einen Teil davon über das Hühnerfleisch.
Begießen Sie alles mit mildem Essig und lassen Sie das Fleisch so 1 Stunde bei Zimmertemperatur ziehen. Währenddessen kochen Sie den Fenchel in Salzwasser weich, lassen ihn abtropfen und auskühlen und schneiden ihn anschließend in 1 cm dicke Scheiben.
Erhitzen Sie das Hühneraspik, damit es flüssig wird, und mischen Sie den restlichen Estragon darunter. Hierauf schneiden Sie die Gänseleberpastete in 5 mm starke Scheiben und entfernen den Fettrand.

Bereiten Sie die Pastete zu:

Gießen Sie den Boden einer 32 cm langen Pastetenform 5 mm hoch mit Hühneraspik aus und lassen Sie es im Kühlschrank fest werden. Darauf schlichten Sie eine Lage Hühnerfleisch, wobei Sie Stücke, die zu dick sind, entsprechend zerschneiden. Auf das Hühnerfleisch folgt eine Lage Gänseleber, darauf eine Lage Fenchel, wiederum eine Lage Gänseleber und zum Abschluß eine neuerliche Lage Hühnerfleisch. Gießen Sie die Pastete mit dem restlichen Hühneraspik aus, schlagen Sie die Pastetenform mehrmals kräftig auf Ihrer Arbeitsfläche auf, damit sich das Aspik gleichmäßig verteilt und eine glatte Oberfläche bildet, und lassen Sie die Pastete mindestens 12 Stunden lang im Kühlschrank anziehen.

1 Fenchelknolle
Essig, Öl
Salz, Pfeffer

Richten Sie die Pastete an:

Schneiden Sie den rohen Fenchel in dünne Scheiben, bereiten Sie aus dem Essig, dem Öl, dem Salz und dem Pfeffer eine leichte Marinade zu und gießen Sie sie über den Fenchel.
Schneiden Sie die Pastete in stärkere Scheiben, wobei Sie darauf achten, daß sie möglichst nicht zerfällt, richten Sie auf jedem Teller eine Scheibe an und garnieren Sie die Pastete rechts und links jeweils mit einigen marinierten Fenchelscheiben.

<u>Zubereitung:</u> 2 Std.
<u>Kochzeit:</u> 1 Std.
<u>Kühlzeit:</u> 12 Std.
<u>Küchengeräte:</u>
Pfanne
Kasserolle
Pastetenform, 32 cm lang
ovale Schüssel

Aigle, Müller Thurgau, Neuburger

Huhn „Mqualli“ mit eingelegten Zitronen

Einkauf:

2 Hühner, je 1,2 kg, mit Herz und Leber
3 El Öl
50 g Butter
Ingwerpulver
Safran
1 Zwiebel
1 Knoblauchzehe
12 eingelegte Oliven
1 oder 2 eingelegte Zitronen
Salz, Pfeffer

Bereiten Sie das Huhn zu:

Lassen Sie die Hühner von Ihrem Geflügelhändler in Stücke zerteilen. Geben Sie sie mit den Innereien (Herzen und Lebern) in einen Topf, fügen Sie 3 Eßlöffel Öl, 50 g Butter, 1 gehäuften Kaffeelöffel Ingwer, eine Prise Safran, eine ganze, geschälte Zwiebel, eine ausgepreßte Knoblauchzehe und 2 Gläser Wasser hinzu und lassen Sie alles zugedeckt einmal aufkochen. Drehen Sie die Hühnerstücke um, rühren Sie kräftig, um die Gewürze gut zu vermischen und lassen Sie alles auf kleiner Flamme 45 Minuten weiterkochen.
Achten Sie darauf, daß die Flüssigkeit nicht zu sehr einkocht, und gießen Sie, wenn nötig, Wasser dazu. Drehen Sie die Hühnerstücke während des Kochens immer wieder um und nehmen Sie die Zwiebel aus dem Topf, wenn sie weichgekocht ist. Wenn die Hühnerstücke durch sind, fügen Sie die Oliven und die zerkleinerte Schale der eingelegten Zitronen hinzu. Lassen Sie alles einige Minuten ziehen und schmecken Sie ab.

Binden Sie die Sauce:

Nehmen Sie eine Hühnerleber aus dem Topf, pürieren Sie sie mit der beiseitegelegten Zwiebel im Mixer und binden Sie damit die Sauce. Lassen Sie die Sauce aufkochen und nehmen Sie sie vom Feuer, sobald sie einzudicken beginnt.

Bringen Sie das Huhn zu Tisch:

Richten Sie die Hühnerstücke auf einer Platte an und gießen Sie die Zitronensauce darüber. Zu diesem Gericht können Sie kleine glasierte Zwiebeln reichen.

Zubereitung: 30 Min.
Kochzeit: 45 Min.
Küchengeräte:
Topf
Mixer

Eingelegte Zitronen
In Salz eingelegte Zitronen bekommt man meist in Feinkost-Geschäften oder kann diese bestellen. Die so behandelten Zitronen sind gut haltbar. Sie können daher gleich einen ganzen Topf voll kaufen und im Kühlschrank aufbewahren. Speisen, die Sie mit diesen Zitronen würzen, sollten Sie nicht zusätzlich salzen, da die Zitronen das nötige Salz abgeben.

Brouilly, Goron, Merlot del Ticino, Neuburger, Riesling Kabinett halbtrocken (Nahe)

Fasan mit Kohl

Einkauf:

2 mittelgroße Kohlköpfe
Salz
500 g Möhren/Karotten
500 g weiße Rüben
15 g Schweinefett
2 Hühnerbrühwürfel
1 Kräutersträußchen
1 geräucherte Schweineschwarte
Salz

Bereiten Sie die Gemüse zu:

Vierteln Sie den Kohl, entfernen Sie die groben Rippen und den Strunk und waschen Sie die Blätter sorgfältig. Überbrühen Sie die Kohlblätter ca. 4 Minuten in einem Topf mit kochendem Salzwasser und lassen Sie sie dann abtropfen. Während die Kohlblätter kochen, schälen Sie die Möhren/Karotten und die weißen Rüben und schneiden sie in dünne Scheibchen. Lassen Sie das Schweinefett in einem gußeisernen Topf zergehen und braten Sie darin die Hälfte der Möhren/Karotten und der weißen Rüben 4 bis 5 Minuten an. Dann legen Sie die gut abgetropften Kohlblätter auf das Gemüse, gießen mit ca. 1,5 Liter Brühe auf (entweder aus Brühwürfeln oder nach unserem Rezept S. 262 zubereitete Hühnerbrühe), fügen das Kräutersträußchen und die geräucherte Speckschwarte hinzu und lassen alles 1 Stunde lang, oder wenn nötig auch länger, auf kleiner Flamme kochen. 15 Minuten bevor der Kohl fertig gekocht ist, geben Sie die zweite Hälfte der Möhren/Karotten und der weißen Rüben für 12 Minuten in kochendes Salzwasser. Wenn der Kohl fertig gekocht ist, lassen Sie den Sud einkochen.

1 kleine Kochwurst
150 g geräucherte Schweinsbrust

Kochen Sie das Schweinefleisch:

Bringen Sie Wasser in einem Topf zum Kochen, salzen Sie nicht und lassen Sie darin die Wurst und die Schweinebrust 40 Minuten kochen. Lassen Sie die Wurst und die Schweinebrust abtropfen und schneiden Sie beides in dünne Scheiben.

1 schöner ausgenommener und gebundener Fasan
50 g Butter
Salz, Pfeffer

Braten Sie den Fasan:

Legen Sie den Fasan in eine feuerfeste Schüssel, bestreichen Sie ihn mit Butter, salzen und pfeffern Sie ihn und braten Sie ihn ungefähr 30 Minuten lang im heißen Rohr (220°C, Thermostat Stufe 7). Wenn er fertiggebraten ist, stellen Sie ihn warm.

Kochen Sie das Gericht zu Ende:

Belegen Sie den Boden einer feuerfesten Schüssel mit den Möhren/Karotten- und Rübenscheibchen, die Sie in Salzwasser gekocht haben, und mit den Wurst- und Schweinebrustscheiben und verteilen Sie die Hälfte des gut abgetropften Kohls darüber. Schneiden Sie den Fasan in die Hälfte, heben Sie den Bratensaft auf, legen Sie den Fasan auf die Gemüse und bedecken Sie ihn mit dem restlichen Kohl und gießen Sie den einreduzierten Kohlsaft darüber. Schieben Sie die Schüssel für 8 bis 10 Minuten ins mittelheiße Rohr (200°C, Thermostat Stufe 6). Servieren Sie ihn anschließend heiß.

Zubereitung: 30 Min.
Kochzeit: 1 Std.
Küchengeräte:
2 Töpfe
gußeiserner Topf
feuerfeste Schüssel

Da man im deutschen Sprachraum selten frische Fasane bekommt, sind die viel zarteren und fleischigeren Hennen vorzuziehen. Achten Sie darauf, daß der Fasan keine Federn verliert (sonst war er gefroren) und daß der Schnabel keinen Geruch hat. Wenn der Fasan bereits gerupft ist, schauen Sie, daß das Fleisch keine grünlichen Flecken aufweist.

Blauburgunder, Blauer Portugieser, Coteaux d'Aix rouge, Humagne rouge, Merlot del Ticino, Pomerol, Riesling Spätlese trocken (Württemberg)

Gefüllte Junghühnerbrust mit Sauerampfer

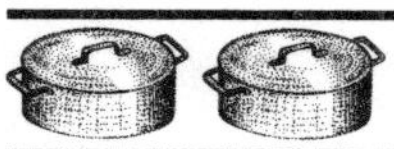

Einkauf:

150 g gehacktes Geflügelfleisch (am besten von den Keulen)
1 Ei
1 Eigelb
150 g Sahne
Salz, Pfeffer
6 doppelte Junghühnerbrüste
Salz, Pfeffer
24 kleine Sauerampferblätter
1 Schweinenetz

1 Schuß milder Rotwein
$^1/_4$ l Geflügelfond
200 g Butter
einige Sauerampferblätter

Zubereitung: 1 Std.
Kochzeit: 10—15 Min.
Küchengeräte:
Pfanne

Bereiten Sie die Hühnerbrüste zu:

Vermischen Sie das gehackte Geflügelfleisch, ein ganzes Ei und ein Eigelb, 150 g Sahne, Salz und Pfeffer zu einer Geflügelfarce. Lösen Sie die Geflügelbrüste vom Rücken her von den Knochen, salzen und pfeffern Sie sie und belegen Sie sie mit den Sauerampferblättern. Streichen Sie die Geflügelfarce auf, klappen Sie die Brüstchen zusammen und rollen Sie sie ins Schweinenetz.
Braten Sie sie in der Pfanne kurz an und schieben Sie sie dann für 6 bis 8 Minuten ins Backrohr (180°C, Thermostat Stufe 5). Die Brüstchen sollen rosa bleiben.

Machen Sie die Sauce:

In der Zwischenzeit löschen Sie den Bratrückstand mit Rotwein ab und gießen mit Geflügelfond auf. Lassen Sie die Flüssigkeit einkochen, rühren Sie die eiskalte Butter ein, schmecken Sie ab und geben Sie etwas geschnittenen Sauerampfer bei.

Zum Servieren:

Schneiden Sie die Geflügelbrüstchen auf, geben Sie die Sauce dazu und garnieren Sie sie mit frischen Gemüsen.

Blauer Zweigelt, Johannisberg du Valais, Weißburgunder Kabinett trocken (Rheinpfalz)

Kaninchenrücken mit Mairübchen und Thymian-Buttersauce

Einkauf:

(für 2 Personen):
1 Kaninchenrücken
(ca. 550 g)
Salz
Pfeffer aus der Mühle
100 g Frühlingszwiebeln
(netto)
150 g Mairübchen
mit grün (netto)

1 El Olivenöl
10 g gesalzene Butter
Salz, Zucker
Thymianzweig
10 g Butter
1 El Olivenöl
Zucker, Salz
Pfeffer aus der Mühle

4 cl Geflügelbrühe
4 cl Limetten- oder
Zitronensaft
2 cl Sahne
30 g gesalzene Butter
Cayenne-Pfeffer
gerebelter Thymian
1 El geschlagene Sahne

Leber und Niere vom
Kaninchen
Kerbel

Bereiten Sie die Zutaten vor:

Schneiden Sie den Kaninchenrücken, so wie er gewachsen ist, mit den Knochen in vier Teile. Salzen und pfeffern Sie sie innen und außen, schlagen Sie die Bauchlappen übereinander und binden Sie sie mit einer Schnur zusammen. Stellen Sie Leber und Niere beiseite.
Waschen und putzen Sie die Frühlingszwiebeln, schneiden Sie das Grüne weg. Schälen Sie die Mairübchen ganz dünn und schneiden Sie sie in 1 cm dicke Stifte. Schneiden Sie die feinen grünen Rübchenblätter in Streifen.

Braten Sie den Kaninchenrücken:

Lassen Sie in der Kupferkasserolle Butter und Olivenöl hell aufschäumen, geben Sie das Kaninchen hinein und lassen Sie es auf allen Seiten schön Farbe nehmen. Dabei ist es von größter Wichtigkeit, daß die Butter nicht verbrennt. Fügen Sie die Frühlingszwiebeln bei, salzen Sie leicht und bestreuen Sie sie mit einer Prise Zucker. Lassen Sie diese ebenfalls leicht anbräunen.
Fügen Sie den Thymianzweig bei und schieben Sie die Kasserolle in das auf 200°C (Thermostat Stufe 6) vorgewärmte Rohr. Lassen Sie das Kaninchen ca. 40 Minuten im eigenen Saft schmoren. Wenn nötig, lösen Sie den Bratensatz mit etwas Wasser los. Übergießen Sie das Kaninchen immer wieder mit dem eigenen Saft.
10 Minuten, bevor das Kaninchen fertig ist, geben Sie die Stifte der Mairübchen in kochendes Salzwasser, lassen sie einmal aufkochen und schütten sie dann zum Abtropfen in ein Sieb. Lassen Sie in einer Teflonpfanne 10 g Butter und 1 Eßlöffel Öl hellbraun aufschäumen, fügen Sie die Mairübchen bei, bestreuen Sie sie mit Salz und Pfeffer aus der Mühle und schwenken Sie sie in der Pfanne. Geben Sie sie auf ein Sieb und fügen Sie sie für die letzten 5 Minuten dem Kaninchen bei.

Machen Sie die Thymian-Buttersauce:

Lassen Sie Geflügelbrühe, Limettensaft und Sahne aufkochen, montieren Sie die eiskalte Butter mit dem Stabmixer ein. Lassen Sie die Sauce nochmals kurz aufkochen, fügen Sie etwas Cayenne-Pfeffer bei und heben Sie im letzten Moment die geschlagene Sahne und den Thymian unter.

Zum Servieren:

Entfernen Sie die Schnur vom Kaninchenrücken, braten Sie Leber und Niere kurz an und fügen Sie sie bei. Legen Sie die Kaninchenstücke in die Mitte eines heißen Tellers, fügen Sie die Zwiebeln und die Mairübchen hinzu, übergießen Sie sie mit dem Bratensaft und bestreuen Sie sie mit den gehackten Mairübchenblättern. Umgießen Sie die Kaninchenstücke mit der Thymian-Buttersauce und garnieren Sie das Ganze mit Kerbel.

Vorbereitung: 1 Std.
Kochzeit: 40—50 Min.
Küchengeräte:
Kupferkasserolle
Schnur
Topf
Teflonpfanne
Stabmixer

Dies ist ein ausgesprochenes Frühlingsgericht. Auch Kaninchenschulter eignet sich für dieses Rezept. Man kann auch das Kaninchen bzw. den Rücken füllen und im Ganzen braten und anschließend schneiden.

Brüssele Samtrot Auslese trocken (Württemberg), Maienfelder, St. Laurent, Trollinger Spätlese trocken (Württemberg)

Kaninchen „Mont-de-Marsan“

Einkauf:

1 Kaninchen (1,5 kg)
50 g Gänsefett
$^1/_2$ Glas Weißwein
$^1/_2$ Glas Hühnerbrühe
Salz, Pfeffer
1 Knoblauchzehe
Petersilie

Bereiten Sie das Kaninchen zu:

Ersuchen Sie Ihren Wildhändler, das Kaninchen in möglichst kleine Stücke zu zerteilen, weil es in kurzer Zeit durch sein soll. Lassen Sie in einer Pfanne das Gänsefett heiß werden und braten Sie darin die Kaninchenstücke von allen Seiten gleichmäßig goldbraun an. Das wird ungefähr 8 bis 10 Minuten dauern. Dann stellen Sie das Kaninchen auf einer Platte warm, während Sie die Sauce zubereiten.
Gießen Sie den Wein und die Hühnerbrühe (die Sie entweder nach unserem Rezept, S. 262, oder aus Brühwürfeln zubereitet haben) in die Pfanne, lösen Sie die Bratreste mit einem Kochlöffel vom Boden und schmecken die Sauce ab. Bestreuen Sie das Kaninchen mit ganz kleinen Knoblauchstückchen und mit gehackter Petersilie und begießen Sie es mit der Sauce. Dieses Gericht bringen Sie mit Nudeln oder mit Knoblauchkroketten (Rezept S. 191) zu Tisch.

Zubereitung: 5 Min.
Kochzeit: 10 Min.
Küchengeräte:
Pfanne

Bergerac rouge, Fendant, Silvaner Kabinett trocken (Rheinhessen), St. Laurent

Kaninchenfrikassee

Einkauf:

1 Kaninchen (1,5 kg)
40 g Butter
1 l leichter Weißwein
(junger Burgunder)
1 Kräutersträußchen
40 g Butter
Salz

Beginnen Sie mit dem Kaninchen:

Ersuchen Sie Ihren Wildhändler, Ihnen das Vordere des Kaninchens (Brustkorb und Hals) in kleine Stücke zu zerteilen. Braten Sie diese Stücke in einem Topf in 40 g Butter goldbraun an, löschen Sie mit dem Weißwein ab und lassen Sie alles aufkochen. Fügen Sie das Kräutersträußchen hinzu und lassen Sie alles gemeinsam 30 Minuten leicht kochen. Seihen Sie den Inhalt des Topfes danach durch ein Spitzsieb, wobei Sie mit der Rückseite eines Löffels den Saft aus den Kaninchenstücken und dem Kräutersträußchen pressen. Lassen Sie in einer Schmorpfanne ein Stück Butter heiß werden, braten Sie darin das restliche Kaninchen von allen Seiten gut an, salzen und pfeffern Sie und lassen Sie das Kaninchen zugedeckt 20 bis 25 Minuten auf mittlerer Flamme weiterbraten.

3 Möhren/Karotten
3 weiße Rüben
3 Lauchstangen
3 Zwiebeln
Salz

Bereiten Sie das Gemüsepüree zu:

Schälen Sie die Möhren/Karotten, die weißen Rüben, den Lauch und die Zwiebeln und kochen Sie alle Gemüse gemeinsam 20 Minuten in Salzwasser. Lassen Sie sie abtropfen und pürieren Sie sie im Mixer. Dann stellen Sie das Gemüsepüree beiseite.

Salz, Pfeffer

Kochen Sie das Gericht zu Ende:

Vermischen Sie in einem Topf den eingekochten Fond und das Gemüsepüree, rühren Sie mit einem Kochlöffel gut um, schmecken Sie ab und lassen Sie die so erhaltene Sauce aufkochen. Geben Sie die Kaninchenstücke eines nach dem anderen in den Topf, wobei Sie darauf achten, daß das Bratfett gut abgetropft ist, und lassen Sie sie 4 Minuten in der Sauce ziehen. Dann bringen Sie das Frikassee zu Tisch.

Zubereitung: 1 Std.
Kochzeit: 30 Min.
Küchengeräte:
Topf
Spitzsieb
Schmorpfanne
Mixer

Blauburger, Bourgogne rouge, Merlot del Ticino, Müller-Thurgau Kabinett trocken (Franken), Ruländer

Kanincheneintopf

Einkauf:

1 frischer Kohlkopf
1 Kaninchen (1,8 kg)
2 Knoblauchzehen
1 Kräutersträußchen
Salz

Treffen Sie die notwendigen Vorbereitungen:

Schneiden Sie den Kohlkopf in vier Teile. Entfernen Sie den Strunk und die groben Rippen und blanchieren Sie ihn 5 Minuten in kochendem Wasser. Geben Sie das zerteilte Kaninchen mit den Knoblauchzehen und dem Kräutersträußchen in einen Topf, gießen Sie mit soviel Wasser auf, daß der Inhalt gerade bedeckt ist, lassen Sie alles — nicht zugedeckt — 30 Minuten leicht vor sich hin kochen und schöpfen Sie laufend den Schaum ab, der sich auf der Oberfläche bildet.

6 Möhren/Karotten
6 weiße Rüben
3 Lauchstangen
12 kleine, weiße Zwiebeln
1 Fenchelknolle
1 Stangensellerie
Salz, Pfeffer

Fügen Sie das Gemüse hinzu:

Währenddessen schälen Sie die Möhren/Karotten, die weißen Rüben, den Lauch und die weißen Zwiebeln. Putzen Sie den Fenchel und den Stangensellerie und schneiden Sie alles in Stücke.
Nachdem das Kaninchen 30 Minuten gekocht hat, fügen Sie das Gemüse hinzu, zuerst die Möhren/Karotten und die weißen Rüben, 5 Minuten später den Fenchel, den Lauch und den Sellerie und nach weiteren 5 Minuten schließlich den blanchierten Kohl. Würzen Sie nach und lassen Sie alles gemeinsam 15 bis 30 Minuten weiterkochen.

Bringen Sie den Kanincheneintopf zu Tisch:

Sie können dieses Gericht auf zwei verschiedene Arten servieren. Entweder Sie tragen zuerst die Suppe auf und dann das Fleisch mit den Gemüsen oder Sie bringen alles gemeinsam zu Tisch. Bei dieser Variante pürieren Sie vorher ein Viertel der Gemüse im Mixer und binden die Suppe vor dem Servieren mit dem Gemüsepüree.

Zubereitung: 20 Min.
Kochzeit: ca. 1 Std.
Küchengeräte:
Topf
feuerfeste Schüssel
Schaumlöffel

Der Eintopf ist ein sehr wandlungsfähiges Gericht. Sie können das Kaninchen ohne weiters durch Zunge, Kalbshaxe, Huhn oder Perlhuhn ersetzen.

Beaujolais, Bourgueil, Dôle, Silvaner Kabinett trocken (Rheinhessen), St. Laurent (kellerkühl)

Masthuhneintopf nach Art der Touraine

Einkauf:

1 Kalbszunge
1 Zitrone

1 Masthuhn (2 kg)
$^1/_2$ Zitrone
350 g Möhren/Karotten
300 g weiße Rüben
6 Lauchstangen (nur das Weiße verwenden)
Salz
1 Kohlkopf
3 schöne Markknochen
Salz
10 Ochsenschwanzstücke

20 g Salz
1 Stämmchen Thymian
2 Lorbeerblätter
Salz, Pfeffer
frischer Kerbel
grobes Salz
Essiggürkchen
Senf

Wässern Sie die Kalbszunge:

Legen Sie die Kalbszunge für ungefähr 4 Stunden (abhängig von der Größe) zum Wässern in frisches Zitronenwasser. Geben Sie sie dann in einen Topf, bedecken Sie sie mit Wasser und lassen Sie sie 5 Minuten kochen. Ziehen Sie die Haut ab und stellen Sie sie beiseite.

Blanchieren Sie die Zutaten:

Reiben Sie das Huhn mit der halben Zitrone ein. Geben Sie es in einen Kochtopf, bedecken Sie es mit kochendem Wasser und lassen Sie es 8 bis 10 Minuten langsam kochen. Dann nehmen Sie den Topf vom Feuer und gießen das Kochwasser ab. Schälen Sie die Möhren/Karotten und die weißen Rüben, putzen Sie den Lauch und schneiden Sie alle Gemüse würfelig. Geben Sie die Gemüsewürfel in einen Topf mit kochendem Salzwasser, kochen Sie sie 5 Minuten, lassen Sie sie abtropfen und stellen Sie sie beiseite. Ebenso kochen Sie den in dünne Streifen geschnittenen Kohl.
Bestreuen Sie die Markknochen (das Mark) mit Salz und blanchieren Sie sie gemeinsam mit den Ochsenschwanzstücken ebenfalls 5 Minuten in kochendem Wasser.

Kochen Sie das Huhn:

Wenn alle Zutaten blanchiert sind, geben Sie das Huhn mit den Ochsenschwanzstücken und der enthäuteten Zunge zurück in den Kochtopf. Gießen Sie mit 2,5 Liter kochendem Wasser auf und lassen Sie alles 15 Minuten ziehen, ohne daß das Wasser zu wallen beginnt. Dann fügen Sie 20 g Salz, das Gemüse, 1 Stämmchen Thymian und 2 Lorbeerblätter hinzu und lassen alles 25 Minuten weiterkochen. 5 Minuten vor Ende der Kochzeit geben Sie die blanchierten Markknochen dazu und würzen nach. Nehmen Sie das Huhn aus dem Kochtopf, tranchieren Sie es und richten Sie es mit allen Gemüsen auf einer Platte an. Bestreuen Sie es mit frisch gehacktem Kerbel und bringen Sie es mit grobem Salz, Essiggürkchen und Senf zu Tisch.

Zubereitung: 45 Min.
Zeit zum Wässern der Zunge: 4 Std.
Kochzeit: 40 Min.
Küchengeräte:
großer Kochtopf
1 Satz Töpfe

Das Huhn aus der Touraine und sein Ersatz

Das echte Huhn aus der Touraine, „Géline“ genannt, ist ein junges, nur mit Körnern ernährtes und im Freien gezogenes Huhn, das man nirgends sonst findet. Sie werden daher dieses Rezept vermutlich mit einem anderen schönen Huhn ausführen müssen. Die Kochzeit wir dadurch etwas länger.

Rehfilet an Holundersauce mit Maisgaletten ▶

Bourgueil, Chinon, Fendant, Grüner Veltliner, Ostschweizer Süßdruck, Weißburgunder Kabinett trocken (Rheinpfalz)

Perlhuhn mit Gemüsen

Einkauf:

2 junge Perlhühner
(je ca. 600 g)
Öl

Braten Sie die Perlhühner an:

Schneiden Sie die Perlhühner in Stücke. Erhitzen Sie einen kräftigen Schuß Öl in einem Topf und braten Sie darin die Perlhuhnstücke von allen Seiten goldbraun an.
Stellen Sie sie hierauf beiseite und gießen Sie das Bratfett ab.

40 g Butter
5 mittelgroße Zwiebeln
4 Schalotten
4 Möhren/Karotten
7 mittelgroße Tomaten
1 mittelgroßer schwarzer Rettich oder
1 Bund Radieschen
1 Kräutersträußchen
Salz, Pfeffer

Bereiten Sie die Gemüse zu:

Stellen Sie den Topf wieder auf das Feuer, lassen Sie darin 40 g Butter zergehen und braten Sie die Zwiebeln, die feingehackten Schalotten und die geschälten, in dünne Scheiben geschnittenen Möhren/Karotten gar. Wenn die Zwiebeln beginnen, glasig zu werden, geben Sie die Perlhuhnstücke zurück in den Topf und fügen die geschälten, entkernten und zerkleinerten Tomaten (zum Schälen tauchen Sie die Tomaten einige Sekunden in kochendes Wasser und schrecken sie sofort kalt ab), den ebenfalls in Scheiben geschnittenen schwarzen Rettich oder die ebenso geschnittenen Radieschen und das Kräutersträußchen hinzu. Gießen Sie mit 0,3 Liter Wasser auf, salzen und pfeffern Sie und lassen Sie alles zugedeckt 30 bis 35 Minuten kochen.

5 mittelgroße Lauchstangen
Salz, Pfeffer

Fügen Sie den Lauch hinzu:

Nach dieser Zeit nehmen Sie die Perlhuhnstücke wieder aus dem Topf, fügen den in feine Streifen geschnittenen Lauch hinzu, würzen nach und lassen die Gemüse ungefähr 15 Minuten weiterkochen, um die Flüssigkeit zu reduzieren. Schmecken Sie ab und bringen Sie das Gericht sehr heiß zu Tisch.

Zubereitung: 15 Min.
Kochzeit: 50 Min.
Küchengerät:
Topf

◀ Blumenkohl-Soufflé

Blauer Portugieser, Bourgueil, Graves oder Médoc rouge, Spätburgunder Kabinett trocken (Baden), St. Saphorin

Rehkotelett mit Lebkuchensauce, Selleriemousse und Spinatspätzle

Einkauf:

100 g Blattspinat
3 Eier
2 Eigelb
300 g Mehl
1 Prise Salz

Machen Sie die Spinatspätzle:

Entstielen und waschen Sie den Blattspinat, geben Sie ihn für ca. 20 Sekunden in kochendes Salzwasser und schrecken Sie ihn dann sofort in Eiswasser ab. Wringen Sie den Spinat in einem Tuch sehr gut aus, pürieren Sie ihn im Mixer sehr fein und verkneten Sie ihn dann in einer Schüssel mit den Eiern, dem Eigelb, dem Salz und dem Mehl zu einem glatten Teig. Schlagen Sie den Teig mit der hohlen Hand so lange, bis Luftblasen im Teig sichtbar sind. Geben Sie etwas von dem Teig auf ein Spätzlebrett (das ist ein dünnes Holzbrett mit Griff) und schaben Sie mit einer Palette dünne Streifen in kochendes Salzwasser. Schrecken Sie die kurz aufgekochten Spätzle kalt ab und legen Sie sie bis zum Servieren auf ein Tuch.

240 g Sellerie
Zitronensaft
60 g Butter
Salz
Pfeffer aus der Mühle

Wenden Sie sich der Selleriemousse zu:

Schälen Sie den Sellerie, schneiden Sie ihn in grobe Würfel und kochen Sie ihn in Zitronen-Salzwasser weich. Wringen Sie ihn dann noch heiß in einem Passiertuch gut aus und pürieren Sie ihn im Mixer nach und nach mit den Butterwürfelchen. Streichen Sie die Mousse durch ein Sieb und runden Sie mit Salz und Pfeffer ab.

0,5 l kräftiger Rehfond
100 g Kochlebkuchen
2 cl Gin
2 cl Cognac
80 g Butter
4 cl frisches Blut
Salz
Pfeffer aus der Mühle

Bereiten Sie die Sauce zu:

Schneiden Sie den Kochlebkuchen in Würfel und geben Sie ihn mit dem Rehfond in eine Kasserolle. Lassen Sie den Fond am Herdrand langsam bis fast auf die Hälfte reduzieren. Geben Sie die Sauce in den Mixer und mixen Sie sie gut durch, streichen Sie sie durch ein Sieb, gießen Sie sie in eine Sauteuse und verfeinern Sie sie mit Gin und Cognac. Vor dem Servieren rühren Sie noch ein paar Butterwürfelchen und das Blut unter. Das gibt der Sauce Glanz und Bindung und rundet sie harmonisch ab. Würzen Sie, wenn nötig, nochmals mit Salz und Pfeffer nach.

12 Rehkoteletts
(je 80 g schwer)
40 g geklärte Butter
Salz
Pfeffer aus der Mühle

Braten Sie die Rehkoteletts:

Braten Sie die Rehkoteletts in geklärter Butter 3 Minuten rosa.

80 g Butter
100 g Herzkirschen
0,1 l Kirschensaft

Zum Servieren:

Schwenken Sie die Spinatspätzle in Butter. Füllen Sie die Selleriemousse in eine Spritztülle und spritzen Sie kleine Portionen auf die Teller. Legen Sie die Rehkoteletts daneben, überziehen Sie sie mit der Lebkuchensauce und garnieren Sie sie mit den im stark eingekochten Kirschensaft glasierten Kirschen. Servieren Sie die Spinatspätzle separat.

Zubereitung: ca. 2 Std.
Bratzeit: 3 Min.
Küchengeräte:
Mixer
Schüssel
Holzbrett
Palette
Topf
Passiertuch
Sieb
Kasserolle
2 Sauteusen
Spritztülle

Das Rehkarree, aus dem die Koteletts geschnitten werden, sollte sehr gut abgehangen sein, vor allem aber sehr gut enthäutet und entsehnt werden. Der Rehfond (siehe Rezept „Brauner Wildfond“ S. 261) sollte schon wegen dem starken Einkochen 1 bis 2 Tage vorher zubereitet werden.

Brüssele Samtrot Spätlese trocken, Gevrey-Chambertin, Humagne rouge, Merlot

Rehnockerln (Rehspätzle) mit Pfifferlingen

Einkauf:

500 g Rehfleisch (ohne Flachsen und Sehnen)
etwas Thymian, Rosmarin und Majoran
1 Prise Wacholderpulver
4 Semmeln/Brötchen oder die entsprechende Menge Weißbrot, ohne Rinde
$^{1}/_{4}$ l Milch
160 g geputzte Hühner- oder Wildleber
0,6 l Sahne
Salz
Pfeffer aus der Mühle
1 Spritzer Gin

Bereiten Sie die Farce zu:

Drehen Sie das gut gekühlte Rehfleisch mit den Gewürzen zweimal durch die feine Scheibe des Fleischwolfes.
Weichen Sie die Semmeln/Brötchen in Milch ein, drücken Sie sie aus und drehen Sie sie mit der gekühlten Hühnerleber einmal durch den Fleischwolf. Vermischen Sie beide Massen miteinander und lassen Sie sie dann im Kühlschrank auf zerstoßenem Eis rasten. Rühren Sie dann nach und nach mit einem Kochlöffel die eisgekühlte, flüssige Sahne langsam ein. Die Masse soll zwischendurch immer wieder anziehen. Schmecken Sie mit Salz, Pfeffer und einem Spritzer Gin ab, stellen Sie die Farce in den Kühlschrank und lassen Sie sie wieder etwas rasten.

300 g Pfifferlinge
100 g Steinpilze oder Champignons
50 g Butter
30 g Schalotten
Salz
Pfeffer aus der Mühle
$^{3}/_{8}$ l brauner Wildfond (siehe Rezept Seite 261)

Machen Sie die Pilzsauce:

Rösten Sie die geputzten Pilze in Butter scharf an. Fügen Sie die geschnittenen Schalotten bei, sautieren Sie sie kurz und würzen Sie mit Salz und Pfeffer. Sobald die Flüssigkeit verdunstet ist, geben Sie sie in den kochenden Wildfond und stellen sie beiseite.

1 l heller Wild-, Kalbs- oder Geflügelfond

Pochieren Sie die Nockerln/Spätzle:

Formen Sie aus der Farce mit einem Löffel Nockerln/Spätzle von zirka 80 g und pochieren Sie sie 8 Minuten in einem hellen Wildfond. Lassen Sie sie etwas ziehen. Vor dem Servieren nehmen Sie sie mit einem Lochschöpfer heraus und lassen sie auf einem Tuch abtropfen.

50 g Butter

Zum Servieren:

Montieren Sie die Pilzsauce mit kleinen Butterflocken und schmecken Sie noch einmal ab. Richten Sie die Rehnockerln (Rehspätzle) auf Tellern oder passendem Geschirr an und überziehen Sie sie mit der Sauce.

Zubereitung: 30 Min.
Kochzeit: 8 Min.
Küchengeräte:
Fleischwolf
Schüssel
Pfanne
Kochtopf
Lochschöpfer

Blauer Burgunder, Côtes de Nuits Sasella, Fendant de Leytron, Lemberger Spätlese trocken (Württemberg), St. Laurent

Rehragout mit Steinpilzen

Einkauf:

1,6 kg Rehschulter,
-hals oder -brust
Salz
Pfeffer aus der Mühle
2 Stämmchen Thymian
1 Lorbeerblatt
1 El Wacholderbeeren
1 Zwiebel
1 Möhre/Karotte
$^1/_2$ l trockener Weißwein
50 g Butter
30 g Mehl
$^1/_2$ l trockener Weißwein
0,2 l Rinderbrühe
2 Tomaten
Salz, Pfeffer

Bereiten Sie das Fleisch zu:

Schneiden Sie das Fleisch in ungefähr 50 g schwere Stücke und geben Sie es in eine Schüssel. Würzen Sie mit Salz und frisch gemahlenem Pfeffer, fügen Sie Thymian, Lorbeerblatt, Wacholderbeeren, Zwiebel und die in Scheiben geschnittene Möhre/Karotte hinzu, gießen sie mit $^1/_2$ Liter Weißwein auf und lassen Sie das Fleisch so 2 Stunden ziehen. Nach diesen 2 Stunden erhitzen Sie 50 g Butter in einem Topf und braten darin die marinierten und abgetrockneten Fleischstücke rasch an. Bestäuben Sie sie mit Mehl und lassen Sie alles zu goldbrauner Farbe weiterbraten. Gießen Sie mit der Fleischmarinade auf und fügen Sie $^1/_2$ Liter Weißwein und soviel Brühe (die Sie aus Brühwürfeln zubereitet haben) hinzu, daß das Fleisch bedeckt ist. Geben Sie die geschälten Tomaten (die Sie vor dem Schälen einige Sekunden in heißes Wasser getaucht und kurz kalt abgeschreckt haben) zum Fleisch und lassen Sie alles gemeinsam zugedeckt $1^1/_4$ Stunden auf kleiner Flamme vor sich hin kochen.
Danach lassen Sie das Fleisch abtropfen, geben es in eine Schüssel, seihen die Sauce durch ein Spitzsieb, würzen nach und gießen die Sauce über das Fleisch. Stellen Sie das Ragout anschließend warm.

2 kg frische Steinpilze
40 g Butter
1 Schalotte
Salz, Pfeffer
gebratene
Weißbrotcroutons

Putzen Sie die Steinpilze:

Entfernen Sie den erdigen Teil der Stiele, putzen Sie die Steinpilze sorgfältig und schneiden Sie sie feinblättrig. Erhitzen Sie die Butter in einer Pfanne und braten Sie darin die Pilze mit der fein gehackten Schalotte, mit Salz und Pfeffer an. Lassen Sie die Pilze 5 Minuten dünsten, tropfen Sie sie ab und mischen Sie sie unter das Ragout, das Sie sofort mit gebratenen Weißbrotcroutons zu Tisch bringen.

Marinierzeit: 2 Std.
Zubereitung: 30 Min.
Kochzeit: $1^1/_4$ Std.
Küchengeräte:
Schüssel
Topf
Spitzsieb
Pfanne

Côtes de Nuits, Dôle Pinot Noir, Lemberger Spätlese trocken (Württemberg), Moulin à Vent, Muscat du Valais, Ostschweizer Pinot Gris, Ruländer, Tokay d'Alsace

Rehrücken mit Kastanienfülle in der Wacholderkruste

Einkauf:

130 g enthäutete Rehkeule
40 g grüner Speck
$^{1}/_{2}$ Semmel/Brötchen
400 g Kastanien
Salz, Pastetengewürz
1 Schuß Gin

Bereiten Sie die Farce zu:

Drehen Sie die Rehkeule und den Speck zweimal durch die feine Scheibe des Fleischwolfes, kuttern Sie die eiskalte Masse im Mixer, ziehen Sie langsam die eiskalte Sahne unter, vermengen Sie das entrindete, eingeweichte und durch den Fleischwolf gedrehte Brötchen mit den Gewürzen und ziehen Sie dieses ebenfalls unter die Masse. Schneiden Sie die Kastanien ein, kochen und schälen Sie sie, pürieren Sie sie und ziehen Sie sie nach dem Erkalten unter die Farce.

1 Rehrücken (800 g)
Salz
Pfeffer aus der Mühle
Wacholder
Waldmeisterkraut (frisch oder getrocknet)
1 Schweinenetz
Öl zum Anbraten
2 altbackene Semmeln/Brötchen
Wacholder
Waldmeisterkraut
1 Ei

Wenden Sie sich dem Rehrücken zu:

Lösen Sie den Rehrücken von der Karkasse, ohne daß die Rehfilets geteilt werden, oder bitten Sie Ihren Wildhändler, dies für Sie zu tun. Lassen Sie die Bauchlappen möglichst lang. Befreien Sie die Rückenfilets von den Häuten. Würzen Sie den Rücken mit Salz, Pfeffer, zerstoßenem Wacholder und gehacktem Waldmeisterkraut.

Bedecken Sie die Innenseite des Rückens mit der Kastanienfarce und klappen Sie die Bauchlappen straff darüber. Drehen Sie den gefüllten Rücken in ein Schweinenetz und fixieren Sie ihn mit Küchenfaden. Würzen Sie die Außenseite nochmals.

Braten Sie den Rehrücken in heißem Öl von allen Seiten an und schieben Sie ihn dann für ca. 30 Minuten ins Backrohr (220°C, Thermostat Stufe 7). Die Rückenfilets sollten dabei nach oben zu liegen kommen. Anschließend lassen Sie den Rehrücken ca. 20 Minuten in der Wärme rasten.

Lösen Sie den Küchenfaden, entfernen Sie das Schweinenetz, entrinden Sie die altbackenen Semmeln/Brötchen, reiben Sie sie und vermengen Sie sie mit zerstoßenem Wacholder und mit Waldmeisterkraut, binden Sie das Ganze mit einem geschlagenen Ei und tragen Sie die Masse gleichmäßig auf die Oberfläche des Rückens auf. Pressen Sie sie mit der nassen Hand an und verstreichen Sie sie. Bräunen Sie den Rehrücken einige Minuten bei extremer Oberhitze im Backrohr. Schneiden Sie das Fleisch vorsichtig in Tranchen.

50 g Öl
150 g Mirepoix (kleinwürfelig geschnittenes Mischgemüse)
1 Kl Tomatenmark
$^{1}/_{4}$ l Blauer Burgunder
$^{1}/_{4}$ l Wildfond (siehe Rezept S. 261)
$^{1}/_{2}$ Lorbeerblatt
8 Wacholderbeeren
1 Thymianzweig
50 g Hagebuttenmark
80 g Butter

Machen Sie die Sauce:

Hacken Sie die Karkasse klein und rösten Sie sie im heißen Öl, geben Sie die Mirepoix bei, rösten Sie weiter, fügen Sie das Tomatenmark bei und bräunen Sie alles dunkel. Löschen Sie mit dem Rotwein ab, gießen Sie mit dem Wildfond auf, fügen Sie die Gewürze bei und lassen Sie alles 30 Minuten einkochen, wobei Sie den Schaum stets abschöpfen. Seihen Sie die Sauce durch ein Haarsieb, binden Sie sie anschließend mit Hagebuttenmark und montieren Sie sie mit der eiskalten Butter, die Sie stückchenweise mit dem Schneebesen einschlagen.

Servieren Sie diese Sauce separat.

Zubereitung: ca. $1^1/_2$ Std.
Kochzeit: 1 Std.
Küchengeräte:
Fleischwolf
Mixer
Topf
Küchenfaden
Bratpfanne
Sauteuse
Haarsieb
Schneebesen

Wenn Sie Fleisch à point braten, lassen Sie es stets an einem warmen Ort nachziehen. Das Fleisch mürbt dabei nach und die rosa Färbung verteilt sich gleichmäßig.

Blauer Burgunder, Château Lynch Bages, Dôle Pinot Noir, Humagne rouge, Lemberger Spätlese trocken (Württemberg), Riesling Kabinett halbtrocken (Rheingau)

Rehfilet an Holundersauce mit Maisgaletten

Einkauf:

(für 4 Personen):
1,5 kg Rehrücken
Öl zum Bestreichen
$^1/_2$ Tl Wacholderbeeren

Bereiten Sie den Rehrücken vor:

Lassen Sie den Rehrücken vom Fleischer parieren und auslösen. Hacken Sie den Rückenknochen fein.
Bestreichen Sie die ausgelösten Rehrückenfilets mit Öl und bestreuen Sie sie mit gehackten Wacholderbeeren.

1 Möhre/Karotte
$^1/_4$ Sellerieknolle
3 Schalotten
5 cl Öl
0,3 l Rotwein
1 l Kalbsbrühe
6 Wacholderbeeren
1 frischer Thymianzweig
1 Salbeiblatt
$^1/_2$ Lorbeerblatt
Salz, Pfeffer

Bereiten Sie den Wildfond zu:

Putzen Sie das Gemüse und schneiden Sie es in große Würfel. Erhitzen Sie Öl in einer Pfanne und braten Sie darin die Wildknochen gut an. Fügen Sie das Gemüse bei und dämpfen Sie es einige Minuten mit. Schöpfen Sie das Fett ab, löschen Sie mit Rotwein ab, lassen Sie ihn einkochen und füllen Sie mit Kalbsbrühe oder eventuell Wasser auf.
Nach dem ersten Aufkochen entfetten Sie den Fond und geben die Gewürze hinzu. Lassen Sie das ganze 2 bis 3 Stunden langsam kochen, schöpfen Sie den Schaum immer wieder ab. Schließlich passieren Sie den Fond durch ein Haarsieb.

25 g Mehl
$^1/_2$ Ei
5 cl Sahne
5 cl Milch
Salz
geriebene Muskatnuß
125 g Maiskörner
aus der Dose
Körner von 5 frischen
Maiskolben
60 g Butter

Wenden Sie sich den Galetten zu:

Stellen Sie aus Mehl, Ei, Sahne, Milch, Muskatnuß und Salz einen Crêpeteig her, lassen Sie ihn eine halbe Stunde ruhen und mischen Sie dann die Maiskörner darunter.
Erhitzen Sie Butter in der Teflonpfanne, geben Sie mittels eines Eßlöffels kleine Häufchen Teig in die Pfanne und drücken Sie sie flach. Backen Sie die Maisgaletten goldbraun und stellen Sie sie dann warm.

Salz, Pfeffer
30 g Butter
5 cl Madeira
1 El Cognac
50 g Butter
1 El Holunderkonfitüre

Braten Sie die Filets und machen Sie die Sauce:

Würzen Sie die Rehfilets mit Salz und Pfeffer, braten Sie sie in Butter rasch von beiden Seiten an und garen Sie sie ca. 5 Minuten bei 200°C (Thermostat Stufe 6) im Ofen fertig. Stellen Sie sie warm.
Entfetten Sie die Pfanne, lösen Sie den Bratensatz mit Madeira und Cognac auf, lassen Sie die Flüssigkeit einkochen und füllen Sie mit dem Wildfond auf. Lassen Sie den Fond so lange einkochen, bis er leicht bindet. Nehmen Sie ihn vom Feuer und verfeinern Sie ihn mit frischer Butter und Holunderkonfitüre.

4 frische, reife Feigen
0,2 l Rotwein
0,2 l Portwein
1 Zitrone und
1 Orange (Saft)
100 g Zucker

Bereiten Sie die Feigen zu:

Kochen Sie Rotwein, Portwein, Zitronen- und Orangensaft mit dem Zucker auf und lassen Sie die Feigen 3 bis 5 Minuten darin ziehen.

Zum Servieren:

Geben Sie die Holundersauce auf vorgewärmte Teller, setzen Sie die in Medaillons geschnittenen Rehfilets darauf und garnieren Sie sie mit den Maisgaletten und den Feigen.

Zubereitung: $1^1/_2$ Std.
Kochzeit: 2—3 Std.
Küchengeräte:
Pfanne
Haarsieb
Schöpflöffel
Teflonpfanne

Côtes de Nuits, Dôle Pinot Noir, Johannisberg du Valais, Riesling Kabinett halbtrocken

Rehnüßchen an Wacholdercreme mit Kartoffelcroutons

Einkauf

(für 4 Personen):
Öl zum Anbraten
1 kg Rehknochen (Parüren)
150 g Wurzelwerk (Möhren/Karotten, Lauch, Sellerie, Zwiebel)
Thymian
Rosmarin
$^{1}/_{4}$ l Rotwein
$^{1}/_{4}$ l Fleischbrühe
1 Tl gehackte Wacholderbeeren
3 cl Gin

Machen Sie die Wacholdercreme:

Erhitzen Sie das Öl und rösten Sie darin die Rehknochen und Parüren an. Geben Sie das geschnittene Wurzelwerk, Thymian und Rosmarin dazu und rösten Sie alles nochmals durch. Löschen Sie mit dem Rotwein ab, fügen Sie die Fleischbrühe, die Wacholderbeeren und den Gin bei und lassen Sie das Ganze auf kleiner Flamme auf die Hälfte einreduzieren. Passieren Sie die Sauce durch ein Haarsieb und stellen Sie sie beiseite.

Salz
Pfeffer aus der Mühle
2 Rehnüßchen, je 350—450 g
Fett zum Anbraten

Braten Sie die Rehnüßchen:

Pfeffern und salzen Sie die Rehnüßchen leicht und braten Sie sie in etwas Fett an, sie sollen innen noch rosa sein. Wickeln Sie sie dann in Alufolie und lassen Sie sie etwas ruhen.

2 große Kartoffeln
1 Eigelb
etwas Sahne
Salz, Muskat
60 g Butter

Machen Sie die Kartoffelcroutons:

Schälen sie die rohen Kartoffeln, reiben Sie sie fein und drücken Sie sie etwas aus, vermengen Sie sie mit dem Eigelb und der Sahne und würzen Sie mit Salz und Muskat. Geben Sie mit einem Eßlöffel kleine Plätzchen in die heiße Butter und backen Sie sie goldbraun heraus.

$^{1}/_{16}$ l leicht geschlagene Sahne
Salz
Pfeffer aus der Mühle
50 g gekühlte Butter

Vollenden Sie die Sauce:

Erwärmen Sie die Sauce nochmals, fügen Sie die Sahne bei und schmecken Sie mit Salz und Pfeffer ab. Schlagen Sie dann mit dem Schneebesen die Butterflöckchen ein. Die Sauce darf nicht mehr kochen.

Thymian- und Rosmarinsträußchen

Zum Servieren:

Schneiden Sie die Rehnüßchen in Tranchen, richten Sie sie auf einer vorgewärmten Platte an und garnieren Sie sie mit Thymian- und Rosmarinsträußchen. Die Wacholdercreme und die Kartoffelcroutons servieren Sie separat.

Zubereitung: 1 Std.
Kochzeit: 15 Min.
Küchengeräte:
Topf
Schneebesen
Haarsieb
Pfanne
Kartoffelreibe

Barolo Riserva, Blauer Portugieser, Dôle Pinot Noir, Lemberger Spätlese trocken (Württemberg)

Gefüllter Truthahn

Einkauf:

300 g frische Schweinsbrust
2 ausgelöste Kalbskoteletts
1 Truthahn mit Truthahnklein (insgesamt ca. 3 kg)
200 g Schalotten
1 Stämmchen Thymian
1 Lorbeerblatt
30 g Butter
Salz, Pfeffer
20 g Butter

40 g Butter
Salz, Pfeffer
30 g Butter

Zubereitung: 20 Min.
Kochzeit: 1½—2 Std.
Küchengeräte:
Schmorpfanne
Pfanne
Küchenfaden
feuerfeste Schüssel

Bereiten Sie die Fülle zu:

Schneiden Sie die entschwartete Schweinsbrust, die Kalbskoteletts und das Truthahnklein — mit Ausnahme der Leber — in grobe Würfel. Schälen und schneiden Sie die Schalotten. Lassen Sie in einer Schmorpfanne etwas Butter zergehen und braten Sie darin das Fleisch mit den Knochen, dem Truthahnklein, den gehackten Schalotten, einem Stämmchen Thymian und dem Lorbeerblatt unter ständigem Umrühren auf kleiner Flamme goldbraun. Daneben braten Sie die Truthahnleber in etwas Butter an. Lösen Sie das Fleisch vom Truthahnklein aus, entfernen Sie Thymian und Lorbeerblatt und drehen Sie das Fleisch und die Leber durch den Fleischwolf. Schmecken Sie dann die Fülle ab.

Braten Sie den Truthahn:

Füllen Sie den Truthahn mit dieser Masse. Binden Sie ihn zu und bestreichen Sie ihn mit weicher Butter. Salzen und pfeffern Sie ihn und legen Sie ihn auf eine feuerfeste Schüssel. Verteilen Sie Butterstückchen auf dem Truthahn und braten Sie ihn 1½ bis 2 Stunden unter häufigem Begießen im heißen Rohr (240°C, Thermostat Stufe 8).

Lösen Sie die Bratrückstände von der Pfanne:

Sobald der Truthahn fertiggebraten ist, tranchieren Sie ihn und richten ihn mit der Fülle auf einer Platte an. Stellen Sie die Bratpfanne auf das Feuer, fügen Sie 0,1 Liter warmes Wasser hinzu und lassen Sie den Saft aufkochen, wobei Sie mit einem Kochlöffel alle Bratrückstände vom Boden der Bratpfanne lösen. Reduzieren Sie die Sauce, bevor Sie sie in eine Sauciere gießen und zum Truthahn reichen.

Als Beilage

Kastanien sind immer willkommen. 15 Minuten bevor der Truthahn fertiggebraten ist, geben Sie die Kastanien auf ein Blech oder in eine heiße Pfanne, würzen sie, fügen unter Umständen etwas geriebenen Thymian hinzu und braten sie im heißen Backrohr. Auch in Butter gedünstete Äpfel oder ein Apfelkompott ergänzen dieses Gericht auf angenehmste Weise.

Blauer Portugieser, Bouzy, Graves rouge, Humagne rouge, Riesling Spätlese trocken (Nahe), Traminer trocken

Bressetauben mit eingemachten Schalotten und Karden

Einkauf:

1,2 kg spanische Artischocken (Karden)
2 Zitronen
40 g Mehl
Salz
1 Zitrone
60 g Butter
60 g Mehl
0,15 l Milch
0,35 l Crème fraîche
Salz, Pfeffer
3 Tomaten
3 El Tomatenmark
1 El Öl
70 g Butter
Salz, Pfeffer
100 g frisch geriebener Parmesan

Bereiten Sie die gratinierten Karden:

Am besten bereiten Sie die gratinierten Karden schon vorher zu und schieben sie erst im letzten Moment ins Rohr. Schälen und putzen Sie die Karden sorgfältig, schneiden Sie sie in 10 cm lange Stücke und beträufeln Sie sie mit dem Saft einer Zitrone. Verrühren Sie in einem Schnellkochtopf zuerst 40 g Mehl mit 0,1 Liter Wasser, gießen Sie dann 2 Liter Wasser dazu, fügen Sie Salz und den Saft einer Zitrone hinzu, bringen Sie die Flüssigkeit zum Kochen und lassen Sie darin die Karden 45 Minuten, vom ersten Aufwallen an gerechnet, kochen.
Währenddessen bereiten Sie eine sehr cremige Béchamelsauce zu: Lassen Sie 60 g Butter in einem Topf zergehen, fügen Sie 60 g Mehl hinzu, rühren Sie so lange, bis die Butter das Mehl vollständig aufgesogen hat, nehmen Sie den Topf vom Feuer, gießen Sie die kalte Milch dazu, stellen Sie den Topf auf das Feuer zurück, verrühren Sie alles auf kleiner Flamme zu einer dicklichen Sauce, fügen Sie die Crème fraîche hinzu und schmecken Sie die Sauce ab.
Gleichzeitig machen Sie eine Tomatensauce: Schälen Sie 3 Tomaten, nachdem Sie sie in kochendes Wasser getaucht und kalt abgeschreckt haben, zerkleinern und entkernen Sie sie. Kochen Sie sie 15 Minuten mit dem Tomatenmark und einem Eßlöffel Öl, rühren Sie 70 g Butter ein und schmecken Sie die Sauce ab.
Schichten Sie in eine Gratinierform zuerst die Tomatensauce, dann die Karden und schließlich die Béchamelsauce, bestreuen Sie alles mit dem Parmesan und stellen Sie die Gratinierform beiseite.

6 Bressetauben (je 400 g)
18 Schalotten
300 g Butter
Salz, Pfeffer

Braten Sie die Tauben:

Legen Sie die Tauben in eine emaillierte, gußeiserne Bratform, fügen Sie die ungeschälten Schalotten hinzu, verteilen Sie 300 g Butter in kleinen Stückchen darüber und braten Sie die Tauben mit den Schalotten im heißen Rohr (240°C, Thermostat Stufe 8) 10 Minuten auf einer der unteren Schienen. Wenn die Tauben beginnen, schön braun zu werden, salzen und pfeffern Sie sie und lassen sie unter häufigem Begießen und Wenden noch 20 Minuten braten.

6 Taubenlebern
60 g Entenstopfleber
$^1/_2$ Glas Champagner

Bereiten Sie die Sauce zu:

Nehmen Sie 2 Schalotten und 2 Eßlöffel geschmolzene Butter aus der Bratform. Braten Sie die Taubenlebern in der Butter steif und pürieren Sie sie mit der rohen Entenstopfleber im Mixer.
Wenn die Tauben fertiggebraten sind, nehmen Sie sie aus der Bratform und stellen sie beiseite. Gießen Sie die Butter aus der Bratform ab, löschen Sie mit einem halben Glas Champagner ab und lösen Sie die Bratrückstände mit einem Kochlöffel vom Boden und den Wänden. Reduzieren Sie die Sauce auf die Hälfte und verrühren Sie sie schnell mit der pürierten Leber. Richten Sie die Tauben auf einer Platte an, begießen Sie sie mit der Sauce und bringen Sie sie mit den gratinierten Karden, die Sie zum Überbacken für einige Minuten ins Rohr geschoben haben, zu Tisch.

<u>Zubereitung:</u> $1^1/_2$ Std.
<u>Kochzeit:</u> ca. 30 Min.
<u>Küchengeräte:</u>
Schnellkochtopf
Töpfe
Schmorpfanne
feuerfeste Schüssel
emaillierte, gußeiserne Bratpfanne
Pfanne, Mixer

Beaujolais, Côtes de Beaune, Fendant, Hallauer Süßdruck, Müller-Thurgau Kabinett trocken (Franken), Ruländer

Junge Tauben, gefüllt mit Couscous

Einkauf:

500 g Couscous-Grieß
Salz
150 g Butter

Bereiten Sie das Couscous zu:

Geben Sie den Couscous-Grieß, in ein Tuch eingeschlagen, in ein Sieb und schwemmen Sie ihn unter stark fließendem Wasser gut ab. Breiten Sie ihn dann auf einer Platte aus und lassen Sie ihn 5 Minuten an der Luft übertrocknen, wobei Sie die einzelnen Körner so gut wie möglich voneinander trennen. Hierauf benetzen Sie den Grieß von neuem, indem Sie ihn so lange besprengen, bis er kein Wasser mehr annimmt. Nun kochen Sie den Grieß über Dampf 25 bis 30 Minuten und begießen ihn während dieser Zeit häufig mit geschmolzener Butter.

6 junge Tauben
(grobes) Salz
Salz, Pfeffer
60 g Butter
1 Tl Safran
3 Zwiebeln
1 Stückchen Zimtrinde
1 El fester Honig
1 El Zimt

Braten Sie die jungen Tauben:

Wenden Sie die jungen Tauben in Salz, spülen Sie sie ab und lassen Sie sie gut abtropfen. Füllen Sie sie mit etwas gedämpftem und gewürztem Couscous-Grieß und binden Sie sie zu.
Setzen Sie sie anschließend in einen Topf, salzen und pfeffern Sie sie, fügen Sie ein großes Stück Butter, einen Teelöffel Safran, 3 gehackte Zwiebeln und ein Stück Zimtrinde hinzu, begießen Sie sie mit 3 Gläsern Wasser und braten Sie die Tauben zugedeckt unter oftmaligem Wenden. Das Fleisch der Tauben soll leicht rosig bleiben.
Wenn die Tauben fertig sind, fügen Sie einen Eßlöffel festen Honig und einen Eßlöffel Zimt hinzu und reduzieren die Sauce 5 Minuten, bis sie eingedickt ist. Bringen Sie die Tauben mit der Sauce und dem restlichen Couscous zu Tisch.

Zubereitung: $1^1/_2$ Std.
Kochzeit: ca. 15 Min.
Küchengeräte:
Sieb
Topf mit gelöchertem Dampfeinsatz
(oder Couscoussier)
feuerfeste Schüssel
Küchenfaden
Küchentuch

Der Grieß, den man Couscous-Grieß nennt, ist etwas Herrliches. Am besten schmeckt er natur oder als Fülle für junge Tauben oder Perlhühner. Wählen Sie dazu möglichst einen Grieß von mittlerer Körnergröße.

Graves, Kluser Blauburgunder, Médoc, Rheinriesling, Riesling Spätlese trocken (Nahe)

Wachtelmaultaschen in Pilzsauce

Einkauf

(für 4 Personen):
4 Wachteln
40 g grüner Speck
40 g Kalbfleisch
$^1/_8$ l Sahne
Pastetengewürz
1 Spritzer Weinbrand
10 g Morcheln
250 g Mehl
2 Eier
1 El Butter

Bereiten Sie die Wachtelmaultaschen zu:

Lassen Sie die Wachteln vom Händler ganz auslösen. Drehen Sie alles Fleisch zweimal durch die feine Scheibe des Fleischwolfes und drücken Sie es dann durch ein Sieb. Montieren Sie die Masse mit der Sahne und arbeiten Sie sie gut durch. Schmecken Sie mit Pastetengewürz und Weinbrand ab. Lassen Sie die Farce 1 Stunde im Kühlen rasten. Arbeiten Sie anschließend die gehackten Morcheln unter.
Kneten Sie aus Mehl, Butter und Eiern einen festen Nudelteig und lassen Sie ihn ca. 1 Stunde rasten.
Rollen Sie den Teig anschließend dünn aus und spritzen Sie die Farce auf. Formen Sie aus dem Teig Maultaschen und pochieren Sie sie ca. 4 Minuten in 80°C warmem Salzwasser.

20 g Champignons
20 g Austernpilze
20 g Pfifferlinge
20 g Steinpilze
2 Schalotten
20 g Butter
$^1/_8$ l Rinderbrühe
$^1/_8$ l Sahne
Salz, Pfeffer

Machen Sie die Pilzsauce:

Putzen und hacken Sie die Pilze, hacken Sie die Schalotten und schwitzen Sie alles in der Butter an. Löschen Sie mit Brühe ab und füllen Sie mit der Sahne auf. Lassen Sie die Sauce einkochen und schmecken Sie sie ab.

Zum Servieren:

Gießen Sie die Sauce über die fertigen Wachtelmaultaschen und servieren Sie sofort.

Zubereitung: 30 Min.
Kühlzeit: 1 Std.
Kochzeit: 10 Min.
Küchengeräte:
Fleischwolf
Nudelholz
Topf
Pfanne

Lavaux, Merlot del Ticino, Riesling Kabinett, Silvaner Spätlese trocken (Württemberg)

Wildentenpfeffer

Einkauf:

2 Wildenten (je 1,5 kg) mit ihrer Leber
1 l guter Rotwein

Bereiten Sie die Marinade zu:

Überzeugen Sie sich zuerst, daß die Enten wirklich frisch sind und nicht zu lange abgehangen sind. Lösen Sie die Brüste von den Enten und legen Sie sie mit den Lebern beiseite. Die Entenkeulen, die Flügel und die Rückgratstücke legen Sie zum Marinieren für eine Nacht mit dem Rotwein in eine Schüssel.

5 Schalotten
2 Zwiebeln
1 Knollensellerie
5 Möhren/Karotten
3 Lauchstangen
1 Stangensellerie
Salz, Pfeffer

Machen Sie die Sauce:

Am nächsten Tag lassen Sie die marinierten Entenstücke abtropfen und stellen sie beiseite. Schälen Sie die Schalotten, die Zwiebeln, den Sellerie, die Möhren/Karotten und den Lauch und schneiden den Stangensellerie der Länge nach durch. Zerkleinern Sie alle Gemüse grob und lassen Sie sie in einem Kochtopf in der Marinade kochen. Kochen Sie sie auf kleinem Feuer, damit der Wein sein Bouquet und seinen Geschmack behält und nur der Alkohol verdampft. Wenn die Gemüse gar sind, geben Sie sie samt der Sauce in den Mixer und pürieren beides zu einer dicklichen Sauce. Wenn nötig, nehmen Sie ein paar Gemüse vor dem Pürieren aus dem Mixer, damit die Sauce nicht zu dick wird. Dann schmecken Sie die Sauce ab.

20 g Butter
Salz, Pfeffer

Braten Sie die Entenstücke:

Braten Sie die gut abgetropften Entenstücke in etwas Butter oder Olivenöl an. Salzen und pfeffern Sie sie und lassen Sie sie erneut abtropfen, bevor Sie sie in der Sauce weiterdünsten.

Salz, Pfeffer

Vollenden Sie das Gericht:

Braten Sie die ausgelösten Entenbrüste und die Lebern auf großer Flamme in einer Pfanne ohne Fett schnell ab. Sie müssen innen blutig bleiben. Salzen und pfeffern Sie sie, mischen Sie sie mit dem Bratensaft unter die Sauce, wo Sie sie kurz weiterziehen lassen. Bringen Sie alles sehr heiß mit Möhren-/Karotten- oder Selleriepüree oder auch mit gebackenem Knollensellerie zu Tisch.

Zubereitung: 50 Min.
Marinierzeit: 1 Nacht
Kochzeit: 25 Min.
Küchengeräte:
Schüssel
Kochtopf
Mixer
Pfanne

Rotwein in Anpassung an das Rezept, Côte Rôtie, Dôle Pinot Noir, Goron, Lemberger Spätlese trocken (Württemberg), St. Laurent

Wildschweinrücken in Blätterteig mit Kohl

Einkauf:

680 g Wildschweinrücken
(geputzt und ausgelöst)
3 El Öl
Salz, Pfeffer

80 g Champignons
1 El gehackte Petersilie
20 g Butter
Salz, Pfeffer
80 g Wildschweinefleisch
80 g Schweinefleisch
1 Ei
Wacholderbeeren
Thymian
1/6 l Sahne

300 g Kohlblätter
250 g Blätterteig
1 Eigelb
Salz
Pfeffer aus der Mühle

Bereiten Sie den Wildschweinrücken vor:

Salzen und pfeffern Sie den Wildschweinrücken, braten Sie ihn auf beiden Seiten in heißem Öl kurz an, nehmen Sie ihn aus der Kasserolle und lassen Sie ihn abkühlen.

Machen Sie die Farce:

Hacken Sie die geputzten Champignons fein, schwenken Sie sie in heißer Butter, fügen Sie die gehackte Petersilie bei, würzen Sie mit Salz und Pfeffer und lassen Sie sie auskühlen. Schneiden Sie das Fleisch in Würfel und hacken Sie es fein, rühren Sie ein Ei in die Masse, fügen Sie Champignons, Wacholderbeeren und Thymian bei und ziehen Sie die Sahne darunter.

Vollenden Sie das Gericht:

Blanchieren Sie die Kohlblätter kurz in kochendem Salzwasser, schrecken Sie sie ab und legen Sie sie zum Abtropfen auf ein Tuch. Legen Sie die Kohlblätter zu einem Viereck auf, streichen Sie die Farce auf, legen Sie den Wildschweinrücken darauf und schlagen Sie die Kohlblätter ein.
Rollen Sie den Blätterteig zu einem 3 mm dicken Viereck aus, bestreichen Sie ihn mit Eigelb und rollen Sie den eingeschlagenen Wildschweinrücken in den Blätterteig. Bestreichen Sie ihn wieder mit Eigelb und lassen Sie ihn etwas rasten. Backen Sie den Rücken 18 bis 20 Minuten im Backrohr (250°C, Thermostat Stufe 8—9).
Als Beilage eignen sich Preiselbeercrêpes und Kohlsprossen besonders gut.

Zubereitung: 30 Min.
Kochzeit: 30 Min.
Ruhezeit: 10 Min.
Küchengeräte:
Kasserolle
Pinsel

Wie bei allen rosa gebratenen Fleischgerichten ist es notwendig, den Rücken nach dem Garen ca. 5 Minuten ruhen zu lassen. In dieser Zeit wird der Garvorgang im Inneren abgeschlossen, das Fleisch wird zarter und bekommt eine gleichmäßige Zeichnung.

▶ Italienische Nudeln „All'Arrabiata"

Châteauneuf du Pape, Fendant de Leytron, Humagne rouge, Trollinger Spätlese trocken (Württemberg), Zweigelt

GEMÜSE UND TEIGWAREN

◀ Ofenkartoffeln mit Mark

Auberginen-(Melanzani)püree

Einkauf:

1,5 kg Auberginen/ Melanzani
(grobes) Salz
1 Knoblauchzehe
$^1/_2$ Glas Olivenöl
Salz, Pfeffer
$^1/_2$ Glas Olivenöl
Salz, Pfeffer

Bereiten Sie das Püree zu:

Kochen Sie die Auberginen/Melanzani 15 Minuten in einer mit Salzwasser gefüllten Kasserolle. Spülen Sie die Früchte mit kaltem Wasser und trocknen Sie sie ab, anschließend ziehen Sie die Haut ab. Geben Sie die Knoblauchzehe mit einem halben Glas Olivenöl in den Mixer, fügen Sie die zerkleinerten Auberginen/Melanzani, Salz und Pfeffer dazu. Pürieren Sie alles, wobei Sie nach und nach das restliche Olivenöl untermischen.
Wenn Ihr Mixer nicht groß genug ist, die Masse auf einmal aufzunehmen, pürieren Sie die Auberginen/Melanzani in zwei Portionen. Kurz vor dem Servieren schmecken Sie das Püree nochmals ab.
Sie können dieses Püree entweder warm mit einem Kalbs- oder Schweinsbraten, mit Hühnerrouladen oder Lammkoteletts servieren oder kalt zu Pasteten, Wurstwaren oder geräuchertem Fisch reichen.

Zubereitung: 15 Min.
Kochzeit: 15 Min.
Küchengeräte:
Kasserolle
Mixer

leichter Rotwein

Blumenkohl-Soufflé

Einkauf:

600 g Blumenkohl
Salz
20 g Butter
Salz, Pfeffer
Muskatnuß
150 g geriebener Gruyère

Kochen Sie den Blumenkohl:

Kochen Sie den Blumenkohl 15 Minuten in Salzwasser. Pürieren Sie ihn anschließend im Mixer, geben Sie das Püree in eine Kasserolle. Fügen Sie die Butter hinzu, würzen Sie mit Salz und Pfeffer und einer Prise Muskatnuß und lassen Sie alles 3 bis 4 Minuten lang aufkochen, bevor Sie den geriebenen Käse mit einem Kochlöffel unterrühren.

6 Eigelb
12 Eiweiß

Mischen Sie Eigelb und Eischnee darunter:

Bevor Sie das Eigelb einrühren, ist es wichtig, die Blumenkohlmasse auskühlen zu lassen, damit das Eigelb nicht gerinnt. Sobald die Masse etwas abgekühlt ist, mischen Sie das Eigelb mit einem Kochlöffel unter das Blumenkohlpüree. Schlagen Sie anschließend das Eiweiß zu Schnee, arbeiten Sie hierauf zuerst ein Fünftel des ungewürzten Eischnees ein, ohne sich um die Konsistenz zu kümmern, und heben Sie dann vorsichtig den restlichen Schnee unter die Masse.

10 g Butter pro Förmchen
Mehl

Bereiten Sie die Soufflé-Förmchen vor:

Bestreichen Sie den Boden und die Wände der Soufflé-Förmchen mit einem Pinsel oder mit Küchenpapier mit weicher Butter. Bestäuben Sie die Förmchen anschließend mit Mehl und füllen Sie die so vorbereiteten Förmchen mit Hilfe eines Löffels mit der Blumenkohlmasse. Dann nehmen Sie den Rand der Förmchen zwischen Daumen und Zeigefinger und drehen die Soufflé-Förmchen einmal herum, um den Rand zu reinigen, damit das Soufflé besser aufgeht.

Schieben Sie das Soufflé ins Rohr:

Schieben Sie die Soufflé-Förmchen für zehn Minuten ins Rohr, das Sie bereits zehn Minuten auf 200°C (Thermostat Stufe 6) vorgeheizt haben, und denken Sie daran, daß das Soufflé sofort zusammenfällt, wenn es nicht gleich, nachdem Sie es aus dem Rohr genommen haben, serviert wird.

Zubereitung: 30 Min.
Kochzeit: 10 Min.
Küchengeräte:
Kochtopf
Mixer
Handmixer mit Schneebesen
6 Soufflé-Förmchen
Küchenpinsel oder Küchenpapier

Soufflé-Förmchen aus Porzellan sind besonders gut geeignet, da das Soufflé darin am besten aufgeht und man es so auch gleich servieren kann. Neben der Wahl der richtigen Förmchen ist auch die Vorbereitung dieser Förmchen sehr wichtig; dank dem Bestreichen mit weicher Butter und dem Bestäuben mit Mehl (oder Staubzucker bei süßen Soufflés) kann das Soufflé sich vom Rand lösen und aufgehen, ohne die Soufflé-Haube dabei zu zerreißen.

Fendant, Lavaux, Mâcon blanc, Riesling Kabinett halbtrocken (Rheingau), Riesling x Sylvaner, Welschriesling

Erbsen-Soufflé

Einkauf:

Salz
550 g ausgelöste (oder tiefgekühlte) Erbsen

150 g geräucherte Schweinsbrust
1 Lattich (Kochsalat)
40 g Butter
Salz, Pfeffer
6 Eigelb
12 Eiweiß

Zubereitung: 30 Min.
Kochzeit: 10 Min.
Küchengeräte:
2 Kasserollen
Handmixer mit Schneebesen
6 Soufflé-Förmchen
Küchenpinsel

Kochen Sie die Erbsen:

Bringen Sie in einer Kasserolle Salzwasser zum Kochen und blanchieren Sie darin die Erbsen 5 Minuten lang. Wenn Sie tiefgekühlte Erbsen verwenden, lassen Sie sie 10 Minuten lang kochen, bevor Sie sie abtropfen.

Bereiten Sie das Soufflé zu:

Schneiden Sie die Schweinsbrust kleinwürfelig, nachdem Sie sie von der Schwarte befreit haben. Putzen und waschen Sie den Lattich und schneiden Sie ihn in dünne Streifen. Lassen Sie in einer Kasserolle ein nußgroßes Stück Butter zergehen und bräunen Sie darin die Speckwürfel, fügen Sie den feingeschnittenen Lattich hinzu und lassen Sie beides 2 Minuten dünsten, bevor Sie die Erbsen dazugeben. Salzen Sie ganz leicht (die Schweinsbrust ist bereits ziemlich salzig), pfeffern Sie und lassen Sie alles zugedeckt 10 Minuten auf mittelgroßer Flamme weiterdünsten.
Fahren Sie in der Zubereitung des Soufflés mit 6 Eigelb und 12 Eiweiß fort (indem Sie sich an die Absätze 2, 3 und 4 des Rezepts für das Blumenkohl-Soufflé, Seite 183, halten).

Das Schneeschlagen
Seit es elektrische Handmixer gibt, ist das Schneeschlagen kein Problem mehr. Für Soufflés müssen Sie den Schnee sehr steif schlagen, aber auch nicht zu steif, da er sonst während des Backens teigig und klebrig wird. Für salzige Soufflés soll der Schnee nicht gewürzt sein.

Chablis, Kluser Gutedel, Neuburger, Riesling Kabinett trocken (Rheinhessen)

Fenchel-Soufflé

Einkauf:

300 g Fenchel
0,2 l Crème fraîche
Salz, Pfeffer
100 g Fischfilets vom Kabeljau und Pollack (heller Seelachs)

6 Eigelb
12 Eiweiß

Zubereitung: 30 Min.
Kochzeit: 10 Min.
Küchengeräte:
Mixer
Handmixer mit Schneebesen
6 Soufflé-Förmchen
Küchenpinsel

Kochen Sie den Fenchel:

Waschen Sie den Fenchel, lassen Sie ihn abtropfen und schneiden Sie ihn fein. Geben Sie ihn gemeinsam mit der Crème fraîche in eine Kasserolle und lassen Sie beides auf mittlerer Flamme 10 Minuten lang dünsten. Dann salzen und pfeffern Sie und pürieren den gedünsteten Fenchel im Mixer. Sie können auch kleine, 5 Minuten lang pochierte Fischstücke hinzufügen. In diesem Fall ersetzen Sie 100 g Fenchel durch die gleiche Menge Fisch.

Bereiten Sie das Soufflé zu:

Fahren Sie in der Zubereitung des Soufflés mit 6 Eigelb und 12 Eiweiß fort (indem Sie sich an die Absätze 2, 3 und 4 des Rezepts für das Blumenkohl-Soufflé, Seite 183, halten).

Côtes de Provence, Fendant, Genfer Gamay, Müller-Thurgau, Salvagnin

Gemüsestrudel mit Kräutersauce

Einkauf:

180 g Kohlrabi
180 g Möhren/Karotten
100 g Zucchini
200 g Broccoli
180 g Blumenkohl
30 g Butter

Bereiten Sie die Gemüse vor:

Putzen Sie die Gemüse, schneiden Sie die Kohlrabi, Möhren/Karotten und Zucchini in Streifen und zerteilen Sie den Blumenkohl in Rosen. Kochen Sie die Gemüse einzeln in etwas Salzwasser mit wenig Butter (unterschiedliche Garzeiten) und lassen Sie sie dann abkühlen.

20 g Möhren/Karotten
20 g Kohlrabi
20 g Stangensellerie
20 g Blumenkohl
20 g Lauch
20 g Butter
Salz, Pfeffer
$^1/_2$ l Sahne
2 Eier

Machen Sie das Gemüsepüree:

Putzen Sie die Gemüse. Schneiden Sie die Möhren/Karotten, den Kohlrabi, den Stangensellerie und den Blumenkohl in feine Scheiben, den Lauch in Streifen.
Schwenken Sie den Lauch in Butter, fügen Sie die restlichen Gemüse für das Püree bei und würzen Sie mit Salz und Pfeffer. Gießen Sie mit der Sahne auf und lassen Sie sie einkochen, bis sie bindet. Geben Sie das Gemüse mit der reduzierten Sahne in den Mixer, pürieren Sie es fein und vermischen Sie es mit den Eiern. Vermengen Sie die Masse mit den gekochten Gemüsen und schmecken Sie ab.

100 g fertige Strudelteigblätter (40 x 40 cm)
30 g Butter zum Bestreichen

Bereiten Sie den Strudel zu:

Legen Sie den Strudelteig auf ein Tuch auf, bestreichen Sie drei Viertel der Fläche mit etwas flüssiger Butter, verteilen Sie das Gemüse auf etwa ein Viertel des Strudelteiges, rollen Sie ihn ein und legen Sie den Strudel auf ein Backblech.
Bestreichen Sie ihn nochmals mit flüssiger Butter und backen Sie ihn ca. 40 Minuten bei 180°C (Thermostat Stufe 5) goldgelb.

60 g Schalotten
0,1 l heller Kalbs- oder Geflügelfond
0,2 l flüssige Sahne
0,1 l trockener Weißwein
20 g Butter
5 g Kerbel
5 g Estragon
5 g Zitronenmelisse
Salz
Pfeffer aus der Mühle
2 El geschlagene Sahne

Machen Sie die Kräutersauce:

Schneiden Sie die Schalotten fein und kochen Sie den Kalbsfond mit den Schalotten zur Hälfte ein. Füllen Sie anschließend mit der Sahne auf, kochen Sie die Flüssigkeit ein, bis sie eine cremige Konsistenz aufweist. In einer separaten Pfanne reduzieren Sie den Weißwein und fügen ihn dann bei. Kochen Sie die Sauce nicht zu lange, da sonst die Sahne gerinnt. Geben Sie die Sauce in den Mixer und montieren Sie sie mit kalten Butterflocken.
Hacken Sie Kerbel, Estragon und Zitronenmelisse fein und mengen Sie die Kräuter der Sauce bei. Schmecken Sie mit Salz und Pfeffer ab und ziehen Sie die geschlagene Sahne darunter.

<u>Vorbereitung:</u> 30 Min.
<u>Kochzeit:</u> 10 Min.
<u>Backzeit:</u> 40 Min.
<u>Küchengeräte:</u>
Sauteusen
Mixer, Pinsel
Backblech, Tuch

Man kann für dieses Gericht ohne weiteres fertigen dünnen Strudelteig verwenden. Für das Gemüsepüree lassen sich auch Gemüseabschnitte beziehungsweise der Strunk des Blumenkohls oder der Broccoli verwenden.

Graves blanc, Gutedel, Muscadet, Riesling trocken

Gemüsefrikassee

Einkauf:

6 Tomaten
1 Knoblauchzehe
Salz, Pfeffer
1 große Gurke
4 Zucchini
3 mittelgroße Auberginen/Melanzani
(grobes) Salz

$^1/_2$ Zitrone
Olivenöl
Salz, Pfeffer

Zubereitung: 15 Min.
Kochzeit: 18 Min.
Küchengeräte:
1 Satz Kasserollen
Mixer

Bereiten Sie die Gemüse zu:

Schälen Sie die Tomaten, wozu Sie sie einige Sekunden in heißes Wasser tauchen und dann kurz abschrecken, entkernen Sie sie und pürieren Sie sie gemeinsam mit der Knoblauchzehe sowie Salz und Pfeffer im Mixer.
Schälen Sie die Gurke, die Zucchini und die Auberginen. Schneiden Sie die Gemüse in kleine Stiftchen und kochen Sie sie getrennt in Salzwasser (die Gurke 8 Minuten, die Zucchini 8 Minuten und die Auberginen/Melanzani 10 Minuten). Achten Sie darauf, daß die Gemüse dabei knackig bleiben.

Richten Sie die Gemüse an:

Richten Sie das Tomatenpüree auf einer Platte an und verteilen Sie darauf die noch lauwarmen Gemüse. Schmecken Sie alles mit der leicht gesalzenen und gepfefferten Zitronen-Olivenöl-Mischung ab und bringen Sie das Gericht lauwarm zu Tisch.

Kluser Federweisser, Rosé

Gemüseterrine

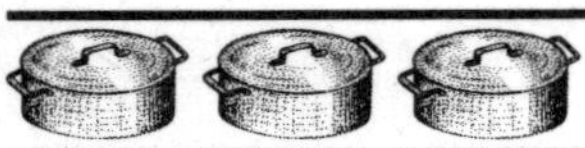

Einkauf:

4 Artischocken
$^1/_2$ Zitrone
5 cl Öl
1 Zitrone
Salz
100 g grüne Bohnen
Salz
130 g Blattspinat
Salz
200 g Möhren/Karotten
5 Avocados
Salz
$^1/_2$ Zitrone
1 Zitrone

Bereiten Sie die Gemüse vor:

Reißen Sie den Artischockenstiel mit der Hand aus, damit möglichst viele Fasern mitgehen, lösen Sie die Artischockenböden aus, indem Sie die Blätter rundherum entfernen, und reiben Sie die Artischockenböden mit einer halben Zitrone ein, damit sich diese nicht verfärben. Bringen Sie 2 Liter Wasser, dem Sie 5 cl Erdnußöl, Salz und Zitronensaft beigefügt haben, zum Kochen und kochen Sie darin die Artischockenböden 25 Minuten lang. Lassen Sie die Artischockenböden anschließend abtropfen, entfernen Sie die Blume und schneiden Sie die Böden in dünne Scheiben. Putzen Sie die grünen Bohnen, kochen Sie sie 10 Minuten in Salzwasser, ohne sie zuzudecken, spülen Sie sie ab und lassen Sie sie abtropfen. Putzen Sie den Spinat, blanchieren Sie ihn 2 bis 3 Minuten in Salzwasser, schwemmen Sie ihn ab, drücken ihn gut aus und hacken Sie ihn grob durch. Schälen Sie die Möhren/Karotten, vierteln Sie sie der Länge nach, schneiden Sie den fasrigen Mittelteil weg und kochen Sie sie 15 Minuten in Salzwasser. Schälen Sie die Avocados, reiben Sie sie mit dem Saft einer halben Zitrone ein, entfernen Sie die Kerne und pürieren Sie das Fruchtfleisch mit dem Saft einer Zitrone im Mixer.

8 Blätter Gelatine
30 g Crème fraîche
Salz
$^1/_2$ El Curry

Bereiten Sie die Avocadomousse zu:

Weichen Sie die Gelatine-Blätter in kaltem Wasser ein, drücken Sie sie leicht aus, lösen Sie sie in einer Kasserolle auf kleinem Feuer auf und verrühren Sie die Gelatine mit der Crème fraîche und der Avocadomasse, bevor sie auskühlt. Schmecken Sie mit einer Prise Salz und einem halben Eßlöffel Currypulver ab.

Schichten Sie die Gemüse in eine Pastetenform:

Bedecken Sie den Boden einer Terrinenform mit Avocadomousse, verteilen Sie darüber eine Lage grüne Bohnen, schichten Sie erneut Avocadomousse darauf und setzen Sie mit den Möhren/Karotten, den Artischocken und dem Spinat fort, die Pastetenform zu füllen, wobei Sie jeweils zwei Gemüseschichten durch eine Lage Avocadomousse voneinander trennen. Schließen Sie mit einer Schicht Avocadomousse ab und stellen Sie die Terrine für 3 Stunden in den Kühlschrank.

300 g Tomaten
Olivenöl
Sherry-Essig
Salz, Pfeffer
2 Stämmchen Estragon

Bereiten Sie die Tomatensauce zu:

Schälen Sie die Tomaten, nachdem Sie sie einige Sekunden lang in kochendes Wasser getaucht und abgeschreckt haben, entkernen Sie sie und pürieren Sie sie im Mixer. Fügen Sie 2 Eßlöffel Olivenöl, 1 Eßlöffel Sherry-Essig, Salz, Pfeffer und die kleingehackten Estragonblätter hinzu und verrühren Sie alles gut miteinander.

frischer Dill

Zum Servieren:

Stürzen Sie die Pastete kurz vor dem Servieren. Verteilen Sie auf jedem Teller etwas Tomatensauce, legen Sie je 2 Scheiben Gemüsepastete darauf und dekorieren Sie mit einigen Stämmchen frischem Dill.

Zubereitung: 45 Min.
Kochzeit: ca. 45 Min.
Kühlzeit: 3 Std.
Küchengeräte:
Kochtopf
1 Satz Kasserollen für die Gemüse
Mixer
Terrine oder Kuchenform

Gedämpfte Gemüse

Man kann die Gemüse statt in Wasser auch über Dampf kochen. Bei dieser Zubereitungsart bleiben die Mineralsalze und Vitamine erhalten, außerdem sehen die Gemüse dann auch nach dem Kochen noch frisch aus.

La Côte, Grüner Veltliner, Kluser Gutedel, Riesling Kabinett trocken (Rheinhessen)

Italienische Nudeln „All'arrabiata“

Einkauf:

600 g Tomaten
220 g frische Schweinsbrust
Olivenöl
Erdnußöl
2 Zwiebeln
2 Knoblauchzehen
Salz, Pfeffer
1 Kräutersträußchen
Cayenne-Pfeffer

Bereiten Sie die Sauce zu:

Schälen Sie die Tomaten, nachdem Sie sie einige Sekunden in heißes Wasser getaucht und dann abgeschreckt haben, entfernen Sie die Kerne und pürieren Sie das Fruchtfleisch im Mixer. Schneiden Sie die Schweinsbrust in kleine Speckwürfel und blanchieren Sie diese 2 Minuten in kochendem Wasser. Gießen Sie 3 Eßlöffel Olivenöl und 3 Eßlöffel Erdnußöl in eine Pfanne und braten Sie darin die Speckwürfel und die gehackten Zwiebeln 4 bis 5 Minuten unter ständigem Umrühren an. Wenn die Zwiebeln beginnen, goldgelb zu werden, fügen Sie den gehackten Knoblauch, das Tomatenpüree und das Kräutersträußchen bei, salzen und pfeffern gut und lassen alles 30 Minuten auf kleiner Flamme kochen. Im letzten Moment würzen Sie die Sauce mit einer Messerspitze Cayenne-Pfeffer, damit sie ihren Namen „arrabiata“, das heißt „wild“, auch wirklich verdient.

Salz
800 g Penne (große Makkaroni)

Kochen Sie die Teigwaren:

Bringen Sie eine große Menge Salzwasser zum Kochen, kochen Sie darin die Teigwaren 10 bis 12 Minuten „al dente“. Lassen Sie sie abtropfen, geben Sie sie in eine Schüssel und gießen Sie die Sauce darüber.

Zubereitung: 40 Min.
Kochzeit: 10—12 Min.
Küchengeräte:
Mixer
Pfanne
großer Kochtopf

Blauer Zweigelt, Chianti, Côtes de Provence, Merlot del Ticino

Kartoffelpüree mit Käse und Knoblauch

Einkauf:

1,6 kg Kartoffeln
Salz

150 g Speckwürfel
800 g frischer „Tomme du Cantal“-Käse

$^{1}/_{2}$ l Vollmilch
50 g Butter
0,1 l Crème fraîche
1 ausgepreßte Knoblauchzehe
Salz
Pfeffer

Kochen Sie die Kartoffeln:

Waschen Sie die Kartoffeln, geben Sie diese in eine Kasserolle, bedecken Sie sie mit Wasser, fügen Sie (grobes) Salz hinzu und lassen Sie sie 25 bis 30 Minuten kochen.

Bereiten Sie den Käse und den Speck vor:

Während die Kartoffeln kochen, lassen Sie die Speckwürfel in einer Pfanne auf kleiner Flamme anschwitzen und schneiden den Käse in dünne Streifen. Schneiden Sie ihn auf keinen Fall in Würfel, und reiben Sie ihn auch nicht. Verwenden Sie zum Käseschneiden ein möglichst breites Messer, das erleichtert die Arbeit sehr.

Bereiten Sie das Kartoffelpüree zu:

Schälen Sie die gekochten Kartoffeln, pressen Sie sie mit Hilfe der Kartoffelpresse in eine Kasserolle, gießen Sie nach und nach heiße Milch dazu. Arbeiten Sie das Püree mit einem Kochlöffel gut durch: Das ist das ganze Geheimnis eines guten Pürees. Fügen Sie dann die Butter hinzu und rühren Sie alles nochmals kräftig durch. Dann vermischen Sie das Püree mit dem ausgelassenen Fett (ohne Speckwürfel) und der Crème fraîche. Das Püree soll so fest wie möglich sein, deshalb ist es besser, am Anfang mit der Milch sparsam umzugehen. Wenn nötig, können Sie später immer noch etwas Milch zugießen. Fügen Sie nun die ausgepreßte Knoblauchzehe hinzu und würzen Sie nach. Stellen Sie das Püree erneut auf den Herd und rühren Sie bei kleiner Flamme den Käse ein. Wenn die Masse gut vermischt ist und Fäden zu ziehen beginnt, ist das Gericht fertig. Bringen Sie es dann so schnell wie möglich zu Tisch. Diese Beilage paßt vorzüglich zu Schweinshaxen, Kuttelwurst oder zu sonstigen knusprigen gebratenen Würsten.

Zubereitung: 30 Min.
Kochzeit: 45 Min.
Küchengeräte:
Kasserolle
Pfanne
Kartoffelpresse
Kasserolle mit dickem Boden, wenn möglich beschichtet

Sie können das Püree im voraus zubereiten, doch müssen Sie dann frische Milch darauf gießen, damit die Oberfläche nicht zu verkrusten beginnt. Wenn Sie einen Rechaud besitzen, können Sie dieses Gericht auch bei Tisch fertigkochen, das heißt, den Käse erst dann untermischen. Das ist effektvoll und wirkt zusätzlich appetitanregend.

Bianco del Ticino, Cahors, Goron, St. Laurent

Knoblauchkroketten

Einkauf:

30 Knoblauchzehen
8 Eier
75 g Butter
2 Basilikumblätter
Salz, Pfeffer

Machen Sie das Knoblauchpüree:

Blanchieren Sie die Knoblauchzehen in einem großen Kochtopf ca. 20 Minuten und wechseln Sie dabei dreimal das Wasser. Wenn die Knoblauchzehen weich sind, spülen Sie sie mit kaltem Wasser ab, lassen sie gut abtropfen und pürieren sie im Mixer.
Kochen Sie 8 Eier hart. Geben Sie das Knoblauchpüree, die ebenfalls im Mixer pürierten harten Eigelb, die frische Butter und 2 feingehackte Basilikumblätter in eine Schüssel, fügen Sie Salz und Pfeffer hinzu und verrühren Sie alles gut miteinander.
Formen Sie aus der Knoblauchmasse billardgroße Kugeln, legen Sie sie auf ein Blatt Alufolie und lassen Sie sie im Kühlschrank hart werden.

Mehl
2 Eier
1 El Öl
Salz, Pfeffer
40 g weißes Paniermehl
Öl zum Herausbacken

Backen Sie die Kroketten heraus:

Wälzen Sie die Kugeln zuerst in Mehl, dann in den geschlagenen, mit 1 Eßlöffel Öl, Wasser, Salz und Pfeffer verrührten Eiern und schließlich in Paniermehl. Geben Sie den Kugeln die Form von Knoblauchzehen und backen Sie sie kurz vor dem Servieren 2 Minuten lang in Öl heraus. Bringen Sie die Knoblauchkroketten mit Kaninchengerichten zu Tisch.

Zubereitung: 25 Min.
Kochzeit: ca. 25 Min.
Küchengeräte:
große Kasserolle
Mixer
große Schüssel
Alufolie
Fritierpfanne
(oder Friteuse)

Kartoffeln nach Art der Auvergne

Einkauf:

1,5 kg speckige Kartoffeln
20 g Gänsefett oder Schweineschmalz
Salz, Pfeffer
1 Knoblauchzehe
3 Stämmchen Petersilie

<u>Zubereitung</u>: 10 Min.
<u>Kochzeit</u>: ca. 40 Min.
<u>Küchengeräte</u>:
sauberes Geschirrtuch oder Küchenkrepp
Schmorpfanne

Braten Sie die Kartoffeln:

Schälen Sie die Kartoffeln, schneiden Sie sie in dünne Scheiben, waschen Sie sie und trocknen Sie sie mit einem sauberen Geschirrtuch oder Küchenkrepp ab. Lassen Sie in einer Schmorpfanne das Gänsefett zergehen — es soll warm, aber nicht heiß sein —, geben Sie die Kartoffeln dazu und schwenken Sie während des Bratens die Pfanne öfter hin und her.
Nach 10 Minuten, sobald die Kartoffeln braungebraten sind, bestreuen Sie diese mit Salz und Pfeffer und lassen sie abermals unter oftmaligem Schütteln der Pfanne 25 bis 30 Minuten zugedeckt weiterbraten. Vor dem Servieren hacken Sie 1 Knoblauchzehe und 3 Stämmchen Petersilie klein und bestreuen damit die Kartoffeln.

Cahors, Fendant, Riesling Kabinett halbtrocken (Mosel/Saar/Ruwer), Welschriesling

Ofenkartoffeln mit Mark

Einkauf:

12 Frühkartoffeln

3 Markknochen
(grobes) Salz
6 Geflügellebern
Salz, Pfeffer

<u>Zubereitung</u>: 10 Min.
<u>Kochzeit</u>: ca. 30 Min.
<u>Küchengeräte</u>:
Alufolie
Kasserolle

Kochen Sie die Kartoffeln:

Waschen Sie die Kartoffeln sorgfältig, trocknen Sie sie mit einem sauberen Geschirrtuch ab, wickeln Sie sie in Alufolie und braten Sie sie dann 20 bis 25 Minuten im heißen Rohr (220°C, Thermostat Stufe 7).

Bereiten Sie das Mark zu:

Lassen Sie Salzwasser in einer Kasserolle aufwallen und kochen Sie darin die Markknochen 2 bis 3 Minuten lang. Lassen Sie die Knochen abkühlen, bevor Sie das Mark aus den Knochen lösen. Schneiden Sie jede Kartoffel in der Mitte auseinander und belegen Sie jede Hälfte abwechselnd mit Markscheiben und den in Scheiben geschnittenen Geflügellebern. Salzen und pfeffern Sie die Kartoffeln und schieben Sie sie für 5 Minuten ins heiße Rohr (240°C, Thermostat Stufe 8). Bringen Sie die Kartoffeln sofort zu Tisch.

Beaujolais, Dôle, Neuburger, Spätburgunder Kabinett trocken (Baden), St. Laurent

Ratatouille kalt mit Safran

Einkauf:

6 Zwiebeln
4 El Olivenöl
8 Auberginen/
Melanzani
8 Zucchini
8 Paprika

Braten Sie zuerst die Gemüse an:

Schälen Sie die Zwiebeln und schneiden Sie sie blättrig. Erhitzen Sie 4 Eßlöffel Öl in einem Kochtopf, braten Sie die Zwiebeln an, nehmen Sie sie dann mit einem Schaumlöffel heraus, sobald sie glasig werden. Stellen Sie die Zwiebeln beiseite und halten Sie sie warm. Schälen Sie die Auberginen/Melanzani und schneiden Sie sie würfelig. Braten Sie sie im selben Topf an, in dem Sie vorher die Zwiebeln angeschwitzt haben, und stellen Sie diese auch warm. Ebenso verfahren Sie mit den ungeschälten Zucchini. Entfernen Sie Stiele und Kerne der Paprikaschoten. Schneiden Sie die Paprika in dünne Streifen, braten Sie sie an und stellen Sie sie ebenfalls warm.

4 El Olivenöl
2 Knoblauchzehen
10 schöne Tomaten
1 Kräutersträußchen
1 Bund Basilikum
3 Gewürznelken
Safran
Salz, Pfeffer

Vollenden Sie die Ratatouille:

Gießen Sie das Bratfett ab, reinigen Sie den Topf und erhitzen Sie erneut 4 Eßlöffel Olivenöl darin. Fügen Sie den gehackten Knoblauch, die Zwiebeln, die Zucchini, die Paprikaschoten, die geschälten, entkernten und zerkleinerten Tomaten (die Sie vor dem Schälen einige Minuten in heißes Wasser tauchen und in kaltem Wasser abschrecken), das Kräutersträußchen, die gehackten Basilikumblätter, 3 Gewürznelken und eine Prise Safran hinzu. Salzen und pfeffern Sie alles und lassen Sie die Gemüse 1 Stunde lang auf kleiner Flamme zu einem Püree einkochen. Stellen Sie die Ratatouille hierauf in den Kühlschrank und bringen Sie sie kalt zu Tisch.

Zubereitung: 1 Std.
Kochzeit: 1 Std.
Kühlzeit: 3 Std.
Küchengeräte:
Kochtopf
Schaumlöffel

Côtes de Provence, Hallauer Süßdruck, Schilcher, Zweigelt

Ravioli „Casalinghi“

Einkauf:

350 g Hartweizenmehl
2 Eier
Salz

Bereiten Sie den Teig zu:

Geben Sie das Mehl in eine Schüssel und arbeiten Sie 2 ganze Eier und nach und nach 3 Eßlöffel Wasser ein. Salzen Sie, kneten Sie den Teig erneut durch, formen Sie ihn zu einer Kugel, decken ihn mit einem feuchten Tuch zu und lassen Sie ihn 2 bis 3 Stunden an einem kühlen und luftigen Ort rasten.

3 El Öl
300 g Kalbsschulter
300 g Hühnerfleisch
150 g mageres Schweinefleisch
2 Zwiebeln
Salz, Pfeffer
1 Glas Weißwein
1 Kräutersträußchen
1 Kalbshirn
(grobes) Salz
50 g Butter
Paniermehl
80 g geriebener Parmesan
3 ganze Eier
Muskatnuß
Salz, Pfeffer

Bereiten Sie die Fülle zu:

Geben Sie 3 Eßlöffel Öl in eine Schmorpfanne, braten Sie darin das in Stücke geschnittene Fleisch und die fein gehackten Zwiebeln 4 bis 5 Minuten an, salzen und pfeffern Sie, fügen Sie den Weißwein und das Kräutersträußchen hinzu und lassen Sie alles 30 Minuten dünsten. Während dieser Zeit kochen Sie das Kalbshirn 8 bis 10 Minuten in Salzwasser, lassen es abtropfen und braten es einige Minuten in einer Pfanne mit etwas Butter an. Wenn das Fleisch gar ist, nehmen Sie das Kräutersträußchen heraus, füllen alles in eine Schüssel, geben das grob zerkleinerte Kalbshirn dazu und drehen alles durch die feine Scheibe des Fleischwolfes, bevor Sie das Paniermehl, den Parmesan, die ganzen Eier und eine Prise geriebene Muskatnuß unter die Masse rühren und nachwürzen.

Mehl
1 Eigelb
(grobes) Salz

Machen Sie die Ravioli fertig:

Rollen Sie den Teig entweder mit einer Teigmaschine, die Sie im Handel kaufen können, oder mit einem Nudelholz auf einer ebenen Unterlage, die Sie vorher mit etwas Mehl bestäuben, so dünn wie möglich aus.
Bestreichen Sie die Hälfte des Teiges mit dem verquirlten Eigelb. Setzen Sie mit Hilfe eines Dressiersacks (mittelgroßes Ansatzstück) in regelmäßigen Abständen kleine Häufchen Fülle auf den Teig, legen Sie ein gleichgroßes Teigstück darüber und pressen Sie es mit einem Tuch leicht an, damit die Teigblätter gut zusammenhalten. Schneiden Sie mit einem Teigrad kleine gefüllte Quadrate aus und kochen Sie die Ravioli knapp vor dem Servieren 8 Minuten in einem großen Topf mit Salzwasser.

Zubereitung: 1 Std.
Rastzeit für den Teig: 2—3 Std.
Kochzeit: 8 Min.
Küchengeräte:
große Schüssel
Schmorpfanne
Pfanne
Fleischwolf
Teigmaschine oder Nudelholz
Küchenpinsel
Dressiersack
Teigrad
Kochtopf

Wie Ravioli am besten schmecken

Lassen Sie die Ravioli zum Kochen nach und nach in siedendes Salzwasser gleiten und drehen Sie die Flamme für 3 Minuten zurück, sobald die Ravioli an die Oberfläche steigen. Bringen Sie die Ravioli einfach mit frischer Butter und geriebenem Parmesan oder eventuell auch mit einer Tomatensauce zu Tisch.

Bianco del Ticino, Chianti, Merlot del Ticino, St. Laurent

Spaghetti mit Meeresfrüchten

Einkauf:

1,5 kg Herzmuscheln
1,5 kg Miesmuscheln
300 g Tintenfische
225 g Angler (Seeteufel)
12 bis 18 Langostinos
(Kaisergranat-Scampis)

Bereiten Sie die Meeresfrüchte vor:

Waschen Sie die Herz- und Miesmuscheln gut unter fließendem Wasser, lassen Sie sie in einem Gefäß in etwas Wasser aufgehen, lösen Sie sie aus der Schale und stellen Sie sie beiseite.
Lassen Sie die Tintenfische von Ihrem Fischhändler kochfertig herrichten und, falls möglich, gleich in dünne Streifen schneiden. Schneiden Sie den Angler in Würfel und schälen Sie die Langostinos aus ihrem Panzer.

3 El Olivenöl
3 Knoblauchzehen
2 El gehackte Petersilie
Salz, Pfeffer
3 Tomaten

Bereiten Sie die Sauce zu:

Braten Sie in einer Schmorpfanne in 3 Eßlöffeln Olivenöl den gehackten Knoblauch, 2 Eßlöffel gehackte Petersilie, den würfelig geschnittenen Angler, die Muscheln und die Langostinos an.
Würzen Sie mit Salz und Pfeffer, fügen Sie die geschälten und zerkleinerten Tomaten (die Sie vor dem Schälen einige Sekunden in heißes Wasser getaucht und abgeschreckt haben) hinzu und lassen Sie alles gemeinsam 20 Minuten dünsten.

1 Handvoll (grobes) Salz
800 g Spaghetti

Kochen Sie die Teigwaren:

Währenddessen bringen Sie 6 Liter Salzwaser in einem großen Topf zum Kochen. Sobald das Wasser aufzuwallen beginnt, lassen Sie die Spaghetti hineingleiten und kochen sie 12 Minuten, bis sie „al dente" sind. Lassen Sie sie gut abtropfen, geben Sie sie in eine große, vorgewärmte Schüssel und gießen Sie die Sauce darüber. Servieren Sie sofort.

Zubereitung: 45 Min.
Kochzeit: 12 Min.
Küchengeräte:
Pfanne
Schmorpfanne
großer Topf
Sieb

So können Sie den Geschmack der Sauce verbessern
Fügen Sie würfelig geschnittene Jakobsmuscheln und Langostinos-Schwänze bei, flambieren Sie alle Zutaten nach dem Anbraten mit Cognac (Weinbrand) und würzen Sie mit frischem Basilikum, was dem Gericht eine sommerliche Note verleiht. Wenn es gerade kein frisches Basilikum gibt, nehmen Sie statt dessen frische, aromatische Petersilie.

La Côte, Grüner Veltliner, Kluser Pinot blanc, Muscadet, Rheinriesling, Riesling Kabinett halbtrocken (Rheinhessen), Sancerre

Schalotten in Apfelwein (Cidre), Möhren/Karotten in Honig

Einkauf:

450 g Schalotten
2 Gläser Apfelwein (Cidre)
Salz, Pfeffer
40 g Butter

600 g Möhren/Karotten
(grobes) Salz
30 g Butter
2 El Honig

Zubereitung: 10 Min.
Kochzeit: 40 Min.
Küchengeräte:
feuerfeste Formen
Kasserolle

Bereiten Sie die Schalotten zu:

Schälen Sie die Schalotten, geben Sie sie in eine feuerfeste Form, begießen Sie sie mit dem Apfelwein (Cidre), fügen Sie Salz und Pfeffer hinzu, verteilen Sie einige Butterflocken darüber und schieben Sie sie für 30 Minuten ins mittelheiße Rohr (200°C, Thermostat Stufe 6).

Bereiten Sie die Möhren/Karotten zu:

Schälen Sie die Möhren/Karotten, kochen Sie sie 15 Minuten lang in Salzwasser und lassen Sie sie abtropfen. Geben Sie die Möhren/Karotten in eine feuerfeste Form, bestreichen Sie sie mit einer Sauce aus 30 g zerlassener Butter und 2 Eßlöffeln Honig und schieben Sie sie für 8 bis 10 Minuten ins mittelheiße Rohr (200°C, Thermostat Stufe 6). Servieren Sie die lauwarmen Möhren/Karotten mit den Schalotten gemeinsam.

Apfelwein, Cidre, Grüner Veltliner

Sellerietörtchen

Einkauf:

1 schöne Sellerieknolle
$^1/_2$ Zitrone
(grobes) Salz
0,3 l Crème fraîche
2 Eier
Salz, Pfeffer

60 g Butter

Zubereitung: 10 Min.
Kochzeit: 20 Min.
Küchengeräte:
Mixer
6 Tartelette-, oder Ramequin-Formen oder niedrige Kaffeetassen

Bereiten Sie den Sellerie zu:

Schälen Sie die Sellerieknolle, schneiden Sie sie in größere Stücke und reiben Sie jedes Selleriestück mit der Zitronenhälfte ein, um zu verhindern, daß sie schwarz werden. Dann kochen Sie die Selleriestücke 12 Minuten in Salzwasser. Pürieren Sie sie anschließend im Mixer, fügen Sie die Crème fraîche und die Eier hinzu und schalten Sie den Mixer nochmals ein. Wenn nötig, würzen Sie die Masse mit Salz und Pfeffer nach.

Vollenden Sie die Törtchen:

Füllen Sie 6 kleine, niedrige, bebutterte Tartelette-Förmchen mit dem Selleriepüree und lassen Sie diese 20 Minuten im Wasserbad bei mittelstarker Hitze (200°C, Thermostat Stufe 6) im Backrohr ziehen.
Stürzen Sie die Törtchen vor dem Servieren aus ihren Formen auf dafür vorgesehene Teller.

Beaujolais frais, Epesses, Schilcher, Vully

Le Lièvre

Spaghetti „Reale“

Einkauf:

Beginnen Sie mit der Sauce:

50 g Butter
Olivenöl
100 g gekochter Schinken
1 Schalotte
200 g Champignons
100 g Lammbries

Geben Sie Butter und Olivenöl in eine Schmorpfanne und braten Sie darin den in dünne Streifen geschnittenen Schinken 2 oder 3 Minuten an. Stellen Sie ihn dann auf einem Teller beiseite. In der selben Schmorpfanne dünsten Sie die feingehackten Schalotten und die blättrig geschnittenen Champignons leicht an, bis die Schalotte beginnt, glasig zu werden, dann stellen Sie auch die Schalotte-Champignon-Mischung beiseite. Nun braten Sie, immer noch in der selben Schmorpfanne, das kleinwürfelig geschnittene Lammbries an, geben die anderen Zutaten, die Sie in der Zwischenzeit warmgehalten haben, in die Pfanne zum Bries zurück und halten alles gemeinsam auf kleiner Flamme warm.

Kochen Sie die Spaghetti:

1 Handvoll (grobes) Salz
600 g Spaghetti

Bringen Sie in einem großen Topf Salzwasser zum Kochen, geben Sie die Teigwaren ins Wasser, sobald es zu wallen beginnt, und kochen Sie die Spaghetti maximal 12 Minuten, damit sie „al dente“ bleiben.

Machen Sie die Sauce fertig:

6 Eier
Salz
0,1 l Crème fraîche
80 g geriebener Parmesan
30 g Butter
100 g geriebener Parmesan

Während die Teigwaren kochen, schlagen Sie die Eier wie für eine Omelette auf, salzen leicht, fügen Crème fraîche und geriebenen Parmesan hinzu und leeren die ganze Masse zu den anderen Zutaten in die Schmorpfanne. Wenn die Spaghetti gekocht sind, lassen Sie sie gut abtropfen, geben sie in eine große, vorgewärmte Schüssel und gießen die Sauce darüber. Mischen Sie alles kräftig durch, geben Sie die Butter dazu, mischen Sie nochmals alles durch und bringen Sie die Spaghetti heiß zu Tisch. Dazu reichen Sie geriebenen Parmesan.

Zubereitung: 20 Min.
Kochzeit: 12 Min.
Küchengeräte:
Schmorpfanne
großer Kochtopf

◄ Apfelscheiben in Bierteig gebacken

Eine franko-italienische Kreation
Hier ein herrliches Rezept von Spaghetti „mit drei Käsen“: Lassen Sie in einer Kasserolle 100 g Butter zergehen und fügen Sie $^1/_4$ Liter Crème fraîche und 50 g würfelig geschnittenen Gorgonzola hinzu (wenn Sie keinen Gorgonzola bekommen, nehmen Sie Bleu de Bresse). Wenn der Käse geschmolzen ist, geben Sie 50 g geriebenen Fontine (oder Raclette) und 180 g geriebenen Parmesan (oder Gruyère) dazu. Gießen Sie die Käsesauce über die Teigwaren und mischen Sie alles kräftig durch.

Aigle rouge, Blauer Portugieser, Rosé, Soave

Spinat-Soufflé

Einkauf:

900 g Blattspinat
40 g Butter
0,2 l Crème fraîche
Salz, Pfeffer
Muskatnuß

Kochen Sie den Spinat:

Verlesen Sie den Spinat, waschen Sie die Spinatblätter und lassen Sie sie abtropfen. Geben Sie den Spinat mit einem nußgroßen Stück Butter in eine Kasserolle und dünsten Sie ihn darin so lange, bis alle Flüssigkeit verdampft ist. Fügen Sie die Crème fraîche hinzu, mischen Sie alles kräftig durch und lassen Sie den Spinat noch 8 bis 10 Minuten weiterdünsten. Salzen und pfeffern Sie leicht, würzen Sie mit einer Prise Muskatnuß und pürieren Sie alles im Mixer.

4 Eigelb
10 Eiweiß

Bereiten Sie das Soufflé zu:

Fahren Sie in der Zubereitung des Soufflés mit 4 Eigelb und 10 Eiweiß fort (indem Sie sich an die Absätze 2, 3 und 4 des Rezeptes für das Blumenkohl-Soufflé, Seite 183, halten).

<u>Zubereitung</u>: 30 Min.
<u>Kochzeit</u>: 10 Min.
<u>Küchengeräte:</u>
Mixer
Handmixer
mit Schneebesen
6 Soufflé-Förmchen
Küchenpinsel

Bieler Seewein, Fendant, Grüner Veltliner, Mâcon blanc, Weißburgunder Kabinett trocken (Rheinpfalz)

SAUCEN

Diätmayonnaise

Einkauf:

2 Eigelb
200 g fettfreier Topfen/Quark
1 Zitrone
grüner Pfeffer
3 Blätter Basilikum
Ketchup

Zubereitung: 5 Min.
Küchengerät:
Mixer

Bereiten Sie die Mayonnaise zu:

Geben Sie das Eigelb, den Topfen/Quark und den Saft einer Zitrone in den Aufsatz Ihres Mixers und lassen Sie diesen so lange laufen, bis die Zutaten gut vermischt sind. Dann schmecken Sie die Masse mit grünem Pfeffer, gehacktem, frischem Basilikum und Ketchup ab.

Steinpilzsauce

Einkauf:

1 kg Steinpilze, frisch oder aus der Dose
200 g Rohschinken
4 Schalotten
60 g Gänsefett oder Butter
0,2 l trockener Weißwein
Salz, Pfeffer
3 Stämmchen Petersilie

Zubereitung: 40 Min.
Küchengerät:
Kochtopf

Bereiten Sie die Sauce zu:

Putzen Sie die Steinpilze, indem Sie das erdige Ende der Stiele abschneiden, und schneiden Sie die Pilze würfelig. Schneiden Sie den Rohschinken in dünne Streifen und hacken Sie die Schalotten fein. Erhitzen Sie das Gänsefett in einem Kochtopf und braten Sie darin schnell die Schalotten und den Rohschinken an. Löschen Sie mit Weißwein ab, lassen Sie alles 10 Minuten lang dünsten und fügen Sie dann die Steinpilze, die Sie in heißer Butter kurz angeröstet haben, hinzu. Salzen und pfeffern Sie, lassen Sie alles nochmals 5 Minuten lang weiterdünsten und bringen Sie die Sauce, mit Petersilie bestreut, gemeinsam mit Geflügel oder einem Kalbsbraten zu Tisch.

Kressemayonnaise

Einkauf:

2 Eigelb
Senf
$^{1}/_{4}$ l Erdnußöl
Salz, Pfeffer
Essig

Bereiten Sie die Mayonnaise zu:

Vermischen Sie in einer Schüssel das Eigelb mit dem Senf und lassen Sie unter ständigem Rühren $^{1}/_{4}$ Liter Öl eintropfen, bis die Mayonnaise fest wird. Salzen und pfeffern und fügen Sie eventuell 1 Teelöffel Essig hinzu.

½ Bund Kresse
2 Stämmchen Estragon
1 Zitrone
½ Zwiebel
Salz, Pfeffer

<u>Zubereitung:</u> 10 Min.
<u>Küchengeräte:</u>
Schneebesen
Mixer

Fügen Sie die Kresse bei:

Säubern Sie die Kresse sorgfältig und pürieren Sie diese gemeinsam mit dem Estragon, dem Zitronensaft und der grob zerkleinerten Zwiebel in Ihrem Mixer.
Verrühren Sie die Kressemischung mit der Mayonnaise, bis sie eine gleichmäßig grüne Farbe bekommt, und schmecken Sie sie ab. Reichen Sie die Kressemayonnaise zu weißem Fleisch oder zu Geflügel.

Oliven-Champignon-Sauce

Einkauf:

2 El Crème fraîche
½ Knoblauchzehe
100 g Champignons
12 grüne Oliven

<u>Zubereitung:</u> 3 Min.
<u>Küchengerät:</u>
Kasserolle

Bereiten Sie die Sauce zu:

Zu einem im Rohr gebratenen Kalbsbraten ist folgende Sauce besonders fein: Verrühren Sie den Bratensaft mit 2 Eßlöffeln Crème fraîche und fügen sie ½ feingehackte Knoblauchzehe, 100 g blanchierte und zerkleinerte Champignons und 12 grüne Oliven hinzu. Die geschmackliche Mischung von Champignons und Oliven ist gleich unerwartet wie gelungen.

Sauce Jolly

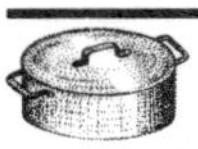

Einkauf:

125 g Butter
Senf
Salz, Pfeffer

<u>Zubereitung:</u> 3 Min.
<u>Küchengerät:</u>
Kasserolle

Bereiten Sie die Sauce Jolly zu:

Diese Sauce, die in 3 Minuten fertig ist, ist besonders gut zu gegrilltem Fleisch. Bereiten Sie sie erst im letzten Moment zu, vergessen Sie nicht, die Butter 1 Stunde vorher aus dem Kühlschrank zu nehmen, damit sie weich wird.
Schneiden Sie die Butter in Stücke und erhitzen Sie sie mit 5 Eßlöffeln Wasser auf mittelgroßer Flamme in einer Kasserolle. Rühren Sie vorsichtig, bis die Mischung dick wird; nehmen Sie die Kasserolle vom Feuer und mischen Sie unter schnellem Umrühren 1 Eßlöffel Senf darunter. Schmecken Sie die Sauce ab und bringen Sie sie gleich zu Tisch.

Sauce Vieux Marly

Einkauf:
0,3 l Weißwein
1 Glas Portwein
1 El gehackte Schalotten
Rinderbrühenkonzentrat
0,4 l Crème fraîche
Salz, Pfeffer

Zubereitung: 10 Min.
Küchengerät:
kleine Kasserolle

Bereiten Sie die Sauce zu:
Lassen Sie den Weißwein in einer kleinen Kasserolle auf großer Flamme einkochen. Fügen Sie 1 Glas Portwein hinzu und mischen Sie 1 Eßlöffel gehackte Schalotten, etwas Rinderbrühenkonzentrat und die Crème fraîche unter den reduzierten Alkohol. Salzen und pfeffern Sie und lassen Sie die Sauce schnell aufkochen, bis sie eine schöne, hellbraune Farbe bekommt. Reichen Sie die Sauce zu dunklem Fleisch oder zu Fisch.

Trüffelsauce

Einkauf:
60 g Trüffeln
(aus der Dose)
15 g Butter
0,2 l Schlagsahne
2 El Armagnac
Salz, Pfeffer
150 g Butter
1 Zitrone

Zubereitung: 20 Min.
Küchengerät:
Kasserolle

Bereiten Sie die Sauce zu:
Lassen Sie die Trüffeln abtropfen, fangen Sie den Saft auf und schneiden Sie sie stiftelig. Erhitzen Sie 15 g Butter in einer Kasserolle und braten Sie darin die zerkleinerten Trüffeln 2 Minuten lang an. Löschen Sie mit dem aufgefangenen Trüffelsaft ab, fügen Sie die Schlagsahne und den vorher reduzierten und flambierten Armagnac hinzu. Würzen Sie und lassen Sie die Sauce auf die Hälfte einkochen (was ungefähr 5 Minuten dauert). Rühren Sie danach die zerkleinerte Butter in die Sauce und geben Sie den Saft einer Zitrone dazu, sobald die Sauce beginnt, cremig zu werden. Reichen Sie die Trüffelsauce zu dunklem Fleisch.

Zitronenbutter mit Kräutern

Einkauf:
100 g Butter
5 Blätter Basilikum
2 Stämmchen Estragon
2 Stämmchen Petersilie
1 junge, grüne Zwiebel
1 Zitrone (ungespritzt)

Zubereitung: 10 Min.
Kühlzeit: 2 Std.
Küchengeräte:
Schüssel, Alufolie

Bereiten Sie die Zitronenbutter zu:
Bearbeiten Sie die Butter in einer Schüssel mit der Gabel so lange, bis sie cremig wird. Mischen Sie das Basilikum, den Estragon, die Petersilie, die feingehackte grüne Zwiebel sowie den Saft und die geriebene Schale einer Zitrone unter die Butter.
Verrühren Sie alles gut, geben Sie die Butter in eine Schüssel, decken Sie sie mit Alufolie zu und stellen Sie sie in den Kühlschrank. Bringen Sie die Butter mit kleinen Gemüsen oder Huhn zu Tisch.

DESSERTS

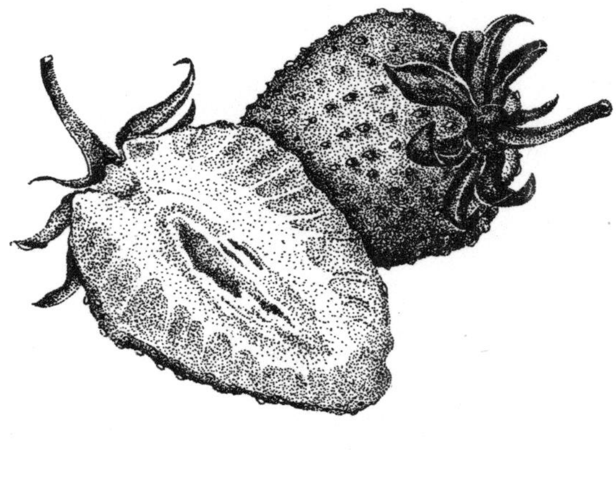

Frische Ananas aus dem Backrohr

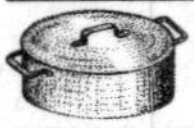

Einkauf:

1 kg Aprikosen/Marillen
40 g Zucker

Bereiten Sie die Aprikosensauce zu:

Waschen und entkernen Sie die Aprikosen, geben Sie sie mit einem halben Glas Wasser und dem Zucker in eine Kasserolle und lassen Sie sie auf kleiner Flamme 12 Minuten kochen. Pürieren Sie die Früchte im Mixer und schmecken Sie die Sauce ab; sie soll süß sein, aber einen leicht säuerlichen, fruchtigen Beigeschmack behalten.

1 Ananas (ca. 1 kg)
1 Zitrone
20 g Zucker
30 g Butter

Schieben Sie die Ananas ins Backrohr:

Schälen Sie die Ananas sorgfältig, schneiden Sie sie in Scheiben und entfernen Sie den harten Strunk aus der Mitte. Schichten Sie die Scheiben in eine feuerfeste Schüssel, beträufeln Sie sie mit Zitronensaft, bestreuen Sie alles mit Zucker, verteilen Sie ein paar kleine Butterstückchen darüber, dann schieben Sie die Schüssel für 10 Minuten ins heiße Rohr (220°C, Thermostat Stufe 7).
Bringen Sie die Ananas warm zu Tisch und reichen Sie die Aprikosensauce dazu.

Zubereitung: 30 Min.
Kochzeit: 10 Min.
Küchengeräte:
Kasserolle
Mixer
feuerfeste Schüssel

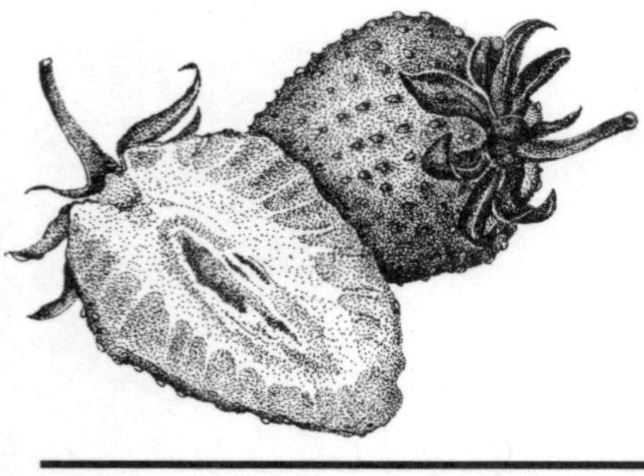

Ananas-Soufflé

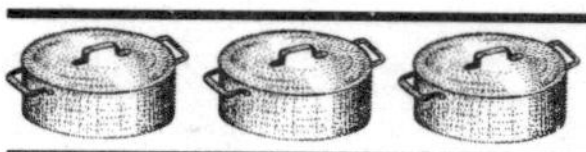

Einkauf:

2 Bananen
7 Ananasscheiben
30 g Butter

Bereiten Sie das Ananaspüree zu:

Pürieren Sie 2 Bananen und 5 Ananasscheiben im Mixer und erwärmen Sie das Fruchtpüree mit einem nußgroßen Stück Butter auf kleiner Flamme in einer Kasserolle.
Währenddessen schneiden Sie die restlichen beiden Ananasscheiben in kleine Würfel. Sobald das Fruchtpüree heiß ist, nehmen Sie die Kasserolle vom Feuer, vermischen die Fruchtmasse mit den kleinen Würfeln und lassen alles auskühlen.

6 Eigelb
12 Eiweiß

Rühren Sie Eigelb und Schnee unter das Püree:

Sobald das Ananaspüree ausgekühlt ist, fügen Sie das Eigelb unter kräftigem Rühren hinzu. Schlagen Sie das Eiweiß zu festem Schnee, verrühren Sie ein Fünftel des Schnees mit der Fruchtmasse, ohne auf die Konsistenz des Schnees zu achten, und heben Sie dann vorsichtig den restlichen Schnee, mit Rührbewegungen von oben nach unten, unter die Masse.

30 g Butter
Mehl

Füllen Sie die Souffléform:

Streichen Sie die Souffléform mit einem Pinsel gleichmäßig mit etwas Butter aus. Bestäuben Sie die Form mit einer dünnen Schicht Mehl und füllen Sie die Ananasmasse ein. Nehmen Sie den Rand der Souffléform zwischen Zeigefinger und Daumen (den Daumen innen), drehen Sie die Form einmal herum, um den Rand zu säubern, damit das Soufflé besser aufgeht, schieben Sie die Form ins 10 Minuten lang vorgeheizte Rohr (220°C, Thermostat Stufe 7) und lassen Sie das Soufflé noch weitere 15 Minuten im Rohr. Bringen Sie das Ananas-Soufflé danach sofort zu Tisch.

Zubereitung: 15 Min.
Backzeit: 25 Min.
Küchengeräte:
Mixer
Pinsel
Kasserolle
Handmixer mit Schneebesen
Souffléform, 20 cm Durchmesser

Ananas — einmal anders
Ananas, vor allem die, die aus Guadalupe oder Martinique stammen, sind köstlich. Frische Ananas, die mit dem Flugzeug nach Europa kommen, weisen meist den richtigen Reifegrad auf, im Gegenteil zu den Früchten — der Mehrzahl übrigens —, die im Schiff die weite Reise zurücklegen. Hier ein Rezept, welches das Aroma der Ananas voll zur Geltung bringt: Streuen Sie etwas frisch gemahlenen Ingwer über die in Scheiben geschnittene Frucht.

Ananastorte

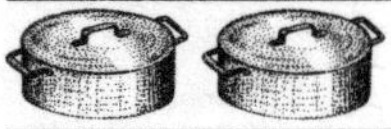

Einkauf:

1 frische Ananas (1 kg)

Zerkleinern Sie die Ananas:

Schälen Sie die Ananas und schneiden Sie diese in 10 gleich dicke Scheiben, entfernen Sie den harten Strunk aus der Mitte, zerkleinern Sie 2 Scheiben in Würfel, wobei Sie den Saft auffangen, und lassen Sie die restlichen 8 Scheiben ganz.

4 Eier
150 g Butter
100 g Staubzucker
125 g Mehl
1 Säckchen Backpulver
1 Säckchen Vanillezucker
100 g Zucker

Bereiten Sie den Teig zu:

Vermischen Sie die ganzen Eier, die geschmolzene Butter, den Staubzucker, das Mehl, das Backpulver und den Vanillezucker und rühren Sie die Ananaswürfel in den Teig.
Lassen Sie 100 g Zucker mit einer Spur Wasser in einer Tortenform karamelisieren. Wenn der Zucker eine schöne, braune Farbe angenommen hat, legen Sie den Boden und die Wände der Form mit den Ananasscheiben aus, füllen den Teig ein und backen die Torte im mittelheißen Rohr (220°C, Thermostat Stufe 7) ungefähr 30 Minuten. Stürzen Sie die Torte noch warm aus der Form und beträufeln Sie sie mit etwas Ananassaft.

Zubereitung: 15 Min.
Kochzeit: 30 Min.
Küchengeräte:
Tortenform,
22 cm Durchmesser

Apfelscheiben in Bierteig gebacken

Einkauf:

250 g Mehl
Salz
2 Eier
0,3 l Bier
5 cl Erdnußöl

Bereiten Sie den Bierteig zu:

Geben Sie das Mehl in eine Schüssel, machen Sie in der Mitte eine Mulde und geben Sie eine Prise Salz, 2 ganze Eier und 0,3 Liter Bier hinein.
Verrühren Sie alle diese Zutaten mit einem Kochlöffel, bis der Teig glatt ist. Gießen Sie das Öl dazu, arbeiten Sie den Teig nochmals durch und lassen Sie ihn 1 Stunde rasten.

1 kg Äpfel
50 g Staubzucker
0,1 l Alkohol (Calvados oder Cognac)
0,1 l Bier

Marinieren Sie die Äpfel:

Während der Teig rastet, schälen Sie die Äpfel, entfernen das Kernhaus und schneiden die Früchte in 5 mm dicke Scheiben. Schichten Sie die Apfelscheiben in eine tiefe Schüssel, bestreuen Sie sie mit Zucker, träufeln Sie Alkohol darüber, fügen Sie das Bier bei und lassen Sie alles 1 Stunde ziehen.

Öl
3 Eiweiß
Staubzucker (gesiebt)
Zimt

Backen Sie die Apfelscheiben heraus:

Erhitzen Sie das Öl in einer Fritierpfanne (150°—180°C), wobei das Öl aber nicht zu rauchen beginnen darf. Schlagen Sie 3 Eier auf, trennen Sie die Dotter vom Eiweiß und schlagen Sie diese zu Schnee, den Sie dann vorsichtig unter den Teig heben. Lassen Sie die Apfelscheiben abtropfen, ziehen Sie sie durch den Teig und backen Sie die Apfelscheiben in der Fritierpfanne auf jeder Seite 3 Minuten. Lassen Sie sie auf einem Schaumlöffel abtropfen und legen Sie sie auf ein saugfähiges Papier.
Bestreuen Sie die gebackenen Apfelscheiben mit Staubzucker und Zimt. Wenn Sie die Apfelscheiben nicht sofort zu Tisch bringen, stellen Sie sie so lange auf der offenen Backrohrtüre warm.

Zubereitung: 20 Min.
Rastzeit für den Teig: 1 Std.
Kochzeit: 15 Min.
Küchengeräte:
Schüssel
Apfel-Ausstecher
tiefe Schüssel
Handmixer mit Schneebesen
Fritierpfanne
Schaumlöffel
Küchenkrepp

Gebackenes Früchteallerlei
Sie können auch andere Früchte wie gebackene Apfelscheiben zubereiten, z. B. Ananas- und Orangenscheiben. Wenn die Ananasscheiben zu groß sind, schneiden Sie sie in der Hälfte durch. Trocknen Sie jede Scheibe ab, bevor Sie sie in den Teig tauchen. Bananen schneiden Sie erst der Länge nach durch und halbieren Sie sie dann der Breite nach, bevor Sie sie wie die Apfelscheiben marinieren.

Flambierte Bananen

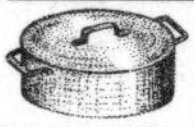

Einkauf:

6 schöne, reife Bananen

Braten Sie die Bananen:

Heizen Sie Ihr Rohr gut vor (200—220°C, Thermostat Stufe 6—7). Stechen Sie die ungeschälten Bananen an zwei oder drei Stellen ein, schlichten Sie sie in eine feuerfeste Schüssel und braten Sie sie je nach ihrer Größe 10—15 Minuten im Backrohr, bis die Haut dunkel und das Fruchtfleisch weich und zart ist. Dann nehmen Sie die Bananen aus dem Rohr und schälen sie.

100 g Butter
120 g brauner Zucker
10 g Jamaika-Pfeffer
5 El weißer Rum
2 Limonen oder grüne Zitronen

Zum Servieren:

Lassen Sie die Butter und den Zucker in einer Pfanne zergehen, erwärmen Sie die Bananen darin und bestreuen Sie sie etwas mit Jamaika-Pfeffer. Legen Sie die Bananen auf eine Platte, gießen Sie den warmen Rum darüber, flambieren Sie sie und beträufeln Sie sie anschließend mit etwas Limonensaft. Bringen Sie die Bananen sofort zu Tisch.

Zubereitung: 10 Min.
Kochzeit: 10—15 Min.
Küchengeräte:
feuerfeste Schüssel
Pfanne

Baumkuchen mit Schokolade

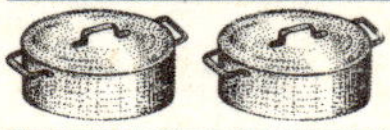

Einkauf:

3 Eier
75 g Zucker
75 g Kartoffelmehl
30 g Butter

Machen Sie den Teig:

Trennen Sie die Dotter vom Eiweiß, verrühren Sie die Dotter in einer Schüssel mit dem Zucker, bis Sie einen glatten, weißen Teig bekommen, und fügen Sie das Kartoffelmehl nach und nach hinzu. Schlagen Sie das Eiweiß zu Schnee und heben Sie den Schnee vorsichtig unter den Teig. Legen Sie die Wände und den Boden Ihres Backbleches mit bebutterter Alufolie aus, fügen Sie die Teigmasse 1 cm hoch ein und backen Sie den Teig 8—10 Minuten im heißen Backrohr (220°C, Thermostat Stufe 7). Geben Sie acht, daß der Teig beim Backen nicht braun wird.
Wenn der Teig durch ist, stülpen Sie das Backblech verkehrt auf den Tisch, decken ein sauberes, feuchtes Geschirrtuch darüber, nach ca. einer Minute ziehen Sie die Alufolie vom Teig und stellen ihn beiseite.

150 g Kochschokolade
$^1/_4$ l Crème fraîche
1 Eiswürfel
40 g Zucker
3 Eiweiß
40 g Zucker
$^1/_2$ Zitrone
30 g Kakaopulver

Bereiten Sie die Schokolademasse zu:

Lassen Sie die Schokolade im Wasserbad zergehen. Geben Sie einen zerstoßenen Eiswürfel zur Crème fraîche, schlagen Sie sie steif und fügen Sie 40 g Zucker hinzu. Schlagen Sie auch das Eiweiß steif und rühren Sie 40 g Zucker darunter. Vermischen Sie die Crème fraîche vorsichtig mit dem Schnee und fügen Sie die fast erkaltete, flüssige Schokolade und einen Schuß Zitronensaft hinzu. Bestreichen Sie den Teig mittels einer Palette ca. 1 cm hoch mit der Schokoladecreme. Nun rollen Sie den Teig vorsichtig ein. Bringen Sie den Kuchen mit Kakaopulver bestreut zu Tisch.

Zubereitung: 40 Min.
Kochzeit: 8—10 Min.
Küchengeräte:
Schüssel
Schneebesen
Palette
Handmixer mit Schneebesen
quadratisches Backblech, 25 cm Seitenlänge
Alufolie
Wasserbad

Glasieren Sie den Baumkuchen
Man kann den Baumkuchen auch mit einer Schokoladeglasur überziehen: Erhitzen Sie dazu 0,15 Liter Crème fraîche, fügen Sie 150 g im Wasserbad weich gewordenen Überguß-Schokolade hinzu und lassen Sie die Glasur auskühlen, bevor Sie den Kuchen damit — am besten mit einer Palette — bestreichen. Dann stellen Sie den Kuchen für 3 Stunden in den Kühlschrank, damit die Glasur fest wird.

Beaujolais-Birnen

Einkauf:

6 Birnen
$^1/_2$ Zitrone
1 Flasche Beaujolais
(oder leichter Rotwein)
50 g Staubzucker
1 Orangenschale
(ungespritzt)
1 Vanilleschote

4 El Johannisbeergelee

Kochen Sie die Birnen:

Schälen Sie die Birnen, schneiden Sie sie in die Hälfte und entfernen Sie das Kernhaus. Beträufeln Sie die Birnenhälften sorgfältig mit Zitronensaft, damit sich das Fruchtfleisch nicht schwarz verfärbt. Gießen Sie den Wein in eine Kasserolle und bringen Sie ihn zum Kochen. Fügen Sie den Zucker, die grob zerkleinerte Orangenschale, die in zwei Teile gebrochene Vanilleschote und die Birnenhälften hinzu und lassen Sie alles gemeinsam 15 Minuten schwach kochen.

Bereiten Sie den Sirup zu:

Nach 15 Minuten Kochzeit nehmen Sie die Birnenhälften aus der Kasserolle, kochen den Wein auf die Hälfte ein, fügen das Johannisbeergelee hinzu und verrühren alles gut.
Richten Sie die Birnen in einer Schüssel an, nappieren Sie sie mit dem abgeseihten Sirup und stellen Sie sie zum Abkühlen für 3 Stunden in den Kühlschrank.

Zubereitung: 10 Min.
Kochzeit: 15 Min.
Kühlzeit: 3 Std.
Küchengeräte:
Kasserolle
Spitzsieb
Schüssel

Beeren der Saison in Blätterkrokant

Einkauf:

100 g fertiger, hauchdünner Strudelteig
5 cl Öl

Bereiten Sie die Blättchen zu:

Stechen Sie mit einem Ausstecher (Durchmesser ca. 8 cm) mindestens 30 kleine Blättchen aus. Setzen Sie diese auf ein geöltes Backblech, bepinseln Sie die Oberfläche dünn mit Öl und backen Sie die Blättchen bei 180°C (Thermostat Stufe 5) im vorgeheizten Backrohr ca. 3 Minuten goldbraun. Legen Sie sie auf ein Tuch und lassen Sie sie erkalten. Stellen Sie sie nicht in den Kühlschrank, die Blättchen müssen trocken und knusprig bleiben.

180 g Walderdbeeren, Erdbeeren oder Himbeeren
180 g Naturjoghurt
70 g Staubzucker
1/2 Zitrone (Saft)
0,4 l Sahne

Machen Sie die Joghurtcreme mit Erdbeeren:

Mixen Sie die Erdbeeren mit dem Stabmixer. Verrühren Sie das Mus gut mit Joghurt, Staubzucker und Zitronensaft. Zum Schluß ziehen Sie die geschlagene Sahne darunter.

180 g Beeren je nach Saison
20 g Beerenmark
Staubzucker zum Bestreuen

Vollenden Sie das Dessert:

Füllen Sie die Joghurtcreme in einen Spritzsack mit großer runder Tülle. Geben Sie in die Mitte von sechs Tellern je einen kleinen Tupfen Creme. Legen Sie 6 Blättchen darauf, damit sie nicht rutschen. Nun verteilen Sie die erste Schicht Joghurtcreme (ca. 1 cm hoch, 1 Eßlöffel) auf den Blättchen und garnieren sie mit einigen Beeren (auch am Rand). Sollten Sie Erdbeeren verwenden, schneiden Sie diese klein. Decken Sie wiederum auf allen sechs Tellern die Creme mit Blättchen ab und wiederholen Sie den gesamten Vorgang, bis Sie die letzten 6 Blättchen verteilt haben. Bestreuen Sie dieses oberste Deckblatt hübsch mit Staubzucker. Geben Sie etwas Beerenmark neben das Dessert und legen Sie einige Beeren als Garnierung dazu.

Vorbereitung: 15 Min.
Backzeit: 3 Min.
Küchengeräte:
Backblech
Schneebesen
Stabmixer
Schüssel
Staubzuckerstreuer

Dieses Dessert muß unmittelbar vor dem Servieren angerichtet werden, da der Teig sonst durchweicht und nicht knusprig bleibt. Auf das letzte Deckblatt können Sie eine Schablone aus Papier legen (Hauswappen usw.) und sie mit Staubzucker bestäuben. Es eignen sich nicht nur alle Beeren für dieses Dessert, sondern Sie können auch reife Pfirsiche, Mangos, Kiwis, Kirschen, Weichseln usw. dazu verwenden.

Portwein, Riesling und Sylvaner Trockenbeerenauslese, Ruländer Beerenauslese, Sauternes

Birnencreme in Blätterteig

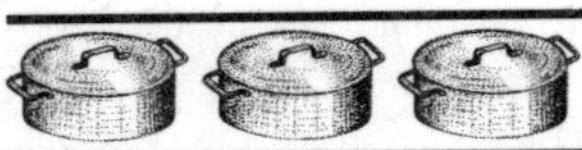

Einkauf:

1 kg Birnen
$^1/_4$ l Schlagsahne (sehr kalt)
1 Eiswürfel
50 g Staubzucker

Bereiten Sie die Birnencreme zu:

Schälen Sie die Birnen, schneiden Sie das Kerngehäuse aus und pürieren Sie die Früchte im Mixer. Schlagen Sie die Sahne (die sehr kalt sein muß) in einer Schüssel, zusammen mit einem zerstoßen Eiswürfel, sehr steif. Verrühren Sie das Birnenpüree mit dem Zucker, fügen Sie die geschlagene Sahne hinzu, vermischen Sie alles gut und stellen Sie die Creme in den Kühlschrank.

4 Eigelb
75 g Staubzucker
$^1/_2$ l Milch
1 Aufgußbeutel Tee

Bereiten Sie die Teesauce zu:

Geben Sie das Eigelb in eine Schüssel, rühren Sie es mit dem Schneebesen glatt, fügen Sie nach und nach den Zucker hinzu und schlagen Sie die Masse so lange weiter, bis sie schaumig wird und eine weißliche Farbe bekommt. Währenddessen kochen Sie die Milch und lassen den Tee 4 Minuten darin ziehen. Nehmen Sie den Teebeutel aus der Milch, gießen Sie die Milch in die Schüssel zu den Eiern und vermischen Sie alles gut. Füllen Sie die Masse in eine Kasserolle um und erhitzen Sie sie unter ständigem Rühren auf kleiner Flamme, bis sie so dicklich wird, daß sie am Löffel haften bleibt. Die Sauce darf dabei jedoch nicht kochen.

300 g Blätterteig
1 Ei
30 g Butter

Füllen Sie den Blätterteig:

Wenn Sie den Teig selbst machen wollen, verwenden Sie das Rezept auf Seite 260. Sie können aber auch einen fertigen Blätterteig nehmen. Rollen Sie den Teig mit dem Nudelholz so dünn wie möglich aus, schneiden Sie ihn in 6 Rechtecke (24 cm lang und 6 cm breit) und teilen Sie jedes dieser Stücke wiederum in 3 gleichgroße Teile. Bestreichen Sie die Teigstücke mit dem verquirlten Ei, schlichten Sie sie auf ein bebuttertes Backblech und backen Sie sie 8 Minuten im heißen Rohr (220°C, Thermostat Stufe 7). Wenn der Teig ausgekühlt ist, schichten Sie je zwei Lagen Birnencreme zwischen zwei Teigstücke, als ob Sie Blätterteig-Cremeschnitten machen wollten, geben den Deckel darauf und reichen die gut gekühlte Teesauce getrennt dazu.

Zubereitung: 45 Min.
Backzeit: 8 Min.
Küchengeräte:
Mixer
Handmixer mit Schneebesen
2 Schüsseln
Nudelholz
Küchenpinsel
Backblech

Tee für jeden Geschmack
Kräftige Teesorten: Pekoe- oder Broken-Tee
Blumige Teesorten: ceylonesischer Orange Pekoe oder indischer Darjeeling
Milde Teesorten: chinesischer Tee, leicht geräucherter Lapsang oder Souchong
Teemischungen sind in allen nur erdenklichen Variationen möglich und richten sich nach dem persönlichen Geschmack.

Beeren der Saison in Blätterkrokant ▶

Bitterschokoladecreme

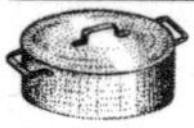

Einkauf:

200 g Bitterschokolade
0,1 l starker,
heißer Kaffee
30 g Kakaopulver

12 Eiweiß
Salz
100 g Staubzucker
einige kandierte
Orangenschalen
(nach Belieben)

Lassen Sie die Schokolade zergehen:

Geben Sie die in kleine Stücke zerbrochene Bitterschokolade, den heißen Kaffee und das Kakaopulver zusammen in eine große Schüssel. Stellen Sie die Schlüssel ins Wasserbad und lassen Sie darin die Schokolade unter ständigem Rühren zergehen.

Schlagen Sie den Schnee:

Schlagen Sie das Eiweiß mit einer Prise Salz steif. Sobald der Schnee beginnt, fest zu werden, mischen Sie den Staubzucker darunter und rühren so lange weiter, bis der Schnee ganz steif ist.
Vermischen Sie ein Viertel des Schnees mit der lauwarmen Schokolademasse, dann heben Sie den restlichen Schnee vorsichtig mit einem Kochlöffel unter die Masse.
Geben Sie die Schokoladecreme in eine Schüssel und stellen Sie sie zum Abkühlen in den Kühlschrank. Wenn Sie möchten, können Sie feingeschnittene, kandierte Orangenschalen unter die Creme mischen.

Zubereitung: 15 Min.
Kühlzeit: 3 Std.
Küchengeräte:
große Schüssel
2 Schüsseln
Handmixer mit
Schneebesen
Wasserbad

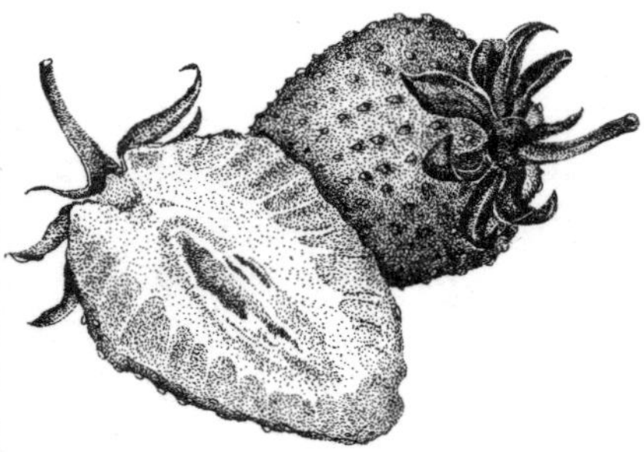

◀ Erdbeercharlotte

Bitterschokoladetorte

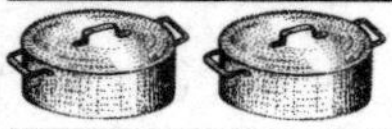

Einkauf:

350 g Bitterschokolade
6 Eigelb
250 g geschmolzene Butter
2 El Kaffeelikör
6 Eiweiß

Machen Sie zuerst die Schokoladecreme:

Lassen Sie die Schokolade mit 2 Eßlöffeln Wasser im Wasserbad zergehen, bevor Sie sie mit dem Eigelb, der geschmolzenen Butter und dem Kaffeelikör vermischen.
Schlagen Sie die 6 Eiweiß zu Schnee und heben Sie den Schnee vorsichtig unter die Schokolademasse.
Dann lassen Sie die Schokoladecreme 3 Stunden im Kühlschrank abkühlen.

8 Eigelb
80 g Butter
500 g Staubzucker
300 g geriebene Mandeln
80 g Mehl
8 Eiweiß
20 g Butter

Bereiten Sie den Biskuit-Teig zu:

Verrühren Sie in einer Schüssel 8 Eigelb, 80 g Butter, 500 g Staubzucker, 300 g geriebene Mandeln und — zum Schluß — 80 g Mehl und heben Sie den Schnee von 8 Eiweiß unter den Teig.
Legen Sie Ihr Backblech mit bebutterter Alufolie aus und verstreichen Sie den Biskuitteig gleichmäßig darauf. Backen Sie den Teig 3 Minuten im sehr heißen Rohr (240°C, Thermostat Stufe 8), nehmen Sie ihn aus dem Rohr und lassen Sie ihn auskühlen.

100 g Übergußschokolade
Schokoladespäne oder Streusel

Machen Sie die Torte fertig:

Schneiden Sie drei gleich große Scheiben (ungefähr 16 cm Durchmesser) aus dem Teig.
Legen Sie eine der drei Biskuitscheiben auf den Boden einer Tortenform, die den gleichen Durchmesser wie die Teigscheiben hat, bestreichen Sie die Scheibe mit der Hälfte der erkalteten Schokoladecreme, legen Sie eine zweite Biskuitscheibe darüber, verteilen Sie die restliche Schokoladecreme darauf und decken Sie die Creme mit der dritten Biskuitscheibe ab. Glasieren Sie die Oberfläche der Torte mit der geschmolzenen Übergußschokolade, streichen Sie die Schokoladeglasur mit einer Palette glatt und stellen Sie die Torte für 6 Stunden in einen möglichst kalten Kühlschrank.
Nehmen Sie die Torte kurz vor dem Servieren aus dem Kühlschrank, heben Sie sie aus der Backform und bestreuen Sie die Seitenfläche mit Schokoladespänen oder Streusel.

Zubereitung: 1 Std.
Backzeit: 1 Std.
Kühlzeit: 9 Std.
Küchengeräte:
Wasserbad
Handmixer mit Schneebesen
Schüssel
Backblech
Alufolie
Tortenform, 16 cm Durchmesser
Palette

Die richtige Backform

Verwenden Sie für dieses Rezept eine tiefe, runde Tortenspringform, deren Boden und Seitenteil man auseinandernehmen kann. Das Zurechtschneiden der Teigscheiben auf die Größe Ihrer Tortenform wird dadurch wesentlich leichter.
Wenn Sie möchten, können Sie zu diesem Kuchen eine Englische Creme reichen (Rezept Seite 236).

Blutorangenmus mit marinierten Erdbeeren

Einkauf:

150 g Erdbeeren
80 g Zucker
$^1/_2$ Zitrone
2—3 El Zuckersirup

150 g weiße Kuvertüre (Überzugschokolade)
1 ungespritzte Blutorange
etwas Grand Marnier zum Marinieren
30 g Grand Marnier
$^1/_2$ Zitrone
3 cl Grenadinesirup
1 El Staubzucker
2 Eigelb
0,3 l Sahne
300 g Erdbeeren
etwas Grand Marnier zum Marinieren

Machen Sie die Fruchtsauce:

Pürieren Sie die Erdbeeren im Mixer und passieren Sie sie durch ein feines Sieb. Mischen Sie das Püree mit Zucker, Zuckersirup und Zitronensaft und verrühren Sie alles so lange, bis sich der Zucker aufgelöst hat.

Bereiten Sie das Mus und die Erdbeeren zu:

Lassen Sie die Kuvertüre langsam im Wasserbad zergehen. Reiben Sie die Orangenschale fein ab und marinieren Sie sie in etwas Grand Marnier. Kochen Sie den Saft der Orange und der Zitrone zusammen mit dem Grand Marnier, dem Grenadinesirup und dem Staubzucker in einer Kasserolle leicht auf und lassen Sie die Flüssigkeit erkalten. Rühren Sie das Eigelb in die Kuvertüre, geben Sie den erkalteten Fond dazu und rühren Sie alles glatt. Zum Schluß heben Sie die geschlagene Sahne mit dem Schneebesen unter. Stellen Sie das Mus ca. 3 Stunden kalt.
Waschen Sie die Erdbeeren. Entfernen Sie den Stiel, halbieren Sie sie und marinieren Sie sie in etwas Grand Marnier.

Zum Servieren:

Richten Sie das Orangenmus zusammen mit den Erdbeeren auf etwas Fruchtsauce an.

<u>Zubereitung:</u> 1 Std.
<u>Kühlzeit:</u> 3 Std.
<u>Küchengeräte:</u>
Mixer
feines Sieb
Kasserolle
Schneebesen

Brioche-Pofesen (Brioche-Scheiben) mit Orangen

Einkauf:

1 Briochewecken
(nicht frisch)
100 g Rohmarzipan
100 g Orangeat/Aranzini
20 g Orangenlikör
Läuterzucker
$^1/_2$ l Milch
4 Eier
Vanillezucker
Fett zum Herausbacken
Zimtzucker
$^1/_4$ l Orangensaft
80 g Zucker
etwas Orangenlikör

Filets von 2 Orangen

Zubereitung: 40 Min.
Küchengeräte:
Mixer
Schüssel

Bereiten Sie die Pofesen (Brotscheiben) zu:

Schneiden Sie aus einem Briochewecken ca. 1 cm dicke Scheiben und stechen Sie diese rund aus (4 cm Durchmesser). Arbeiten Sie das Rohmarzipan, das fein gehackte Orangeat/die Aranzini, den Orangenlikör und den Läuterzucker zu einer glatten Masse und setzen Sie damit je zwei Briochepofesen zusammen. Verquirlen Sie Milch, Eier und Vanillezucker, tauchen Sie die Pofesen darin ein, backen Sie sie in heißem Fett rasch knusprig und bestreuen Sie sie mit Zimtzucker.
Lassen Sie den Orangensaft mit Zucker und Orangenlikör aufkochen und um die Hälfte reduzieren.

Zum Servieren:

Setzen Sie zwei Pofesen auf einen Teller, legen Sie die Orangenfilets darauf und überziehen Sie sie mit der abgekühlten Orangensauce.

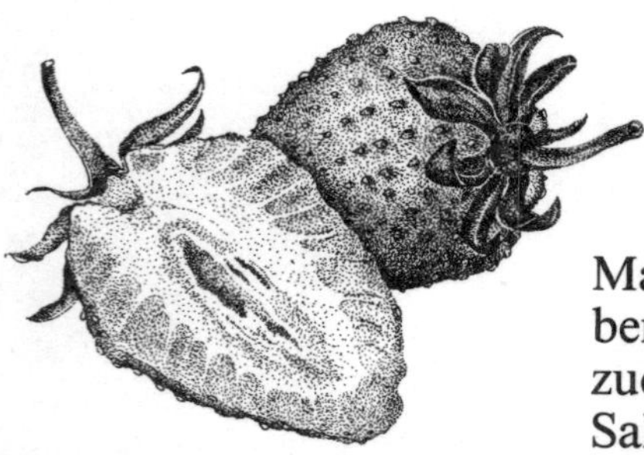

Man kann auch noch ein Häufchen Zimtsahne dazugeben. Dazu kochen Sie Zimtstangen mit etwas Läuterzucker aus, stellen sie kalt und ziehen dann geschlagene Sahne darunter.

Brombeergrütze Wiesbadener Art

Einkauf:

250 g Brombeeren
0,1 l Rot- oder Weißwein
200 g Zucker
1 Prise Zucker
$^1/_2$ ungespritzte Zitrone, Saft und abgeriebene Schale
$^1/_2$ ungespritzte Orange, Saft und abgeriebene Schale
1 Gewürznelke
1 Zimtstange
$^1/_2$ Vanillestange

Bereiten Sie die Brombeergrütze vor:

Geben Sie alle Zutaten in einen Topf und lassen Sie sie auf kleiner Flamme ca. 20 Minuten kochen. Passieren Sie das Mus anschließend durch ein feines Sieb. Sie sollten dabei ca. einen halben Liter Flüssigkeit erhalten.

15 g Weizenpuder (pro $^1/_2$ l Flüssigkeit)
$^1/_2$ Tasse Wasser (pro $^1/_2$ l Flüssigkeit)
250 g schöne Brombeeren

Vollenden Sie die Brombeergrütze:

Verrühren Sie das Weizenpuder mit dem Wasser und rühren Sie es in die heiße, passierte Flüssigkeit ein. Heben Sie die ganzen Brombeeren unter, die Grütze darf nicht mehr kochen. Füllen Sie die Grütze in Portionsschalen und stellen Sie sie kalt.

0,1 l Sahne
0,2 l Milch
75 g Zucker
$^1/_2$ Vanillestange
4 Eigelb
etwas kalte Milch

Machen Sie das Vanilleeis:

Kochen Sie Sahne, Milch, Zucker und die Vanillestange auf. Verquirlen Sie das Eigelb und etwas kalte Milch und rühren Sie sie in die nicht mehr kochende Flüssigkeit. Passieren Sie das Ganze und frieren Sie die Masse ein.

Zubereitung: 30 Min.
Kochzeit: 20 Min.
Kühlzeit: 3 Std.
Küchengeräte:
2 Töpfe
Schneebesen
Sieb

Cidre-Sabayon (Apfelwein-Sabayon)

Einkauf:

3 Äpfel
(Gold Delicious)
200 g Würfelzucker

Kochen Sie die Äpfel:

Schälen und vierteln Sie die Äpfel. Lassen Sie den Würfelzucker und $^1/_4$ Liter Wasser in einer Kasserolle aufkochen, geben Sie nach 4 Minuten Kochzeit die Äpfel in die Kasserolle und lassen Sie sie 5 bis 8 Minuten im Zuckerwasser kochen. Dann nehmen Sie die Äpfel aus der Kasserolle, verteilen sie in einzelne Schälchen und halten sie warm.

7 Eigelb
140 g Zucker
0,6 l Cidre
(Apfelwein)

Bereiten Sie das Sabayon zu:

Geben Sie das Eigelb in eine Kasserolle mit dickem Boden und schlagen Sie sie solange mit dem Zucker auf, bis die Masse eine weißliche Farbe bekommt. Dann erhitzen Sie die Masse auf kleiner Flamme unter ständigem Rühren. Wenn die Masse beginnt, dicklich zu werden, gießen Sie nach und nach den Cidre (Apfelwein) dazu. Rühren Sie diese Creme so lange weiter, bis Sie glatt und genügend warm und dick ist. Gießen Sie das Sabayon nun über die Apfelstückchen und bringen Sie es heiß zu Tisch.

Zubereitung: 20 Min.
Kochzeit: 10 Min.
Küchengeräte:
Kasserolle mit
dickem Boden
6 Schälchen
Schneebesen

Dorchesterpudding

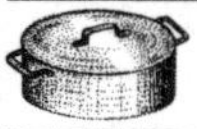

Einkauf:

2 Toastbrote
(viereckig, weiß)
50 g Rosinen
50 g Butter
4 Eier
40 g Zucker
1 l Milch
1 l Crème fraîche
1 Vanilleschote

40 g Rosinen
30 g Staubzucker
Zimt

Bereiten Sie den Pudding zu:

Schneiden Sie die Brote in Scheiben, entfernen Sie die Rinde, schneiden Sie die Scheiben dreieckig (diagonal). Streuen Sie die Rosinen auf den Boden einer feuerfesten Schüssel und verteilen Sie die Brot-Dreiecke darüber. Lassen Sie die Butter zergehen und träufeln Sie sie über das Brot. Schlagen Sie die Eier mit 40 g Zucker auf, bis die Mischung eine weißliche Farbe bekommt, fügen Sie die warme Milch, die Sie mit der Crème fraîche und der Vanilleschote aufgekocht haben, hinzu und gießen Sie alles über das Brot.

Kochen Sie den Pudding:

Streuen Sie einige Rosinen, Staubzucker und eventuell etwas Zimt über den Pudding und lassen Sie ihn ungefähr 25 Minuten im heißen Rohr im Wasserbad ziehen (220°C, Thermostat Stufe 7). Sie können den Pudding warm oder kalt servieren.

<u>Zubereitung:</u> 15 Min.
<u>Kochzeit:</u> ca. 25 Min.
<u>Küchengeräte:</u>
feuerfeste Schüssel
Kasserolle
Wasserbad

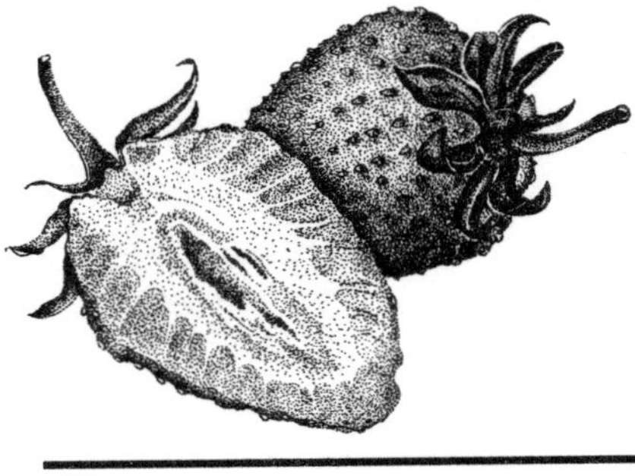

Erdbeercharlotte

Einkauf:

1,5 kg Erdbeeren
100 g Zucker

Bereiten Sie die Erdbeersauce zu:

Entstielen Sie die Erdbeeren, geben Sie die Früchte gemeinsam mit dem Zucker und 0,3 Liter Wasser in eine Kasserolle, lassen Sie sie aufkochen und 2 Minuten auf großer Flamme weiterkochen. Tropfen Sie die Erdbeeren gut ab, fangen Sie dabei den Sirup auf und pürieren Sie die Hälfte der Früchte im Mixer, um eine dickliche Sauce mit einigen Fruchtstücken darin zu erhalten. Die zweite Hälfte der Früchte lassen Sie ganz.

18 Löffelbiskuits

Legen Sie die Charlotten-Form aus:

Tauchen Sie die Löffelbiskuits in den Erdbeersirup und legen Sie den Boden und die Wände der Charlotten-Form damit aus. Füllen Sie eine 1 cm dicke Schichte Erdbeersauce darauf, legen Sie eine Lage Löffelbiskuits darüber und fahren Sie in dieser Reihenfolge fort, bis Sie alle Zutaten aufgebraucht haben. Dann lassen Sie die Charlotte 3 Stunden im Kühlschrank rasten.
Stürzen Sie die Charlotte kurz vor dem Servieren aus der Form (sollte sich die Charlotte nicht herauslösen lassen, geben Sie die Form einige Sekunden in lauwarmes Wasser) und reichen Sie den restlichen Erdbeersirup dazu.

Zubereitung: 15 Min.
Kühlzeit: 3 Std.
Küchengeräte:
Kasserolle
Sieb
Mixer
Charlotten-Form mit 1,5 l Fassungsvermögen

Erdbeercreme

Einkauf:

500 g Erdbeeren
50 g Zucker

Bereiten Sie die Erdbeersauce zu:

Zerdrücken Sie die Erdbeeren entweder mit einer Gabel oder pürieren Sie die Früchte im Mixer und passieren Sie das Erdbeerpüree durch ein Spitzsieb, um möglichst viel Saft zu erhalten. Vermischen Sie den Saft mit dem Zucker und erhitzen Sie ihn in einer Kasserolle.

3 Eigelb
3 Eiweiß

Machen Sie die Erdbeercreme fertig:

Geben Sie das Eigelb gemeinsam mit dem warmen Erdbeersaft in eine Schüssel und schlagen Sie beides 3 Minuten kräftig auf. Schlagen Sie das Eiweiß zu Schnee und ziehen Sie diesen unter die Masse. Geben Sie die Masse in die Kasserolle zurück und schlagen Sie sie auf kleiner Flamme so lange weiter, bis sie aufzukochen beginnt. Nehmen Sie die Kasserolle nun vom Feuer und fahren Sie mit dem Rühren fort, bis die Creme schaumig wird. Stellen Sie die Creme zum Abkühlen in den Kühlschrank und bringen Sie sie, wenn sie leicht angezogen hat, zu Tisch.

Zubereitung: 20 Min.
Kühlzeit: 3 Std.
Küchengeräte:
Kasserolle
Mixer
Spitzsieb
Handmixer mit Schneebesen

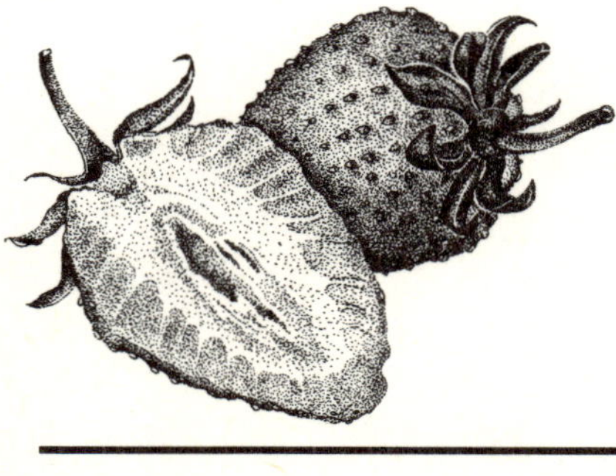

Erdbeersalat in drei Varianten

Einkauf:

1 schöne, reife Ananas
2 El Kirschwasser oder Rum
600 g Erdbeeren
Zucker

Machen Sie den Erdbeer-Ananas-Salat:

Schälen Sie die Ananas, schneiden Sie das Fruchtfleisch in Scheiben, entfernen Sie den harten Strunk aus der Mitte und zerkleinern Sie die Scheiben in Würfel. Fangen Sie dabei den Saft auf und gießen Sie ihn in eine Schüssel, geben Sie 2 Eßlöffel Kirschwasser oder Rum dazu und lassen Sie die Ananaswürfel in der Flüssigkeit ziehen. Waschen Sie die Erdbeeren, entfernen Sie Blätter und Stiele, mischen Sie sie unter die Ananaswürfel und zuckern Sie den Salat nach Belieben.

1 kg Erdbeeren
2 grüne Limetten
Pfeffer aus der Mühle

Machen Sie den Erdbeer-Limetten-Salat:

Waschen Sie die Erdbeeren, entfernen Sie Blätter und Stiele, halbieren Sie die größeren Früchte. Beträufeln Sie die Erdbeeren mit dem Saft der Limetten, bestreuen Sie sie mit frisch gemahlenem Pfeffer und mischen Sie alles gut durch.

700 g Erdbeeren
4 schöne, reife Mangos
Zucker

Bereiten Sie den Erdbeer-Mango-Salat zu:

Waschen Sie die Erdbeeren, entfernen Sie Blätter und Stiele, halbieren Sie die Mangos und schälen Sie mit einem Löffel den Kern heraus. Stechen Sie aus dem Fruchtfleisch kleine Kugeln aus. Vermischen Sie Erdbeeren und Mangos, zuckern Sie sie und servieren Sie den Salat gut gekühlt.

Zubereitung: je 10 Min.
Kühlzeit: 1 Std.
Küchengeräte:
Schüsseln

Feigen in Portweinschaum

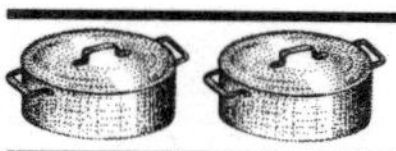

Einkauf

(für 4 Personen):
$^1/_4$ l Portwein
2 El Zucker
$^1/_2$ Zitrone
8 reife Feigen
3 Eigelb
1 Prise Vanillezucker

4 Erdbeeren
4 Minzeblätter

Zubereitung: 20 Min.
Küchengeräte:
Schneekessel
Wasserbad
Schneebesen

Bereiten Sie die Feigen zu:

Lassen Sie den Portwein mit Zucker und Zitronensaft aufkochen. Pochieren Sie die gewaschenen Feigen kurz darin und lassen Sie sie dann auskühlen.
Seihen Sie den Portwein in einen Schneekessel ab, geben Sie das Eigelb und den Vanillezucker dazu und schlagen Sie im Wasserbad das Ganze schaumig.

Zum Servieren:

Richten Sie je 2 geviertelte Feigen im Kreis auf einem Suppenteller an, nappieren Sie sie mit dem Schaum und garnieren Sie sie mit einer Erdbeere und einem Minzeblatt.

Französischer Pudding

Einkauf:

60 g Rosinen
0,6 l Milch
Salz
60 g Zucker
40 g Butter
6 Eier
200 g Zucker
0,15 l Crème fraîche
90 g Butter
40 g geriebene Mandeln
50 g Pinienkerne
60 g Katzenzungen
Vanillezucker
3 cl Rum
3 cl Grand Marnier
30 g Zucker

400 g Himbeeren
50 g Zucker
1 Zitrone

Zubereitung: 20 Min.
Kochzeit: 1 Std.
Küchengeräte:
Schneebesen
feuerfeste
Porzellanschüssel
Wasserbad
Mixer

Bereiten Sie den Pudding zu und kochen Sie ihn:

Lassen Sie die Rosinen in etwas warmem Wasser aufgehen (quellen). Lassen Sie die Milch 10 Minuten mit einer Prise Salz, mit 60 g Zucker und 40 g Butter auf kleiner Flamme kochen. Schlagen Sie die Eier in eine Schüssel, schlagen Sie sie dann mit 200 g Zucker und der Crème fraîche auf. Verrühren Sie diese Masse mit der gekochten Milch zu einer glatten Creme. Fügen Sie 90 g Butter, die geriebenen Mandeln, die Pinienkerne, die zerkleinerten Katzenzungen, einen Teelöffel Vanillezucker, 3 cl Rum, 3 cl Grand Marnier und die eingeweichten Rosinen hinzu und vermischen Sie alles gut. Füllen Sie die Puddingmasse in eine feuerfeste Porzellanschüssel und lassen Sie den Pudding im Rohr 1 Stunde im Wasserbad ziehen (220°C, Thermostat Stufe 7). Bestreuen Sie den Pudding gegen Ende der Backzeit mit Zucker und lassen Sie den Zucker unter dem Grill 3 Minuten karamelisieren.

Zum Servieren:

Reichen Sie den Pudding mit einer Himbeersauce, die Sie aus 400 g Himbeeren, 50 g Zucker und etwas Zitronensaft im Mixer zubereitet haben.

Früchtegratin

Einkauf:

450 g verschiedene Früchte

6 Eigelb
2 El Crème fraîche
2 El Rum

Bereiten Sie die Früchte vor:

Wählen Sie, je nach Saison, verschiedene Früchte aus: Orangen, Grapefruit, Erdbeeren, Himbeeren, Kirschen, Johannisbeeren, Birnen, Pfirsiche, Kiwis usw., schälen und entkernen Sie die Früchte und teilen Sie sie auf 6 feuerfeste, kleine Schüsseln auf.

Gratinieren Sie die Früchte:

Geben Sie in eine Kasserolle 6 Eigelb und 3 Eßlöffel Wasser, setzen Sie die Kasserolle ins Wasserbad und lassen Sie die Eigelb-Wasser-Mischung auf kleiner Flamme unter ständigem Schlagen etwas eindicken. Achten Sie dabei darauf, daß die Mischung nicht zu warm wird, da das Eigelb sonst stockt; die Temperatur ist dann richtig, wenn Sie die Wärme auf Ihrem Finger, den Sie zur Probe in die Mischung halten, ruhig aushalten können. Sobald die Creme glatt und dicklich wird, mischen Sie 2 Eßlöffel Crème fraîche und 2 Eßlöffel Rum unter die Masse, gießen die Creme auf die Früchte in die Förmchen und überbacken sie im heißen Rohr (240°C, Thermostat Stufe 8), bis die Oberfläche leicht gebräunt ist. Bringen Sie die überbackenen Früchte heiß zu Tisch.

Zubereitung: 30 Min.
Gratinierzeit: 6—8 Min.
Küchengeräte:
6 feuerfeste, kleine Schüsseln
Wasserbad
Schneebesen

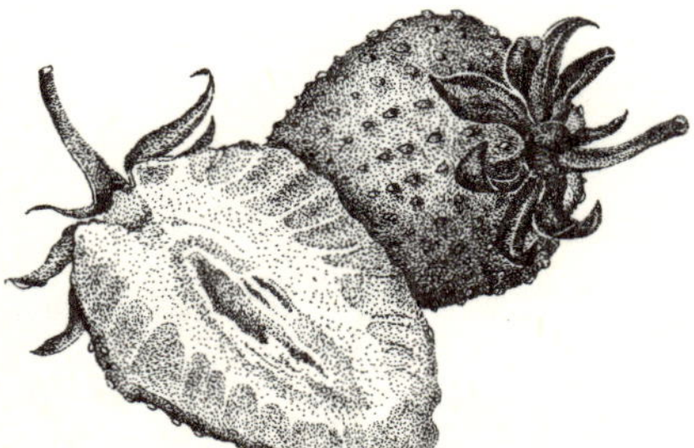

Grießauflauf mit Orangenbutter

Einkauf:

0,3 l Milch
30 g Butter
40 g Weizengrieß
4 Eigelb
30 g Zucker
30 Rum-Rosinen
4 Eiweiß

Bereiten Sie den Grießauflauf zu:

Kochen Sie Milch und Butter auf, geben Sie den Grieß dazu und kochen Sie ihn zu einem dicken Brei. Lassen Sie ihn dann abkühlen und fügen Sie die Rosinen bei.
Schlagen Sie das Eigelb mit 15 g Zucker auf und vermischen Sie es mit der Grießmasse. Schlagen Sie das Eiweiß ebenfalls mit 15 g Zucker auf und heben Sie es vorsichtig unter die Grießmasse.
Buttern und zuckern Sie die Soufflé-Förmchen, füllen Sie die Masse bis zum Rand ein und streichen Sie sie glatt. Backen Sie den Grießauflauf im Backrohr im Wasserbad bei 220°C (Thermostat Stufe 7) 15 Minuten lang und dann noch weitere 10 Minuten bei 190°C (Thermostat Stufe 5—6).

1 l Orangensaft
40 g Zucker
1 ungespritzte Orange (Schale)
100 g Butter
1 cl Grand Marnier

Machen Sie die Orangenbutter:

Reduzieren Sie den Orangensaft mit Zucker und geriebener Orangenschale auf ein Drittel. Montieren Sie die Flüssigkeit mit der Butter und schmecken Sie mit Grand Marnier ab.

Zum Servieren:

Geben Sie die lauwarme Sauce auf Suppenteller und stürzen Sie die Soufflés darauf.

<u>Zubereitung</u>: 45 Min.
<u>Kochzeit</u>: 25 Min.
<u>Küchengeräte:</u>
2 Sauteusen
Wasserbad
1 Schüssel
Schneebesen
6 kleine
Soufflé-Förmchen

Belegen Sie den Boden des Wasserbades mit einer Serviette, um zu verhindern, daß das Wasser aufkocht.

Himbeeren in Blätterteig

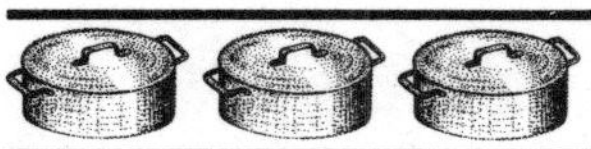

Einkauf:

300 g Blätterteig
1 Ei
30 g Butter
Mehl

Bereiten Sie den Blätterteig zu:

Wenn Sie sehr mutig sind, können Sie den Blätterteig nach unserem Rezept auf Seite 260 selbst machen, sonst verwenden Sie einen tiefgekühlten Teig, der meist durchaus brauchbar ist. Rollen Sie den Teig mit dem Nudelholz 4 Millimeter dick aus, schneiden Sie ihn in zwölf Rechtecke (7 x 11 cm) und bestreichen Sie sechs Rechtecke rundherum 1 cm breit mit Ei. Ritzen Sie die restlichen sechs Rechtecke mit dem Messer diagonal ein und kleben Sie diese Teigrechtecke auf die mit Ei bestrichenen, wobei Sie die Ränder fest aufeinander drücken. Bestreichen Sie die Teigoberfläche mit verquirltem Ei und backen Sie den Teig auf dem bebutterten und bemehlten Backblech 10 Minuten lang im heißen Rohr (240°C, Thermostat Stufe 8). Dann verringern Sie die Temperatur (180°C, Thermostat Stufe 5) und backen den Teig noch 3 Minuten weiter.

Himbeergelee
600 g Himbeeren

Garnieren Sie den Blätterteig:

Wenn der Teig schön aufgegangen ist, schneiden Sie die Teigpolster auf einer Seite auf, um sie mit Himbeergelee (2 Eßlöffel pro Teigpolster) und den frischen Himbeeren füllen zu können. Dann schließen Sie die Blätterteigpolster wieder und bringen diese sofort zu Tisch.

Zubereitung: 20 Min.
Kochzeit: 15 Min.
Küchengeräte:
Nudelholz
Küchenpinsel
Backblech

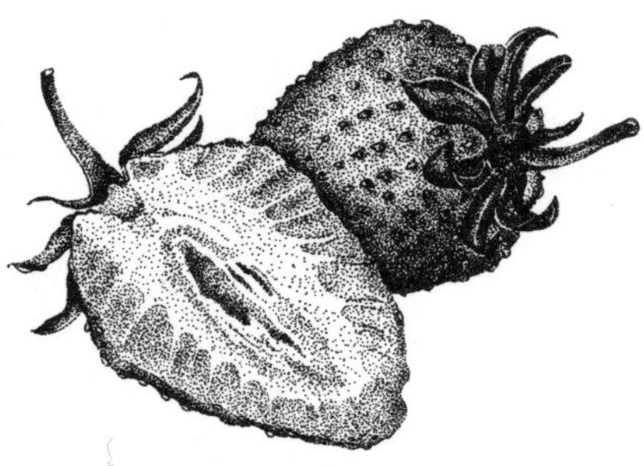

Himbeer-Soufflé

Einkauf:

1 nußgroßes Stück Butter
Zucker

150 g Himbeeren
Zucker

6 Eiweiß
4 Eigelb

Bereiten Sie die Soufflé-Förmchen vor:

Bestreichen Sie die Wände und den Boden der kleinen Soufflé-Förmchen mit Butter und bestreuen Sie diese dann mit Zucker.

Bereiten Sie das Himbeerpüree zu:

Heben Sie eine Handvoll ganzer Himbeeren auf und pürieren Sie die restlichen Früchte im Mixer, zuckern Sie nach Belieben.

Machen Sie das Soufflé:

Schlagen Sie das Eiweiß in einer Rührschüssel zu einem nicht zu festen Schnee, heben Sie mit dem Schneebesen das Eigelb, die ganzen Himbeeren und 2 Eßlöffel Himbeerpüree unter den Schnee, verrühren Sie die Soufflémasse vorsichtig, füllen Sie sie in die Förmchen und setzen Sie auf jedes Förmchen einige Himbeeren. Schieben Sie die Förmchen für etwa 8 Minuten ins heiße Backrohr (220°C, Thermostat Stufe 7) und bringen Sie sie heiß mit dem Himbeerpüree zu Tisch.

Zubereitung: 30 Min.
Kochzeit: ca. 10 Min.
Küchengeräte:
Soufflé-Förmchen
Rührschüssel
Mixer
Schneebesen

Erdbeercreme ▶

Honigeis

Einkauf:

0,5 l Milch
250 g Blütenhonig
4 Eigelb
0,3 l Crème fraîche

Bereiten Sie die Hongicreme zu:

Bringen Sie die Milch in einer Kasserolle zum Kochen und fügen Sie den Honig hinzu, sobald die Milch beginnt, aufzuwallen. Verrühren Sie beides mit einem Schneebesen und lassen Sie die Milch erneut aufkochen. Machen Sie sich keine Gedanken, wenn die Milch so aussieht, als ob sie gerinnen wollte, sondern rühren Sie ruhig weiter. Geben Sie das Eigelb in eine Schüssel, schlagen Sie es 1 Minute lang, fügen Sie die Crème fraîche hinzu und vermischen Sie beides gut. Dann rühren Sie die Honigmilch dazu, seihen die Creme durch ein Spitzsieb und lassen alles erkalten.

Machen Sie das Eis fertig:

Gießen Sie die Honigcreme in eine Sorbetière und lassen Sie sie im Tiefkühlfach anziehen. Wenn Sie keine Sorbetière besitzen, wenden Sie statt dessen die „Methode Berthillon“ an (Seite 266).

Zubereitung: 20 Min.
Kühlzeit: 3 Std.
Küchengeräte:
Kasserolle
Schneebesen
Sorbetière
(falls vorhanden)
Spitzsieb

◀ Mangocreme

Kastaniencremeeis

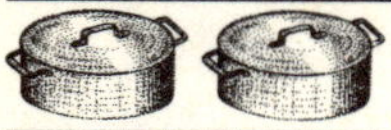

Einkauf:

1 l Milch
12 Eigelb
200 g Zucker

Bereiten Sie die Englische Creme zu:

Während Sie die Milch zum Kochen bringen, geben Sie das Eigelb und den Zucker in eine Schüssel und schlagen beides mit dem Schneebesen ungefähr 3 Minuten zu einer weißlichen Creme. Nun gießen Sie nach und nach unter ständigem Rühren die heiße Milch dazu, füllen das Ganze in eine Kasserolle um und rühren die Creme auf kleiner Flamme (oder auch im Wasserbad) so lange mit einem hölzernen Kochlöffel, bis sie etwas dicklich wird und am Kochlöffel haften bleibt. Achten Sie darauf, daß die Creme unter keinen Umständen zu kochen beginnt. Anschließend lassen Sie sie kühlen.

500 g Kastanienpüree
6 glasierte Kastanien

Geben Sie die Creme in die Sorbetière:

Wenn die Englische Creme ausgekühlt ist, vermischen Sie diese mit dem Kastanienpüree, füllen die Kastaniencreme in die Sorbetière und stellen diese ins Tiefkühlfach. Wenn die Creme angezogen hat, geben Sie dem Kastaniencremeeis die Form eines Baumstammes und garnieren es mit den glasierten Kastanien. Lassen Sie das Eis bis 20 Minuten vor dem Servieren im Tiefkühlfach. Wenn Sie keine Sorbetière besitzen, wenden Sie statt dessen die „Methode Berthillon“ (Seite 266) an.

Zubereitung: 20 Min.
Kühlzeit: 3 Std.
Küchengeräte:
Kasserolle
Schüssel
Schneebesen
Sorbetière
(falls vorhanden)

Kastanienparfait mit Erdbeeren und Honigsauce

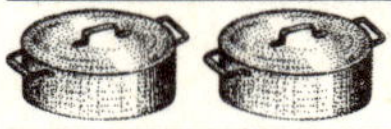

Einkauf

(für vier Personen):
6 Eier
200 g Zucker
300 g Kastanienpüree
150 g Rosinen
6 cl Rum
$^1/_4$ l Sahne

$^1/_2$ l Rotwein
2 El Bienenhonig
300 g Erdbeeren

Zubereitung: 2 Std.
Kühlzeit: 24 Std.
Küchengeräte:
Schneebesen
Rührkessel
Kastenform

Bereiten Sie das Kastanienpüree zu:

Schlagen Sie Eier und Zucker mit dem Schneebesen im Wasserbad auf, nehmen Sie den Schaum vom Herd und stellen Sie ihn kalt. Verrühren Sie das Kastanienpüree und die in Rum getränkten Rosinen in einem Kessel mit der Eier-Zucker-Masse und ziehen Sie die geschlagene Sahne vorsichtig unter. Frieren Sie die Masse in einer Kastenform 24 Stunden ein.

Machen Sie die Honigsauce:

Kochen Sie den Rotwein auf $^1/_8$ Liter ein, geben Sie den Honig dazu und dünsten Sie die Erdbeeren kurz darin.

Zum Servieren:

Richten Sie auf Tellern je einen Eßlöffel heiße Sauce mit Erdbeeren an und legen Sie eine Scheibe vom Parfait darauf.

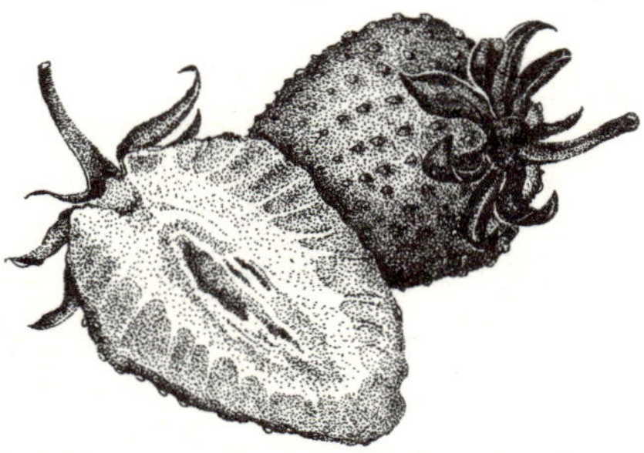

Kürbiskuchen mit Honig

Einkauf:

125 g Butter
250 g Mehl
Salz
30 g Staubzucker
1 Eigelb

Bereiten Sie den Mürbteig zu:

Zerkleinern Sie die Butter und lassen Sie sie weich werden. Schütten Sie das Mehl in eine Schüssel und geben Sie eine Prise Salz, den Staubzucker, das Eigelb und ein halbes Glas Wasser in die Mitte, arbeiten Sie den Teig schnell durch, vermischen Sie ihn mit der weichen Butter, ohne ihn dabei zu sehr durchzukneten, und lassen Sie ihn 1 Stunde an einem kühlen Ort rasten. Dann rollen Sie den Teig mit dem Nudelholz 5 mm dick aus.

4 Eier
80 g Staubzucker
20 g Kartoffelmehl
$^{1}/_{4}$ l Schlagsahne
700 g Kürbis
2 El Honig

Bereiten Sie die Eiermasse und den Kürbis zu:

Vermischen Sie in einer Schüssel die ganzen Eier, den Staubzucker, das Kartoffelmehl und die Schlagsahne und seihen Sie die Masse durch ein Spitzsieb. Schälen Sie den Kürbis und schneiden Sie ihn in 2 bis 3 cm dicke Scheiben, die Sie nochmals in 3 mm dicke Stücke zerkleinern. Erwärmen Sie in einer Pfanne 2 Eßlöffel Honig, geben Sie die Kürbisstücke dazu und lassen Sie diese 15 Minuten im Honig dünsten, wobei Sie darauf achten, daß sie nicht zu dunkel werden.

20 g Butter
20 g Mandelsplitter
20 g Staubzucker
(gesiebt)

Backen Sie den Kuchen:

Legen Sie eine bebutterte Kuchenform mit dem Mürbteig aus, stechen Sie den Teig mehrmals mit der Gabel ein, verteilen Sie einige Hülsenfrüchte (Erbsen, Bohnen) darauf und backen Sie den Kuchenboden 10 Minuten im mittelheißen Backrohr (200°C, Thermostat Stufe 6). Nehmen Sie die Hülsenfrüchte aus der Tortenform, verteilen Sie statt dessen den gedünsteten Kürbis auf dem Kuchenboden, gießen Sie die Eier-Zucker-Sahne-Mischung darüber und bestreuen Sie den Kuchen mit den Mandelsplittern und dem Staubzucker, bevor Sie ihn 10 Minuten im heißen Rohr fertigbacken.

Zubereitung: 40 Min.
Rastzeit für den Teig:
1 Std.
Kochzeit: 20 Min.
Küchengeräte:
2 Schüsseln
Nudelholz
Spitzsieb
Pfanne
Tortenform,
26 cm Durchmesser
Hülsenfrüchte

Sandteig

Man kann diese Torte auch mit Sandteig zubereiten: Vermischen Sie dazu 70 g Zucker mit einem Eigelb, fügen Sie 125 g weiche Butter und eine Prise Salz hinzu, arbeiten Sie den Teig durch, geben Sie 250 g Mehl dazu und kneten Sie den Teig nochmals gut durch. Formen Sie den Teig zu einer Kugel und lassen Sie ihn 1 Stunde an einem kühlen Ort rasten, bevor Sie ihn mit der Hand ausziehen.

Limonensorbet mit frischer Minze

Einkauf:
8 Limonen
3 Orangen
20 frische Pfefferminzblätter
200 g Zucker

Bereiten Sie das Fruchtpüree zu:
Schälen Sie die Limonen und Orangen, entfernen Sie alle weißen Häute und entkernen Sie die Früchte. Schneiden Sie das Fruchtfleisch würfelig und passieren Sie es im Mixer. Fügen Sie die Pfefferminzblätter hinzu und mixen Sie das Ganze nochmals für einige Sekunden durch.
Bringen Sie 200 g Zucker und 0,15 Liter Wasser in einer Kasserolle zum Kochen und nehmen Sie die Kasserolle vom Feuer, sobald die Flüssigkeit aufzukochen beginnt. Lassen Sie die Zuckerlösung auskühlen und vermischen Sie sie mit dem Fruchtpüree.

6 Pfefferminzblätter

Lassen Sie das Sorbet anziehen:
Gießen Sie das Fruchtpüree in eine Sorbetière und setzen Sie das Gerät in Gang. Bringen Sie das Limonensorbet mit je einem Pfefferminzblatt garniert in Gläsern zu Tisch.

Sie brauchen zu diesem Rezept nicht unbedingt eine Sorbetière, Sie können auch nach der „Methode Berthillon" (siehe S. 266) arbeiten.

Zubereitung: 10 Min.
Kühlzeit: 3 Std.
Küchengeräte:
Mixer
Kasserolle
Sorbetière
(falls vorhanden)

Mandelvacheron mit marinierten Erdbeeren

Einkauf:

65 g frisches Eiweiß
40 g Sandzucker
110 g Sandzucker
$^{1}/_{2}$ Vanillestange
50 g feine, gemahlene Mandeln

Machen Sie den Mandelvacheron:

Trocknen Sie die gemahlenen Mandeln im Backrohr. Schlagen Sie das Eiweiß in einer Chromargam-Schüssel zu steifem Schnee, geben Sie dabei 40 g Sandzucker nach und nach zu und schlagen Sie ihn mit. Mischen Sie den restlichen Zucker mit den ausgekratzten Körnern der Vanillestange, verrühren Sie ihn anschließend mit den Mandeln und arbeiten Sie dann die Masse in das Eiweiß ein.
Füllen Sie einen Spritzsack mit einer Lochtülle von 8 mm Durchmesser mit der Masse und spritzen Sie 12 gleich große Baiserböden kreisförmig (ca. 6—7 cm Durchmesser) auf Backtrennpapier auf. Trocknen Sie sie auf einem heißen Blech bei 100°C (Thermostat Stufe 1) im Backrohr. Dieser Vorgang dauert ca. 2—3 Stunden.

420 g frische Erdbeeren
$1^{1}/_{2}$ Zitronen
Zucker
$^{1}/_{2}$ l Sahne

Marinieren Sie die Erdbeeren:

Waschen Sie die geputzten, frischen Erdbeeren gründlich unter fließendem Wasser, trocknen Sie sie auf Küchenkrepp sehr gut ab und halbieren Sie sie. Würzen Sie die Erdbeeren mit dem Zitronensaft und mit Zucker nach eigenem Geschmack und marinieren Sie sie zugedeckt knapp 2 Stunden im Kühlschrank.
Schlagen Sie die Sahne ohne Zucker zu fester Schlagsahne.

6 oder 12 Kugeln Bananenrahmeis

Zum Servieren:

Geben Sie in die Tellermitte einen Baiserboden, setzen Sie darauf das Eis und bedecken Sie es mit einem weiteren Baiserboden. Füllen Sie die geschlagene Sahne in einen Spritzsack mit Sterntülle und spritzen Sie damit einen Kreis um den Baiser. Auf diesem Sahnekreis verteilen Sie die Erdbeerhälften gleichmäßig und beträufeln das Ganze mit der Marinade.
Sie können dazu separat eine Erdbeermark-Sauce servieren.

<u>Zubereitung:</u> 5 Std.
<u>Kühlzeit:</u> ca. 2 Std.
<u>Küchengeräte:</u>
Chromargam-Schüssel
Backblech
Spritzsack mit Sterntülle
Backtrennpapier
Küchenkrepp
Schüssel

Sämtliche Arbeitsgeräte müssen völlig fettfrei sein, wenn die Zubereitung gelingen soll.

Mangocreme

Einkauf:

8 frische Mangos
(oder 500 g Mangos
aus der Dose)
4 Eiweiß
125 g Zucker
0,2 l Crème fraîche

Zubereitung: 20 Min.
Kühlzeit: 3 Std.
Küchengeräte:
Mixer
Handmixer mit
Schneebesen
Schüssel oder einzelne
Schälchen

Bereiten Sie die Creme zu:

Nehmen Sie möglichst reife Mangos, schälen Sie die Früchte, schneiden Sie das Fruchtfleisch von 3 Mangos würfelig und pürieren Sie die restlichen 5 Früchte im Mixer.
Schlagen Sie 4 Eiweiß steif, fügen Sie den Zucker hinzu und schlagen Sie den Schnee so lange weiter, bis er beginnt, Spitzen zu bilden. Heben Sie den Schnee vorsichtig unter die Crème fraîche, geben Sie das Mangopüree dazu und mischen Sie zum Schluß die Fruchtwürfel unter die Creme.

Stellen Sie die Creme kalt:

Geben Sie die Mangocreme in eine Schüssel oder in einzelne Schälchen und stellen Sie sie vor dem Servieren für 3 Stunden in den Kühlschrank.

Mangosorbet

Einkauf:

4 große, schöne reife
Mangos
200 g Zucker
2 Limonen

Zubereitung: 15 Min.
Gefrierzeit: 3 Std.
Küchengeräte:
Mixer
Sorbetière
(falls vorhanden)

Wenn Sie eine Sorbetière besitzen:

Schälen und entkernen Sie die Mangos und pürieren Sie das Fruchtfleisch zusammen mit dem Zucker und dem Saft von 2 Limonen in einem Mixer. Füllen Sie die Fruchtmasse in eine Sorbetière und bereiten Sie darin das Sorbet entsprechend der Gebrauchsanweisung zu.

Wenn Sie keine Sorbetière besitzen:

Lassen Sie die Mangostücke im Tiefkühlfach Ihres Kühlschranks hart werden. Dann zerkleinern Sie sie mit dem Zucker und dem Limonensaft im Mixer. Stellen Sie die Fruchtmasse in den Kühlschrank zurück und lassen Sie dort alles nochmals gefrieren, bevor Sie sie nochmals im Mixer zerkleinern. Wiederholen Sie diesen Vorgang ein weiteres Mal und lassen Sie das Sorbet dann endgültig anziehen.
Wenn Sie das Sorbet besonders leicht machen wollen, rühren Sie etwas Wasser in die Fruchtmasse ein, bevor Sie diese zum letzten Mal anziehen lassen.

Orangenkuchen

Einkauf:

300 g Mürbteig
20 g Butter

Bereiten Sie den Mürbteig zu:

Verwenden Sie entweder einen fertigen Mürbteig oder bereiten Sie den Teig nach dem Rezept auf Seite 264 zu. Rollen Sie den Teig mit dem Nudelholz 5 mm dick aus und legen Sie damit eine bebutterte Tortenform aus. Stechen Sie den Teig mehrmals mit einer Gabel an und verteilen Sie einige Hülsenfrüchte (Erbsen, Linsen, Bohnen) darüber, damit der Teig nicht zu stark aufgehen kann. Dann schieben Sie den Kuchenboden für 10 Minuten ins heiße Backrohr (220°C, Thermostat Stufe 7).

1 Ei
125 g Zucker
1 ungespritzte Orange
5 Orangen
25 g Butter
25 g Zucker

Garnieren Sie den Kuchenboden:

Schlagen Sie ein ganzes Ei mit 125 g Zucker auf, fügen Sie die geriebene Schale und den Saft einer Orange hinzu und streichen Sie die Masse auf den Mürbteig. Schälen sie 5 Orangen, entfernen Sie alles Weiße, schneiden Sie die Früchte in dünne Scheiben und belegen Sie damit kreisförmig den Kuchenboden.

Lassen Sie 25 g Butter zergehen, gießen Sie die geschmolzene Butter über die Orangenscheiben, streuen Sie 25 g Zucker darüber und backen Sie den Kuchen 35 Minuten im heißen Backrohr (220°C, Thermostat Stufe 7). Sie können den Kuchen warm oder kalt servieren.

Zubereitung: 30 Min.
Backzeit: 45 Min.
Küchengeräte:
Nudelholz
Kuchenform
20 cm Durchmesser
Schüssel
Hülsenfrüchte

Gefüllte Orangen

Einkauf:

4 ungespritzte Orangen
1 Glas Grenadinesirup
1 El Zucker

Bereiten Sie die Orangen vor:

Schälen Sie die Orangen ganz dünn (ohne weiße Schale), schneiden Sie die Schalen in sehr feine Streifen, kochen Sie diese in 0,2 Liter Wasser mit dem Grenadinesirup. Entfernen Sie alles Weiße vom Fruchtfleisch und schneiden Sie die Früchte quer in dünne Scheiben. Schlichten Sie die Orangenscheiben in einen tiefen Teller und bestreuen Sie sie mit einem Eßlöffel Zucker.

6 Orangen
2 Zitronen
2 Orangen
180 g Zucker

Machen Sie das Orangensorbet:

Schneiden Sie die Kappen von 6 Orangen ab, höhlen Sie die Früchte aus, ohne die Schale zu verletzen und stellen Sie die ausgehöhlten Schalen in den Kühlschrank. Pürieren Sie das Fruchtfleisch dieser 6 Orangen, der 2 Zitronen und der restlichen 2 Orangen. Filtern Sie dieses Fruchtpüree so, daß Sie möglichst viel Saft erhalten.
Mischen Sie den Saft mit dem Zucker und gießen Sie alles in eine Sorbetière. Setzen Sie das Gerät in Gang und stellen Sie es in den Kühlschrank. Wenn Sie keine Sorbetière besitzen, können Sie auch nach der „Methode Berthillon“ (siehe Seite 266) vorgehen.

Zum Servieren:

Füllen Sie die ausgehöhlten Orangenschalen abwechselnd mit dem festen Sorbet, den Orangenscheiben und den abgetropften, in Streifen geschnittenen Orangenschalen.

Zubereitung: 30 Min.
Kühlzeit: 3 Std.
Küchengeräte:
Mixer
Sorbetière
(falls vorhanden)
Kartoffel- oder
Spargelschäler

Überbackene Orangen mit Grand Marnier

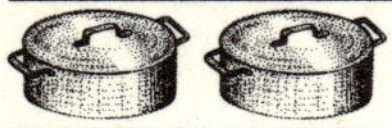

Einkauf:

1 ungespritzte Orange

Schneiden Sie die Orangenschale in Stifte:

Schälen Sie die Orange mit einem Kartoffelschäler ganz dünn, schneiden Sie die Schalen in Julienne-Form und kochen Sie sie 2 bis 3 Minuten in 0,1 Liter Wasser. Lassen Sie sie abtropfen, spülen Sie sie mit kaltem Wasser ab und stellen Sie sie beiseite.

7 Orangen
50 g Zucker

Schälen Sie die Orangen:

Schälen Sie alle Orangen gewissenhaft bis zum Fruchtfleisch, so daß nichts Weißes mehr daran bleibt, vierteln Sie die Orangen entlang der Trennhäute, nehmen Sie diesen Arbeitsgang über einer Schüssel vor, damit Sie allen Saft auffangen können. Bestreuen Sie die Orangenviertel mit Zucker und stellen Sie sie kalt.

4 Eigelb
50 g Staubzucker
3 El Schlagsahne
6 cl Grand Marnier

Bereiten Sie das Sabayon zu:

Geben Sie 4 Eigelb, 50 g Staubzucker, 0,1 Liter Orangensaft und 3 Eßlöffel Schlagsahne in eine Schüssel, stellen Sie die Schüssel ins Wasserbad, schlagen Sie alle Zutaten schaumig, fügen Sie den Grand Marnier hinzu, nehmen Sie die Schüssel aus dem Wasserbad und mischen Sie die feinstiftelig geschnittene Orangenschale unter die Creme.

Geben Sie die geviertelten Orangen in 6 kleine, feuerfeste Schüsseln, gießen Sie den restlichen Orangensaft dazu, verteilen Sie die Creme mit einem Löffel darüber und stellen Sie die Form kurz vor dem Servieren so lange unter den Grill, bis die Creme schön goldbraun überbacken ist. Bringen Sie die überbackenen Orangen dann sofort zu Tisch.

Zubereitung: 40 Min.
Küchengeräte:
Kartoffelschäler
Kasserolle
Schüssel
Wasserbad
Schneebesen
6 kleine, feuerfeste Schüsseln

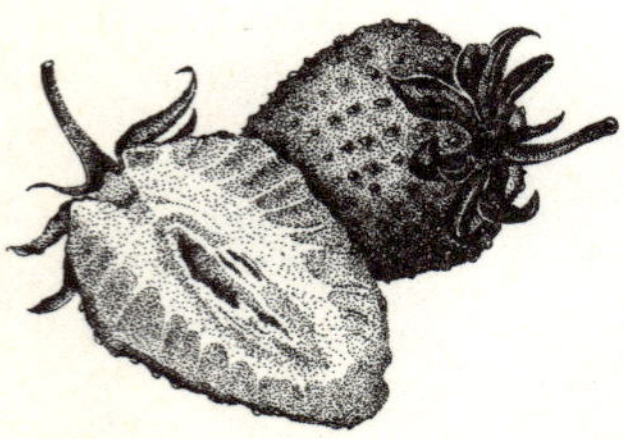

Sie können für dieses Rezept sowohl Orangen ohne als auch solche mit Kernen verwenden, vorausgesetzt, sie sind nicht bitter, Sie müssen die Kerne jedoch entfernen. Sie können statt der Orangen auch Erdbeeren oder Himbeeren verwenden, das Sabayon bereiten Sie aber trotzdem mit Orangensaft zu.

Pfirsichcreme

Einkauf:

2 kg helle Pfirsiche
$^1/_2$ l Schlagsahne
1 Eiswürfel
125 g Staubzucker

Zubereitung: 10 Min.
Kühlzeit: 4 Std.
Küchengeräte:
Mixer
Schüssel
Handmixer mit Schneebesen

Bereiten Sie die Creme zu:

Schälen und entkernen Sie die Pfirsiche und pürieren Sie sie im Mixer.
Schlagen Sie die Schlagsahne in einer Schüssel steif. Die Schlagsahne muß sehr kalt sein, schlagen Sie die Sahne daher, wenn nötig, zusammen mit einem zerstoßenen Eiswürfel steif. Vermischen Sie die Schlagsahne mit dem Zucker und dem Pfirsichpüree und rühren Sie die Creme mit einem Kochlöffel gut durch.

Stellen Sie die Creme kalt:

Stellen Sie die Pfirsichcreme für 4 Stunden in den Kühlschrank und nehmen Sie sie 30 Minuten vor dem Servieren heraus.

Pfirsiche in Meursault-Butter

Einkauf:

8 Pfirsiche
30 g Butter
15 g Zucker

0,3 l Meursault
(oder Weißburgunder)
60 g Butter
1 Zitrone
10 Pfefferminzblätter

Zubereitung: 20 Min.
Kochzeit: 15 Min.
Küchengeräte:
Pfanne
Schneebesen
tiefe Schüssel

Braten Sie die Pfirsiche in etwas Butter an:

Schälen Sie die Pfirsiche, nachdem Sie sie für einige Sekunden in heißes Wasser getaucht haben, halbieren Sie die Früchte und entkernen Sie sie. Lassen Sie ein Stück Butter in einer Pfanne zergehen, geben Sie die Pfirsichhälften und 15 g Zucker dazu und lassen Sie die Früchte auf mittelgroßer Flamme karamelisieren.

Bereiten Sie die Meursault-Butter zu:

Lassen Sie 0,3 Liter Meursault auf kleiner Flamme einkochen und rühren Sie 60 g Butter und den Saft einer Zitrone mit dem Schneebesen unter den Wein. Richten Sie die Pfirsiche in einer tiefen Schüssel an, nappieren Sie die Früchte mit der Meursault-Butter und streuen Sie einige frische, zerkleinerte Pfefferminzblätter darüber.

Rhabarber auf Zimtcreme und Rotweingelee

Einkauf:

(für 4—8 Personen):
250 g Erdbeer-Rhabarber
1/2 l Rotwein
1/8 l Blutorangensaft
1/2 Zimtstange
1 Gewürznelke
1/2 Orangenschale (ungespritzt), ohne Weißes
1/2 Zitronenschale (ungespritzt), ohne Weißes
130 g Zucker
4 cl Grenadinesirup

Bereiten Sie den Rhabarber zu:

Schälen Sie den Rhabarber und schneiden Sie ihn in cirka 2 cm lange Stücke. Lassen Sie alle anderen Zutaten aufkochen und geben Sie dann die Rhabarberstücke bei. Kochen Sie sie auf den Punkt gar, schütten Sie sie in eine Schüssel und stellen Sie das Ganze auf Eis kalt. Stellen Sie die Schüssel anschließend einen Tag lang zugedeckt in den Kühlschrank (mit Folie abdecken).

3 Blatt Gelatine
0,15 l Sahne
1 Zimtstange
2 Eigelb
60 g Zucker
etwas Zitronenschale (ungespritzt)
1 Messerspitze Zimtpulver
1/2 El Rum

Bereiten Sie die Zimtcreme vor:

Weichen Sie die Gelatine in lauwarmem Wasser ein. Kochen Sie die Sahne und die Zimtstange auf und lassen Sie sie anschließend auskühlen. Schlagen Sie Eigelb und Zucker schaumig, geben Sie das Zimtpulver, etwas Zitronenschale und den Rum bei.
Nehmen Sie die Gelatine aus dem Wasser, drücken Sie sie aus und lassen Sie sie zergehen. Geben Sie die ausgekühlte Sahne zur Eigelb-Zucker-Masse und rühren Sie die zerlaufene Gelatine ein. Stellen Sie die Masse kalt, bis sie angestockt ist. Nehmen Sie die Zimtstange heraus.

3 Eiweiß
1 Prise Salz

Vollenden Sie die Zimtcreme:

Schlagen Sie 3 Eiweiß mit einer Prise Salz steif und heben Sie zuerst ein Drittel davon und anschließend den Rest unter die angestockte Creme.

12 Blatt Gelatine
pro Liter Flüssigkeit

Machen Sie das Rotweingelee:

Schütten Sie den Rhabarber zum Abtropfen auf ein Sieb. Aus der abtropfenden Flüssigkeit wird nun das Gelee bereitet.
Weichen Sie die Gelatine ein, nehmen Sie sie dann aus dem Wasser, kochen Sie sie einmal mit der Rhabarberflüssigkeit auf, schöpfen Sie den Schaum ab, passieren Sie das Gelee und stellen Sie es kalt.

Zum Servieren:

Schichten Sie den Rhabarber fächerartig auf die gestockte Creme und bedecken Sie ihn mit dem fast dickflüssigen Gelee. Stellen Sie die Schüssel kalt und servieren Sie, wenn das Gelee gestockt ist.

<u>Zubereitung:</u> 1 Std.
<u>Kühlzeit:</u> 1 Tag
<u>Küchengeräte:</u>
Form,
20 cm Durchmesser
Topf
Schüssel
Folie
Schneebesen

Rotweinsorbet

Einkauf:

8 Orangen
2 Zitronen
$^1/_2$ l Bourgueil (Rotwein)
250 g Staubzucker
$^1/_{16}$ l Crème de Cassis (Schwarzer Johannisbeerlikör)

Zubereitung: 5 Min.
Kühlzeit: 3 Std.
Küchengeräte:
Fruchtpresse
Sorbetière
(falls vorhanden)

Bereiten Sie das Sorbet zu:

Pressen Sie die Orangen und die Zitronen aus und vermischen Sie den Orangen- und Zitronensaft mit dem Rotwein.
Fügen Sie 250 g Staubzucker hinzu und lassen Sie ihn zergehen, bevor Sie die Crème de Cassis zur Rotweinmischung gießen.
Schütten Sie dann alles in eine Sorbetière und lassen Sie es gemäß dem Rezept im Kühlschrank anziehen. Wenn Sie keine Sorbetière besitzen, wenden Sie statt dessen die „Methode Berthillon" (Seite 266) an.

Schneeflocken in Orangencreme

Einkauf:

$^1/_2$ l Milch
6 Eigelb
75 g Zucker
$^1/_2$ Orange
2 El Cointreau

Bereiten Sie die Creme zu:

Kochen Sie die Milch. Verrühren Sie das Eigelb mit 75 g Zucker, bis die Masse schaumig und weißlich wird, und gießen Sie unter ständigem Rühren nach und nach die heiße Milch dazu. Gießen Sie die Creme in eine Kasserolle, die Sie ins Wasserbad stellen und lassen Sie sie dann unter ständigem Rühren auf ganz kleiner Flamme etwas eindicken. Achten Sie darauf, daß die Creme nicht zu kochen beginnt. Sobald die Creme dick genug ist, um am Löffel haften zu bleiben, gießen Sie sie in eine kalte Schüssel, fügen 2 Eßlöffel Orangensaft und den Cointreau hinzu und verrühren alles gut.

6 Eiweiß
50 g Zucker
200 g eingemachte Orangen
(oder bittere Orangenmarmelade)

Zubereitung: 20 Min.
Kochzeit: 10 Min.
Küchengeräte:
Wasserbad
Handmixer mit Schneebesen
Kasserolle

Bereiten Sie die Schneeflocken zu:

Schlagen Sie 6 Eiweiß zu festem Schnee und rühren Sie 50 g Zucker darunter. Stechen Sie aus dem Schnee mit einem Eßlöffel kleine Häufchen aus und kochen Sie sie in leicht gezuckertem, heißem Wasser. Lassen Sie sie gut abtropfen und legen Sie sie zum Auskühlen auf ein Tuch. Gießen Sie die Orangencreme in eine Suppenterrine, verteilen Sie die Schneeflocken darauf und garnieren Sie sie mit würfelig geschnittenen, eingemachten Orangen oder, wenn Sie keine eingemachten Orangen haben, mit etwas bitterer Orangenmarmelade. Bringen Sie die Schneeflocken kalt zu Tisch.

Schokoladenbirne auf Pistazienparfait

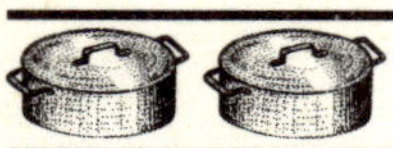

Einkauf:

(für 4 Personen):
20 g Staubzucker
2 kleine Eigelb
20 g Pistazienmark
10 g Pistazienkerne
1/2 Vanilleschote
150 g geschlagene Sahne

0,1 l Weißwein
50 g Zucker
1 Zitrone
1 Zimtstange
1 Gewürznelke
wenig Orangenschale (ungespritzt)
4 kleine, feste Birnen
4 in Armagnac eingelegte Pflaumen

300 g Kuvertüre (Überzugschokolade)
1/8 l Milch
1/8 l Sahne
wenig ausgekratzte Vanilleschote
wenig abgeriebene Orangenschale (ungespritzt)

<u>Zubereitung:</u> 30 Min.
<u>Kochzeit:</u> 40 Min.
<u>Küchengeräte:</u>
Kasserolle
Apfelausstecher
Schälmesser
Topf
Küchentuch
Pergamentpapier
4 Savarinformen

Machen Sie das Pistazienparfait:

Rühren Sie das Eigelb mit dem Staubzucker schaumig. Machen Sie das Pistazienmark mit etwas geschlagener Sahne weich, hacken Sie die Pistazienkerne grob, kratzen Sie die Vanilleschote aus, vermischen Sie alle Zutaten mit der Eier-Zucker-Masse und der restlichen Schlagsahne und füllen Sie die Masse in vorgekühlte Savarinformen. Stellen Sie diese zum Gefrieren in den Tiefkühlschrank.

Pochieren Sie die Birnen:

Kochen Sie 0,4 Liter Wasser mit dem Weißwein, dem Zucker, dem Saft einer Zitrone, einer Zimtstange, einer Gewürznelke und ein wenig abgeriebener Orangenschale zusammen auf.
Schälen Sie vier kleine, feste Birnen, ohne den Stiel zu entfernen, lösen Sie das Kerngehäuse vorsichtig mit einem Apfelausstecher heraus. Pochieren Sie die Birnen vorsichtig zirka 4—6 Minuten in dem vorbereiteten Fond. Sie dürfen nicht zu weich werden.
Lassen Sie die Birnen im Fond auskühlen. Nehmen Sie sie dann heraus und tupfen Sie sie mit einem sauberen Tuch gut ab.
Füllen Sie die so vorbereiteten Birnen mit einer in Armagnac eingelegten Pflaume und flachen Sie sie an der Unterseite ab.

Bereiten Sie die Schokoladesauce zu:

Lösen Sie die Kuvertüre auf und kochen Sie sie mit den anderen Zutaten gemeinsam kurz auf.
Tauchen Sie die vorbereiteten Birnen in die Schokoladesauce, setzen Sie sie auf Pergamentpapier ab, lassen Sie sie im Kühlschrank anziehen und wiederholen Sie dann den Vorgang.

Zum Servieren:

Stürzen Sie das Pistazienparfait auf vorgekühlte Teller, stellen Sie die Birnen auf das Parfait und servieren Sie sofort.

Schokoladen-Soufflé

Einkauf:
300 g Bruchschokolade
75 g Butter

6 Eigelb
12 Eiweiß

Zubereitung: 20 Min.
Kochzeit: 25 Min.
Küchengeräte:
Wasserbad
Handmixer mit Schneebesen
Souffléform, 20 cm Durchmesser

Lassen Sie die Schokolade zergehen:
Lassen Sie die Schokolade im Wasserbad zergehen und verrühren Sie sie mit 75 g Butter zu einer glatten Masse.

Bereiten Sie das Soufflé zu:
Setzen Sie die Zubereitung des Soufflés mit 6 Eigelb und 12 Eiweiß nach den Punkten 2 und 3 des Rezeptes für ein Ananas-Soufflé (siehe S. 207) fort.

Schokoladetorte

Einkauf:
280 g Übergußschokolade
280 g Butter
9 Eigelb
280 g Zucker
5 Eiweiß

20 g Butter
Kakaopulver

Zubereitung: 20 Min.
Backzeit: $1^1/_2$ Std.
Kühlzeit: 24 Std.
Küchengeräte:
Wasserbad
Handmixer mit Schneebesen
Tortenform, 20 cm Durchmesser

Bereiten Sie die Masse zu:
Lassen Sie die Schokolade mit der Butter in einer Kasserolle im Wasserbad zergehen und verrühren Sie beides gut. Geben Sie das Eigelb und den Zucker in eine Schüssel, rühren Sie mit dem Schneebesen so lange, bis die Masse schaumig und leicht weißlich wird, und mischen Sie die geschmolzene Schokolade vorsichtig mit einem Kochlöffel darunter. Schlagen Sie das Eiweiß in einer zweiten Schüssel zu einem nicht zu steifen Schnee und heben Sie den Schnee vorsichtig unter die Schokolademasse.

Backen Sie die Torte:
Heizen Sie Ihr Backrohr leicht vor (120°C, Thermostat Stufe 2—3). Buttern Sie eine Tortenform und füllen Sie drei Viertel der Schokolademasse hinein. Backen Sie die Torte $1^1/_2$ Stunden und lassen Sie sie anschließend im Kühlschrank auskühlen. Am nächsten Morgen stürzen Sie die Torte aus der Form und gießen die restliche Schokolademasse darüber, bevor Sie sie erneut für 2 Stunden in den Kühlschrank stellen. Dann bestreuen Sie sie mit Kakaopulver.

Tapiokapudding „Monika Witzigmann“

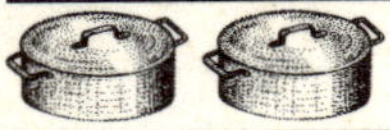

Einkauf:

4 Eigelb
3 Eiweiß
1 Vanilleschote
0,3 l Milch
40 g Zucker
40 g Butter
62 g Tapioka
1 Spritzer Grand Marnier

Bereiten Sie den Pudding zu:

Gießen Sie die Milch mit dem Zucker und der Butter in einen Topf, halbieren Sie die Vanilleschote, geben Sie sie bei und bringen Sie das Gemisch zum Kochen.
Mengen Sie die Tapioka unter ständigem Umrühren mit Hilfe eines Kochlöffels bei, lassen Sie sie aufkochen und stellen Sie sie anschließend für zirka 20 Minuten in den auf 200°C vorgeheizten Ofen (Thermostat Stufe 6) auf ein Gitter.
Wenn die Tapioka in der Flüssigkeit weich geworden ist, nehmen Sie sie aus dem Ofen, geben sie in eine Schüssel und mengen 4 Eigelb einzeln unter. Rühren Sie etwas Grand Marnier ein und ziehen Sie zum Schluß vorsichtig das geschlagene Eiweiß unter.
Füllen Sie die Masse in die mit Butter ausgepinselte und mit Zucker ausgestreute Guglhupf(Napfkuchen)form, backen Sie sie im Wasserbad bei zirka 200°C 25 bis 30 Minuten und lassen Sie sie auskühlen. Servieren Sie den Pudding mit Himbeerpüree, Aprikosenkompott oder Orangensauce.

<u>Zubereitung</u>: 30 Min.
<u>Kochzeit</u>: 45—50 Min.
<u>Küchengeräte:</u>
Topf
Guglhupf(Napfkuchen)-form

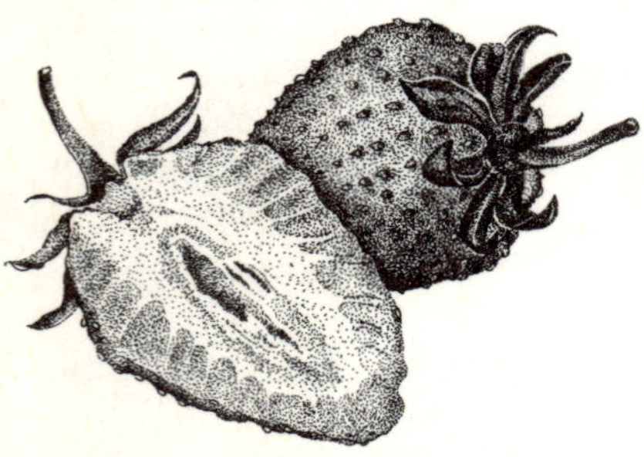

Gebackene Teigtaschen

Einkauf:

370 g Mehl
75 g Butter
45 g Zucker
5 Eier
Salz, Rum
$^1/_2$ Zitrone (ungespritzt)
$^1/_2$ Orange (ungespritzt)

Bereiten Sie den Teig zu:

Verarbeiten Sie Mehl, weiche Butter, Zucker und Eier zu einem gleichmäßigen Teig. Fügen Sie eine Prise Salz, die geriebene Zitronen- und Orangenschale und Rum hinzu und lassen Sie den Teig 24 Stunden an einem kühlen Ort ruhen.
Rollen Sie den Teig auf 2 mm Stärke aus, schneiden Sie mit einem spitzen Messer Rauten von 4 cm Seitenlänge aus, schneiden Sie diese in der Mitte 1 mm breit ein und stecken Sie eine der Ecken durch diesen Schlitz. Lassen Sie die Teigtaschen auf der abgerundeten Seite etwas ruhen.

Öl
Staubzucker

Backen Sie die Teigtaschen:

Erhitzen Sie Öl in einer Fritierpfanne (200°C, es darf nicht rauchen) und backen Sie die Teigtaschen goldgelb (maximal goldbraun) heraus. Lassen Sie die Täschchen auf einem Schaumlöffel abtropfen und servieren Sie sie warm, mit Staubzucker bestreut.

Zubereitung: 15 Min.
Kühlzeit: 24 Std.
Kochzeit: 2—3 Min.
Küchengeräte:
Schüssel
Nudelholz
Fritierpfanne
Schaumlöffel

◀ Weichselparfait im Baumkuchen mit Früchtemark

Tomaten-Pfefferminz-Sorbet

Einkauf:

1,5 kg Tomaten

150 g Staubzucker (gesiebt)
1/2 Zitrone
5 Pfefferminzblätter
Salz

Bereiten Sie die Fruchtmasse zu:

Halbieren Sie die Tomaten. Drücken Sie sie leicht aus, um den Saft und die Kerne zu entfernen, und legen Sie sie für 10 Minuten unter den Grill ins Backrohr (240°C, Thermostat Stufe 8), bis die Haut sich zu bräunen beginnt. Drücken Sie die Tomaten nochmals aus, schälen Sie sie und pürieren Sie das Fruchtfleisch im Mixer. Dann seihen Sie das so gewonnene Tomatenpüree durch ein Spitzsieb.

Bereiten Sie das Sorbet zu:

Nach diesem Vorgang muß Ihnen ungefähr 1 Kilo Fruchtmasse übrig bleiben. Vermischen Sie das Tomatenpüree mit 150 g Staubzucker, dem Saft einer halben Zitrone, einigen zerkleinerten Pfefferminzblättern und einer Prise Salz, füllen Sie alles in eine Sorbetière und setzen Sie das Gerät entsprechend der Gebrauchsanweisung in Gang. Wenn Sie das Rezept für geschmacklich nicht zu gewagt halten, servieren Sie dieses Sorbet als Vorspeise oder als Zwischengang zwischen Fisch und Fleisch. Wenn Sie keine Sorbetière besitzen, können Sie auch nach der „Methode Berthillon" (siehe Seite 266) vorgehen.

Zubereitung: 20 Min.
Kühlzeit: 3 Std.
Küchengeräte:
Mixer
Spitzsieb
Sorbetière
(falls vorhanden)

Topfengratin (Quarkgratin) mit Erdbeeren und Rhabarber

Einkauf:

300 g Rhabarber
$^{1}/_{4}$ l Weißwein
80 g Zucker
1 Vanilleschote
300 g Erdbeeren

500 g Topfen/Quark
(40% Fett)
4 Eigelb
80 g Staubzucker
50 g Stärke
2 El Rum
etwas Zitronenschale
(ungespritzt)
2 Tl Vanillezucker
4 Eiweiß
100 g Kritstallzucker

Butter zum Einfetten
Staubzucker

<u>Zubereitung</u>: 30 Min.
<u>Backzeit</u>: 10 Min.
<u>Küchengeräte</u>:
Sauteuse
Schüssel
Rührkessel
Schneebesen
Haarsieb

Bereiten Sie Rhabarber und Erdbeeren vor:

Waschen und schälen Sie den Rhabarber und schneiden Sie ihn in ca. 4 cm lange Stücke. Kochen Sie Weißwein, Zucker und Vanilleschote auf, fügen Sie den Rhabarber bei und lassen Sie ihn ganz kurz aufwallen. Stellen Sie ihn dann beiseite und lassen Sie ihn im eigenen Fond auskühlen. Waschen, putzen und halbieren Sie die Erdbeeren.

Bereiten Sie die Topfen-/Quarkmasse zu:

Verrühren Sie für die Gratinmasse Topfen/Quark, Eigelb, Staubzucker, Stärke und Aromastoffe gut mit dem Schneebesen. Schlagen Sie das Eiweiß mit Zucker zu einem sehr steifen Schnee und heben Sie den Schnee unter die Topfen-/Quarkmasse.

Zum Servieren:

Buttern Sie tiefe, kalte, aber feuerfeste Teller gut aus, verteilen Sie die Masse auf die Teller, tropfen Sie den Rhabarber auf einem Tuch ab und verteilen Sie ca. 5 bis 6 Stück auf jeden Teller. In die Zwischenräume legen Sie die halbierten Erdbeeren und backen alles im Backrohr bei 280°C (Thermostat Stufe 10) oder bei höchster Oberhitze auf den obersten Schienen ca. 8 bis 10 Minuten goldbraun. Nehmen Sie den Gratin heraus, bestäuben Sie ihn mit Staubzucker und servieren Sie sofort.

Den Topfengratin (Quarkgratin) kann man je nach Jahreszeit auch mit anderen Früchten zubereiten, z. B. mit reifen, aromatischen Mangoscheiben oder mit entsteinten Herzkirschen mit Kirschwasser.

Tropische Genüsse

Einkauf:

1 kleine Ananas
6 Bananen
30 Lychees
2 Mangos
2 Guave-Früchte
(oder 3 Pfirsiche)
1 Orange
1 Limette
100 g Staubzucker
3 El Öl
50 g Butter

20 g Butter
0,2 l Orangensaft
1 ungespritzte Limette
0,2 l alter Rum
30 g Zucker

<u>Zubereitung:</u> 30 Min.
<u>Küchengeräte:</u>
Pfanne
ovale Platte

Bereiten Sie alle Früchte vor:

Schälen Sie die Ananas und schneiden Sie sie in Scheiben. Entfernen Sie den harten Strunk aus der Mitte und fangen Sie dabei den Saft auf. Schälen Sie die Bananen und halbieren Sie sie. Schälen und entkernen Sie die Lychees. Schälen Sie die Mangos und die Guave-Früchte (oder die Pfirische), entfernen Sie die Kerne und schneiden Sie das Fruchtfleisch in Streifen. Schälen Sie die Orangen und die Limetten und schneiden Sie sie in Scheiben.
Wälzen Sie alle Früchte in Staubzucker. Lassen Sie in einer Pfanne 3 Eßlöffel Öl und 50 g Butter heiß werden und schwenken Sie die Früchte darin einige Augenblicke.

Zum Servieren:

Wärmen Sie eine große, ovale Platte vor, bestreichen Sie sie mit Butter und arrangieren Sie die Früchte hübsch darauf, verteilen Sie den Orangen- und Ananassaft sowie die geriebene Limettenschale darüber, gießen Sie den heißen Rum dazu und flambieren Sie die Früchte. Bestreuen Sie sie mit 30 g Zucker und bringen Sie sie zu Tisch.

Weichselparfait im Baumkuchen mit Früchtemark

Einkauf

(für 12 Personen):
130 g Butter
60 g Staubzucker
4 Eigelb
90 g Marzipan
etwas Vanillezucker
etwas geriebene Zitronenschale (ungespritzt)
4 Eiweiß
60 g Kristallzucker
50 g Mehl
50 g Weizenpuder
2 g Backpulver

2 Eier
2 Eigelb
80 g Kristallzucker
0,4 l Sahne
4 cl Kirschwasser (oder Weichselbrand)
100 g Weichselpüree

4 Kiwis
300 g Himbeeren
2 Mangos
Zucker und Zitronensaft
Weichseln in Weichselbrand oder Kirschwasser eingelegt

<u>Vorbereitung:</u> 20 Min.
<u>Kochzeit:</u> 1 Std.
<u>Küchengeräte:</u>
Schneekessel
hohe Wanne
Palette
Teigspachtel
Rehrückenform
Schneebesen
Stabmixer

Bereiten Sie den Baumkuchen zu:

Rühren Sie Butter, Staubzucker, Eigelb, Marzipan, Vanillezucker und die geriebene Zitronenschale schaumig.
Schlagen Sie das Eiweiß mit Zucker zu Schnee und heben Sie ihn vorsichtig unter die schaumig gerührte Masse. Melieren Sie anschließend Mehl, Weizenpuder und Backpulver ein.
Heizen Sie das Backrohr auf 250°C (Thermostat Stufe 8—9) vor, verwenden Sie, wenn möglich, nur Oberhitze.
Legen Sie eine 3 bis 4 cm hohe Wanne mit Butterpapier aus. Streichen Sie einen kleinen Teil der Masse dünn auf und backen Sie diese erste Schicht goldgelb, streichen Sie auf den noch heißen Kuchen die nächste Schicht auf und backen Sie sie ebenfalls. Wiederholen Sie diesen Vorgang, bis die gesamte Masse aufgebraucht ist. Lassen Sie den fertigen Baumkuchen auskühlen und schneiden Sie in dann in 6 mm dicke Streifen. Legen Sie mit diesen Schnitten eine Rehrückenform aus.

Machen Sie das Parfait:

Schlagen Sie die Eier, das Eigelb und den Zucker über Dunst im Kessel lauwarm auf und schlagen Sie danach kalt weiter. Vermischen Sie die geschlagene Sahne, den Weichselbrand und das Weichselpüree mit der kalt geschlagenen Ei-Zucker-Masse. Füllen Sie die Parfaitmasse in die ausgelegte Rehrückenform, decken Sie sie mit den restlichen Baumkuchenschnitten ab und frieren Sie das Ganze rasch ein.

Zum Servieren:

Schälen Sie die Früchte, pürieren Sie sie mit dem Stabmixer, schmecken Sie mit Zucker und Zitronensaft ab, richten Sie das Früchtemark mit einer Schnitte des Weichselbaumkuchenparfaits auf gekühlten Tellern an und garnieren Sie mit eingelegten Weichseln mit Stiel (oder mit frischen Weichseln).

Früchte wie Erdbeeren, Himbeeren oder Heidelbeeren eignen sich ebenfalls besonders gut für dieses Parfait.

Zwetschgenknödel mit Krokantstreusel

Einkauf:

70 g Butter
1 Ei
250 g Topfen/Quark
(20 % Fett)
70 g Grieß
70 g Mehl
Salz

Machen Sie den Teig:

Rühren Sie die Butter mit dem Ei schaumig und geben Sie den Topfen/Quark dazu. Rühren Sie anschließend mit dem Kochlöffel abwechselnd Grieß und Mehl ein, salzen Sie etwas und lassen Sie die Masse 2 Stunden im Kühschrank ruhen.

200 g Zucker
200 g Haselnüsse

Bereiten Sie den Krokant zu:

Karamelisieren Sie den Zucker in der Pfanne, rühren Sie die gerösteten und geschälten ganzen Haselnüsse ein und lassen Sie sie anschließend auf einem befetteten Blech auskühlen. Wenn die Nüsse erkaltet sind, reiben Sie sie mit einem Reibeisen.

18 Zwetschgen
90 g Marzipan
Zucker

Vollenden Sie die Knödel:

Schneiden Sie die Zwetschgen ein, entfernen Sie den Kern und ersetzen Sie ihn durch Marzipan. Formen Sie aus dem Teig 18 runde Scheiben, legen Sie je eine gefüllte Zwetschge darauf und wickeln Sie sie mit dem Teig ein. Geben Sie die Knödel vorsichtig in siedendes Wasser und lassen Sie sie 8 Minuten ziehen. Das Wasser soll dabei nicht stark kochen. Lassen Sie die Knödel anschließend auf einem Sieb abtropfen und rollen Sie sie dann in den Krokantstreuseln. Zuckern und servieren Sie sie. Sie können auch noch etwas zerlassene Butter dazugeben.

Zubereitung: 30 Min.
Kühlzeit: 2 Std.
Kochzeit: 8 Min.
Küchengeräte:
Töpfe
Schneebesen
Reibeisen
Sieb

GRUNDREZEPTE

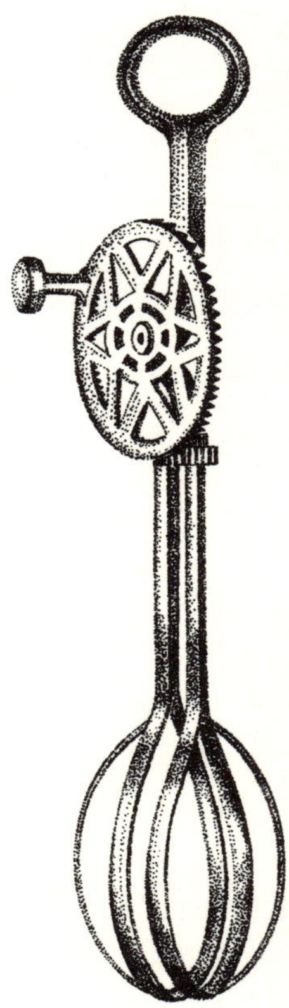

Blätterteig

Einkauf:

250 g Mehl
50 g Butter
10 g Salz

Bereiten Sie den Teig vor:

Geben Sie das Mehl mit 50 g Butter, dem Salz und 0,15 Liter Wasser in eine Schüssel, vermischen Sie die Zutaten, kneten Sie sie einige Minuten mit den Fingerspitzen zu einem Teig, formen Sie den Teig zu einer Kugel, deren Oberfläche Sie mit einer Messerspitze kreuzförmig einritzen, und lassen Sie den Teig so 1 Stunde rasten.

400 g Butter

Machen Sie den Blätterteig:

Währenddessen lassen Sie die 400 g Butter bei Zimmertemperatur weich werden. Rollen Sie den Teig auf Ihrer bemehlten Arbeitsfläche mit einem Nudelholz zu einem 1,5 cm dicken Rechteck aus, setzen Sie 100 g Butter in die Mitte und schlagen Sie den Teig so ein, daß die Butter völlig bedeckt ist. Rollen Sie den Teig erneut aus, diesmal von der Mitte her zu den Rändern, und achten Sie darauf, daß der Teig nicht zerreißt. Falten Sie den Teig dreimal, wobei Sie die Seitenteile jeweils von rechts und von links zur Mitte hin einschlagen, und beginnen Sie den Vorgang von vorne, indem Sie den Teig diesmal 1 cm dick ausrollen, wiederum dreimal falten, um 90° drehen, erneut ausrollen und abermals falten. Hierauf lassen Sie den Teig wieder 30 Minuten im Kühlschrank rasten, bevor Sie den oben beschriebenen Vorgang noch zweimal wiederholen und nicht vergessen, den Teig dabei nach jedem Falten um 90° zu drehen. Nun lassen Sie den Teig abermals 30 Minuten im Kühlschrank rasten und wiederholen die ganze Prozedur ein letztes Mal.

Zubereitung: 30 Min.
Rastzeit: $2^1/_2$ Std.
Küchengeräte:
Schüssel
Nudelholz

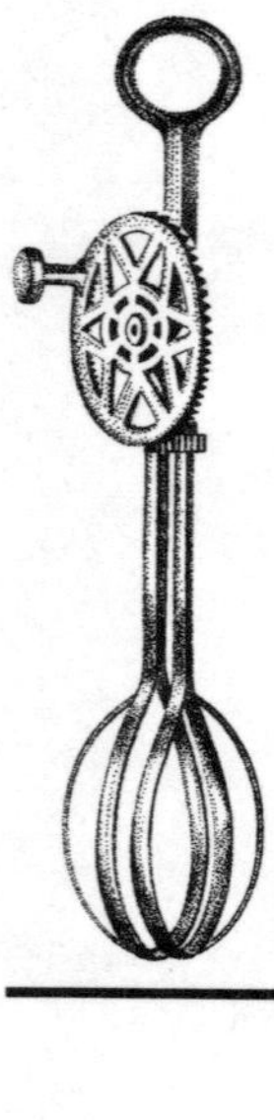

Brauner Wildfond

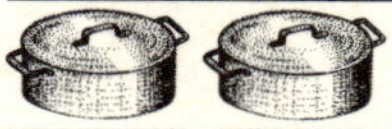

Einkauf

(für ca. 1 l Fond):
1 kg Wildknochen (Reh, Hirsch, Fasan usw.)
6 cl Olivenöl
ca 300 g Sehnen und Abschnitte von Wildfleisch
50 g Zwiebeln
80 g Möhren/Karotten
60 g Knollensellerie
2 El Tomatenmark
$^1/_2$ l herber Rotwein
Salz
2 Lorbeerblätter
1 Rosmarinzweig
1 Thymianzweig
einige zerdrückte Wacholderbeeren
einige zerdrückte Pfefferkörner

Bereiten Sie die Zutaten vor:

Hacken Sie die Knochen klein und braten Sie sie in einer Bratpfanne scharf in Olivenöl an. Etwas später geben Sie die Sehnen und Abschnitte dazu, stellen die Pfanne ins Rohr und lassen alles langsam bräunen. Inzwischen schneiden Sie das Gemüse in große Würfel und fügen es dann ebenfalls bei. Gießen Sie das Fett ab und rösten Sie das Tomatenmark etwas mit.
Löschen Sie das Ganze dreimal mit Rotwein ab und lassen Sie es langsam einkochen. Geben Sie Salz, Lorbeerblätter, Rosmarin, Thymian, Wacholderbeeren und Pfefferkörner bei.

4 bis 6 l Wasser, Geflügel- oder nicht zu starker, heller Kalbsfond

Kochen Sie den Fond:

Nehmen Sie die Knochen aus dem Rohr, füllen Sie sie in einen Topf, gießen Sie nach und nach mit Wasser oder einem nicht zu starken Kalbsfond auf und lassen Sie den Fond ca. 3 bis 4 Stunden auf kleiner Flamme kochen, wobei Sie Fett und Schaum ständig von der Oberfläche abschöpfen. Anschließend passieren Sie den Fond durch ein Tuch oder ein Spitzsieb.

Vorbereitung: 10 Min.
Kochzeit: 3—4 Std.
Küchengeräte:
Bratpfanne
Kasserolle
Tuch oder Spitzsieb

Je nach Verwendungszweck können Sie den passierten Fond noch weiter einkochen. Benötigt man den Fond für klare Wildsuppen usw., wird kein Rotwein, Tomatenmark und Rosmarin verwendet.
Besonders aromatisch wird der Fond, wenn Sie die Knochen, Sehnen, Parüren, das Gemüse und die Gewürze einige Tage in Rotwein marinieren. Sie können dem Fond beim Kochen auch Champignonabschnitte oder getrocknete Pilze beigeben.

Fischessenz (Fischfond)

Einkauf

(für 1 l Essenz):
80 g Zwiebeln
1 Bund Petersilie
$^{1}/_{2}$ Zitrone
1 Kräutersträußchen
1 kg Fischabfälle
(Köpfe, Gräten usw.)
$^{1}/_{4}$ l trockener Weißwein
(grobes) Salz
einige zerdrückte
Pfefferkörner

Zubereitung: $1^{1}/_{2}$ Std.
Küchengeräte:
Kochtopf
Spitzsieb

Bereiten Sie die Fischessenz (den Fischfond) zu:

Schälen und zerkleinern Sie die Zwiebeln, waschen Sie die Petersilie und pressen Sie den Saft einer halben Zitrone aus. Geben Sie die Zwiebeln, die Petersilie und das Kräutersträußchen in einen Kochtopf, fügen Sie die Fischabfälle hinzu, gießen Sie den Wein, den Zitronensaft und 2 Liter Wasser dazu, würzen Sie mit Salz und zerdrückten Pfefferkörnern, lassen Sie den Sud aufkochen und dann auf kleiner Flamme 1 Stunde lang weiterkochen, bis der Sud auf 1 Liter Flüssigkeit reduziert ist. Schöpfen Sie während des Kochens mehrmals den Schaum ab. Anschließend seihen Sie den Fischsud durch ein Spitzsieb in ein anderes Gefäß.
Der Fischsud läßt sich gut im Tiefkühlfach aufheben, bereiten Sie ihn daher immer im voraus und gleich in größeren Mengen zu.

Wenn man den Sud zu stark oder zu lange kocht, kann er leimig werden.

Hühnerbrühe

Einkauf

(für 1 l Brühe):
Hühnerklein von
3 Hühnern (Hals, Flügel, Keulen usw.)
1 Kräutersträußchen
Salz
zerdrückte Pfefferkörner

3 Möhren/Karotten
1 weiße Rübe
1 Stangensellerie
1 Zwiebel
1 Knoblauchzehe
3 Lauchstangen

Zubereitung: $1^{1}/_{2}$ Std.
Küchengeräte:
Kochtopf
Spitzsieb

Bereiten Sie das Hühnerklein vor:

Brennen Sie das Hühnerklein über einer Flamme ab oder ersuchen Sie Ihren Geflügelhändler, das für Sie zu tun.
Ziehen Sie die grobe Haut von den Keulen ab, geben Sie das Hühnerklein in einen Kochtopf, gießen Sie mit 2 Liter Wasser auf, fügen Sie Kräutersträußchen, Salz und Pfeffer hinzu und lassen Sie die Brühe auf mittelgroßer Flamme 45 Minuten lang kochen.

Kochen Sie die Suppe:

Schälen Sie die Möhren/Karotten und die weiße Rübe und schneiden Sie beides kleinwürfelig. Putzen Sie den Stangensellerie und zerkleinern Sie ihn. Schälen und vierteln Sie die Zwiebel, schälen und zerdrücken Sie die Knoblauchzehe, putzen Sie den Lauch, indem Sie die unansehnlichen Blätter entfernen, und zerkleinern Sie das Weiße in vier Teile. Geben Sie alle Gemüse in den Kochtopf zur Brühe, lassen Sie die Brühe nochmals aufkochen und 45 Minuten lang auf mittelgroßer Flamme weiterkochen, bevor Sie sie durch ein Spitzsieb abseihen.

Kaninchensülze

Einkauf:

400 g Kaninchenknochen (von Kopf und Schulter)
50 g Möhren/Karotten
50 g Sellerie
50 g Schalotten
30 g Lauch
50 g Champignons
5 cl Olivenöl
1,5 l Wasser oder Bouillon

Machen Sie den Kaninchenfond:

Rösten Sie die gehackten Knochen mit dem würfelig geschnittenen Gemüse in Olivenöl an, gießen Sie mit kaltem Wasser oder Bouillon auf und lassen Sie den Fond 1 Stunde leicht kochen.
Passieren Sie ihn anschließend durch ein Spitzsieb und stellen Sie ihn kalt.

200 g Kaninchenfleisch (Bauchlappen und Schulter, ohne Knochen)
2 Eiweiß
1 Zweiglein Thymian
1 Zweiglein Rosmarin
5 zerdrückte Pfefferkörner
3 zerdrückte Wacholderbeeren
$^1/_2$ Lorbeerblatt
$^1/_2$ Knoblauchzehe

Klären Sie den Kaninchenfond:

Drehen Sie das Kaninchenfleisch durch die grobe Scheibe des Fleischwolfes. Vermengen Sie es anschließend in einem Topf mit dem Eiweiß und den Gewürzen und füllen Sie mit dem Kaninchenfond auf. Bringen Sie das Ganze unter ständigem Rühren rasch zum Kochen und lassen Sie es 1 Stunde leicht kochen. Gießen Sie die fertige Essenz durch ein Passiertuch und kochen Sie die Flüssigkeit auf $^1/_2$ Liter ein.

5 Blatt Gelatine
Salz

Vollenden Sie die Sülze:

Weichen Sie die Gelatine 3 Minuten in etwas kaltem Wasser ein, drücken Sie die Blätter gut aus und erwärmen Sie die Gelatine in einem Topf, bis sie flüssig wird.
Vermengen Sie sie anschließend mit der Essenz, schmecken Sie, wenn nötig, mit Salz ab und stellen Sie die Kaninchensülze kalt.

Vorbereitung: 30 Min.
Kochzeit: 2 Std.
Küchengeräte:
2 Töpfe
Spitzsieb
Passiertuch

Je nach Geschmack können Sie auch noch Madeira, Portwein, Weißwein oder Zitronensaft hinzufügen, Sie müssen jedoch darauf achten, daß Sie zum Schluß auf keinen Fall mehr als einen halben Liter Essenz haben. Nur dann kann die Kaninchensülze fest werden.

Mürbteig

Einkauf:

125 g Butter
250 g Mehl
30 g Staubzucker
Salz
1 Eigelb

Zubereitung: 15 Min.
Rastzeit: 1 Std.
Küchengeräte:
Schüssel
Nudelholz

Machen Sie den Mürbteig:

Zerteilen Sie die Butter in kleine Stücke und lassen Sie sie weich werden. Schütten Sie das Mehl in eine Schüssel. Geben Sie den Staubzucker, eine Prise Salz, das Eigelb und ein halbes Glas Wasser in die Mitte und kneten Sie alle Zutaten schnell mit den Fingerspitzen durch. Mischen Sie die weiche Butter unter den Teig, formen Sie den Teig zu einer Kugel und lassen Sie ihn 1 Stunde an einem kühlen Ort rasten. Wenn Sie den Teig für eine Pastete brauchen, lassen Sie natürlich den Zucker weg, nehmen statt der 125 g Butter nur 75 g und kneten den Teig, bevor Sie ihn rasten lassen, so lange durch, bis er ganz glatt ist.

Rinderbrühe

Einkauf

(für 1 l Brühe):
500 g Suppenfleisch
einige Rindsknochen
Salz
2 Lauchstangen
2 weiße Rüben
3 Möhren/Karotten
2 Zwiebeln
1 Kräutersträußchen

1 Lauchstange
1 Möhre/Karotte
1 Zwiebel
1 Stangensellerie
1 Tomate
1 Eiweiß
Salz
zerdrückte Pfefferkörner

Zubereitung: $3^1/_2$ Std.
Küchengeräte:
Kochtopf
Kasserolle
Spitzsieb (mit Gazetuch)

Kochen Sie die Suppe:

Geben Sie das Fleisch mit den Knochen, Salz und mit 3 Liter Wasser in einen Kochtopf und bringen Sie das Wasser zum Kochen, wobei Sie immer wieder den Schaum von der Oberfläche abschöpfen.
Putzen Sie den Lauch, die weißen Rüben und die Zwiebeln, geben Sie die Gemüse und das Kräutersträußchen in den Kochtopf und lassen Sie die Suppe 3 Stunden lang auf kleiner Flamme kochen. Nehmen Sie das Fleisch und die Knochen aus der Brühe.

Klären Sie die Brühe:

Zum Klären der Brühe schälen und zerkleinern Sie eine Lauchstange, eine Möhre/Karotte, eine Zwiebel, eine Stange Sellerie und eine Tomate. Geben Sie alle Gemüse in eine Schüssel und verrühren Sie sie mit einem Eiweiß.
Seihen Sie die Brühe durch ein Spitzsieb in eine Kasserolle und lassen Sie sie ganz abkühlen. Mischen Sie einen Schöpfer voll Brühe unter die Gemüse-Eiweiß-Masse und gießen Sie diese Mischung zur Brühe. Lassen Sie die Brühe unter ständigem Rühren erneut aufkochen, würzen Sie nach und lassen Sie die Brühe 30 Minuten lang ohne Deckel und ohne umzurühren weiterkochen. Danach seihen Sie die Brühe nochmals durch ein mit Gazetuch ausgelegtes Spitzsieb.

Sandteig

Einkauf:

125 g Butter
70 g Staubzucker
1 Eigelb
Salz
Vanilleessenz
150 g Mehl

Bereiten Sie den Teig zu:

Schneiden Sie die Butter in kleine Stücke und lassen Sie sie bei Zimmertemperatur weich werden. Geben Sie den Staubzucker in eine Schüssel, fügen Sie das Eigelb hinzu, vermischen Sie beides und geben Sie die weiche Butter, eine Prise Salz und einen Tropfen Vanilleessenz dazu. Vermischen Sie wiederum alle Zutaten, und fügen Sie schließlich das Mehl hinzu. Kneten Sie dann den Teig so lange durch, bis er ganz glatt ist, und lassen Sie ihn 1 Stunde im Kühlschrank rasten. Rollen Sie den Teig anschließend mit dem Nudelholz aus, falten Sie ihn in drei Teile und wiederholen Sie diesen Vorgang zweimal, bis der Teig weich und geschmeidig wird. Wenn es Ihnen nicht gelingt, den Teig mit dem Nudelholz auf dem Boden Ihrer Tortenform auszurollen, passen Sie den Teig der Tortenform an, indem Sie ihn mit der Handfläche andrücken.

Sie können diesen Teig für alle Torten nehmen, für die Sie Früchte verwenden, die nicht gekocht werden müssen, wie Erdbeeren oder Himbeeren, oder für die Sie bereits vorgekochte Früchte verwenden können, wie Brombeeren, Heidelbeeren oder Kompottbirnen. Da der Sandteig ein eher brüchtiger Teig ist, läßt er sich nur aus Springformen gut lösen.

<u>Zubereitung:</u> 15 Min.
<u>Rastzeit:</u> 1 Std.
<u>Küchengeräte:</u>
Schüssel
Nudelholz

Sorbets nach der „Methode Berthillon“

Einkauf:

Verwenden Sie folgende Küchengeräte:

Das wichtigste Küchengerät ist ein Kühlschrank mit Eiswürfel- oder Tiefkühlfach (— 18°C), noch besser eignet sich jedoch ein Tiefkühlschrank beziehungsweise eine Tiefkühltruhe, denn je schneller das Sorbet gefriert, umso besser wird es.
Wird das Sorbet zu oft gerührt, so oxidiert es leichter. Äpfel, Birnen, Pfirsiche oder Bananen verfärben sich schnell und sehen dann nicht besonders appetitlich aus. Verwenden Sie daher nur Inox- oder Nirostaschüsseln, -löffel und -siebe.

Bereiten Sie das Sorbet zu:

tadellose, reife Früchte
Zucker

Die goldene Regel für das Gelingen guter Sorbets lautet: Verwenden Sie nur tadelloses, reifes, zuckersüßes Obst. Besonders gut eignen sich Zitrusfrüchte.
Zuckern Sie die Früchte nach Belieben, geben Sie die Früchte-Zucker-Mischung in eine Inox-Kasserolle mit Kupferboden (Kupfer ist ein guter Kälteleiter), befeuchten Sie den Boden des Kühlfaches, damit ein guter Kontakt mit der Kasserolle entsteht, und stellen Sie die Kasserolle ins Kühlfach. Gießen Sie die Früchtemischung einmal pro Stunde in den Mixer, durchmischen Sie sie gut, damit die Masse gleichmäßig gefriert und sich keine Kristalle bilden, und stellen Sie sie dann wieder ins Kühlfach. Wiederholen Sie diesen Vorgang dreimal. Vor dem Servieren stellen Sie das Sorbet für einige Zeit in den Kühlschrank, damit es ganz leicht antauen kann. Es ist empfehlenswert, das Sorbet mindestens 24 Stunden im voraus zuzubereiten.

Wenn Sie nur wenig Zeit haben:

Früchte
Zitronensaft

Putzen und schälen Sie die Früchte, beträufeln Sie sie mit etwas Zitronensaft, damit sie sich nicht verfärben (das gilt vor allem für Äpfel und Birnen), schneiden Sie sie in kleine Stücke, stellen Sie sie ins Tiefkühlfach und lassen sie gefrieren.
Vor dem Servieren geben Sie die gefrorenen Fruchtstücke in den Mixer, pürieren sie und zuckern sie nach Belieben.

Zum Servieren:

Die traditionelle Art des Servierens besteht darin, 4 bis 5 Eßlöffel Sorbet in gekühlte Schälchen zu geben, Sie können dazu auch kleine Kunststoff- oder Metallförmchen mit Motivabdrücken verwenden. Spülen Sie die Förmchen mit Wasser aus, lassen Sie sie abtropfen und füllen Sie die Sorbetmasse nach dem zweiten Mixen in die Förmchen. Zum Stürzen tauchen Sie die Förmchen kurz in kaltes Wasser, stechen das Sorbet gegebenenfalls mit einer Gabel leicht an und ziehen es aus der Form.

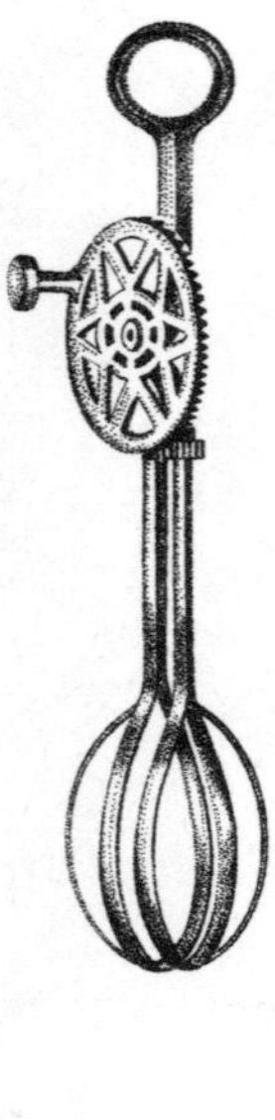

Kühlzeit: 3 Std.
Rastzeit: 24 Std.
Küchengeräte:
Kühlschrank mit Tiefkühlfach oder Tiefkühltruhe
Inox-Kasserolle mit Kupferboden
Mixer
Schälchen, Kunststoff- oder Metallförmchen

Das Sorbet ist ein Dessert, das man schon sehr lange kennt. Im dritten Kreuzzug schon bot Saladin seinem Gegner Richard Löwenherz zwischen zwei Kämpfen frisches Sorbet an, das man mit Schnee aus dem Libanon zubereitet hatte. Die Chinesen kennen das Sorbet noch länger, sie brachten es den Arabern bei. Von dort kam das Rezept auf der Seidenstraße nach Italien. Das „Charbet" hieß dort dann „Sorbetto" und wurde schließlich von den Medicis nach Frankreich gebracht.

Champagner trocken oder rosé, Sauternes, Wasser, Wodka, ideal ist jedoch ein kalter Sherry, vorzugsweise der „Amantillado", der nicht so trocken wie der „Fino" ist.

Würzsud/Würzbrühe (court-bouillon)

Einkauf

(für 1 l Sud):
4 Möhren/Karotten
4 Zwiebeln
1 Stangensellerie
1 Knoblauchzehe
0,4 l Weinessig
1 Kräutersträußchen
2—3 kleine, getrocknete scharfe Paprika
Gewürznelken
Salz
zerdrückte Pfefferkörner

Zubereitung: 40 Min.
Küchengerät:
Kochtopf

Bereiten Sie den Würzsud/die Würzbrühe zu:

Schneiden Sie die Möhren/Karotten und die Zwiebeln in Scheiben, zerkleinern Sie den Stangensellerie und zerdrücken Sie die Knoblauchzehe. Gießen Sie den Weinessig und 2 Liter Wasser in einen Kochtopf und fügen Sie die Gemüse, das Kräutersträußchen, einige Gewürznelken und 2 bis 3 kleine, getrocknete scharfe Paprika hinzu. Lassen Sie den Sud aufwallen, würzen Sie mit Salz und zerdrückten Pfefferkörnern und lassen Sie ihn 30 Minuten lang weiterkochen.

Es ist vielfach unbekannt, daß man einen Würzsud im voraus zubereiten und dann auskühlen lassen muß, bevor man ihn weiterverwendet. Erst dann, im erkalteten Zustand, gibt man den Fisch hinein. Natürlich gibt es Ausnahmen von dieser Regel: Fischstücke zum Beispiel gibt man in einen warmen Sud, sonst verlieren sie ihre Saftigkeit und ihren Geschmack. Und auch sehr große Fische, die sehr lange gekocht werden müssen, damit sie zusammen mit den Würzzutaten gar werden, gibt man schon in den Sud, so lange er noch warm ist.

STICHWORTVERZEICHNIS

A

Aalsuppe, Hamburger 57

Ananas
Ananas-Soufflé 207
Ananastorte 208
Erdbeer-Ananas-Salat 226
Frische Ananas aus dem Backrohr 206

Andalusischer Gazpacho 50

Apfel
Apfelscheiben in Bierteig gebacken 209
Cidre-Sabayon (Apfelwein-Sabayon) 222

Artischocken
Artischockensonne mit Krebsen 12
Bressetauben mit eingemachten Schalotten und Karden 174

Auberginen
Auberginen-(Melanzani)püree 182
Auberginen-(Melanzani)salat 38

Austern
Austern in Champagner 62
Seewolf-Schnitzel mit Austern 91

Avocado
Avocadomousse mit Räucherlachs 13
Gemüseterrine 188

B

Bachsaibling, fränkischer, mit Rote-Bete-Sauce 68

Baeckeoffe (Elsässer Nationalgericht) 96

Bananen, flambierte 210

Baumkuchen
Baumkuchen mit Schokolade 211
Weichselparfait im Baumkuchen mit Früchtemark 257

Beeren der Saison in Blätterkrokant 213

Birnen
Beaujolais-Birnen 212
Birnencreme in Blätterteig 214
Schokoladenbirne auf Pistazienparfait 248

Blätterteig 260
Beeren der Saison in Blätterkrokant 213
Birnencreme in Blätterteig 214
Blätterteigpastetchen mit Kaninchenleber und Lauch 137
Himbeeren in Blätterteig 231
Spargelspitzen und Morcheln auf Blätterteig 37
Wildschweinrücken in Blätterteig mit Kohl 178
Blumenkohl-Soufflé 183

Brioche-Pofesen (Brioche-Scheiben) mit Orangen 220

Brombeergrütze Wiesbadener Art 221

C

Cidre-Sabayon (Apfelwein-Sabayon) 222

Creme
Bitterschokoladecreme 217
Englische Creme 236
Erdbeercreme 225
Mangocreme 241
Pfirsichcreme 245
Schneeflocken in Orangencreme 247

E

Eglifilet an Beurre blanc 65

Eier
Omelette mit grünem Spargel 25
Verlorene Eier im Töpfchen 43

Eis
Honigeis 235
Kastaniencremeeis 236
Vanilleeis 221

Ente
Barbarie-Ente mit Rhabarber 136
Ente mit Orangen 142
Entenbrust in Muscadetsauce 141
Junge Ente mit grünem Pfeffer und Schwarzwurzeln 140
Junge Rouenaiser Ente „Pays d'Auge" 146
Schnitzel von der Entenleber 33
Wildentenpastete mit Äpfeln 47
Wildentenpfeffer 177

Erbsen
Erbsen-Soufflé 184
Erbsensuppe mit Erdbeeren und Hummer 51

Erdbeeren
Blutorangenmus mit marinierten Erdbeeren 219
Erbsensuppe mit Erdbeeren und Hummer 51
Erdbeercharlotte 224
Erdbeercreme 225
Erdbeersalat in drei Varianten 226
Kastanienparfait mit Erdbeeren und Honigsauce 237
Mandelvacheron mit marinierten Erdbeeren 240

F

Fasan
Fasanenschaumsuppe mit rosa Pfeffer und Steinpilzen 52
Fasan mit Kohl 154

Feigen in Portweinschaum 227
Fenchel-Soufflé 185
Fischbrot, baskisches 63
Fischessenz (Fischfond) 262
Forellen gefüllt 66
Froschschenkel mit feinen Kräutern 16
Früchtegratin 229

G

Gänsestopfleber glaciert mit Pinien auf Kräutertäschchen 19
Geflügelleber mit Radieschen und Wachteleiern 145
Gemüse
Gemüsefrikassee 187
Gemüsestrudel mit Kräutersauce 186
Gemüseterrine 188
Ratatouille kalt mit Safran 193
Grießauflauf mit Orangenbutter 230

H

Hase siehe auch Kaninchen
Hasenrücken in leichter Lebersauce 148
Hasenrücken mit grünen Linsen 149
Hecht in Riesling 69
Himbeeren
Himbeeren in Blätterteig 31
Himbeer-Soufflé 232
Honig
Honigeis 235
Kastanienparfait mit Erdbeeren und Honigsauce 237
Kürbiskuchen mit Honig 238
Huhn
Bressehuhn in Rahmsauce 138
Bressehuhn mit kleinen Gemüsen 139
Gefüllte Junghühnerbrust mit Sauerampfer 155
Gekochtes Huhn im Topf „Eugénie" 150
Huhn en Papillotes mit Gemüsen 151
Hühnerbrühe 262
Huhn in Aspik 152
Huhn „Mqualli" mit eingelegten Zitronen 153
Masthuhn-Eintopf nach Art der Touraine 160
Perlhuhn mit Gemüsen 163
Poulardensülze in Schnittlauchmarinade 28

J

Jakobsmuscheln
Jakobsmuscheln in Spinatmantel an Sauterneweinsauce 70
Jakobsmuscheln mit Basilikum 67
Salat von warmen Jakobsmuscheln 30
Waller und Jakobsmuscheln in Grün 93

K

Kabeljau-Filets, warm, mit Basilikum 73
Kalb
Das Beste vom Kalb im Kohlmantel 99
Kalbfleisch gedünstet mit geschmolzenen Tomaten 106
Kalbsbries, Nieren und Steinpilze „Tourangelle" 112
Kalbsbriesröschen auf Frühlingszwiebeln mit gebackenen Morcheln 21
Kalbsfilets mit Zitrone 105
Kalbshaxe mit Möhren/Karotten 111
Kalbskopf in Riesling auf Rote-Bete- und Buttersauce 109
Kalbsleber à la Max 113
Kalbsleber im Rohr 114
Kalbsnuß nach italienischer Art 115
Osso Bucco 127
Kaninchen
Blätterteigpastetchen mit Kaninchenleber und Lauch 137
Eingemachtes Kaninchen 14
Kanincheneintopf 159
Kaninchenfrikassee 158
Kaninchengelee mit Pfifferlingen 22
Kaninchen „Mont de Marsan" 157
Kaninchenrücken mit Mairübchen und Thymian-Buttersauce 156
Kaninchensülze 263
Karotten siehe Möhren
Karpfengulasch moderne Art 74
Kartoffeln
Kartoffelcroutons 172
Kartoffeln nach Art der Auvergne 192
Kartoffel-Pilzknödel auf Kalbsragout 117
Kartoffelpüree mit Käse und Knoblauch 190
Kastanien
Kastaniencremeeis 236
Kastanienparfait mit Erdbeeren und Honigsauce 237
Rehrücken mit Kastanienfülle in der Wacholderkruste 168
Kaviar
Kaviarbeutel 23
Tomatengelee mit Flußkrebsen und Wachtelei auf Kaviarsahne 42
Kitzrücken im Strudelteig mit Gartengemüse 118
Knoblauchkroketten 191
Kohl
Das Beste vom Kalb im Kohlmantel 99
Fasan mit Kohl 154
Gefüllter Kohl 102
Scholle mit Kohl und Zitronenbutter 87
Wildschweinrücken in Blätterteig mit Kohl 178

Kohlrabicremesuppe mit Radieschen 58

Kräuter
Froschschenkel mit feinen Kräutern 16
Gänsestopfleber glaciert mit Pinien auf Kräutertäschchen 19
Gemüsestrudel mit Kräutersauce 186
Kressemayonnaise 202
Lachsröllchen en Papillotes mit Kräutersauce 75
Tomatenkuchen mit Basilikum 41
Zitronenbutter mit Kräutern 204

Krebse
Artischockensonne mit Krebsen 12
Crevetten-Törtchen 64
Erbsensuppe mit Erdbeeren und Hummer 51
Geeiste Krebsensuppe 55
Langostinos mit Erbsen und jungen Möhren/Karotten 76
Salat von St. Petersfisch und Hummer in Knoblauchsauce 83
Scampi gebacken mit Sauce tartare 85
Scampi-Kuchen 86
Tellerkürbchen mit Krebsen und roter Paprikabutter 92
Tomatengelee mit Flußkrebsen und Wachtelei auf Kaviarsahne 42

Kutteln, gebackene 20

Kürbis
Kürbiscremesuppe 58
Kürbiskuchen mit Honig 238
Tellerkürbchen mit Krebsen und roter Paprikabutter 92

L

Lachs
Avocadomousse mit Räucherlachs 13
Lachsröllchen en Papillotes in Kräutersauce 75

Lamm siehe Schaf

Limetten
Erdbeer-Limetten-Salat 226

Linsen
Hasenrücken mit grünen Linsen 149
Linsen-Soufflé mit Speck und Linsensauce 24

M

Makrelen in Dill mariniert 77

Mandelvacheron mit marinierten Erdbeeren 240

Mango
Erdbeer-Mango-Salat 226
Mangocreme 241
Mangosorbet 241

Markscheiben mit Trüffeln 13

Mayonnaise
Diätmayonnaise 202
Kressemayonnaise 202

Melanzani siehe Auberginen

Meursault-Suppe 59

Möhren/Karotten
Cremesuppe von jungen Möhren/Karotten 51
Gekochte Möhren/Karotten (Salat) 38
Geriebene Möhren/Karotten mit Orangen (Salat) 38
Möhren/Karotten in Honig 196

Mousse
Avocadomousse mit Räucherlachs 13
Mousse von Räucherfischen mit Pilzen 26
Selleriemousse 164

Mürbteig 264

O

Oliven, schwarze (Salat) 39

Orangen
Blutorangenmus mit marinierten Erdbeeren 219
Brioche-Pofesen (Brioche-Scheiben) mit Orangen 220
Ente mit Orangen 142
Gefüllte Orangen 243
Grießauflauf mit Orangenbutter 230
Grüner Salat mit Orangen 39
Orangenkuchen 242
Schneeflocken in Orangencreme 247
Überbackene Orangen mit Grand Marnier 244

P

Parfait
Feines aus dem Garten mit Tomatenparfait 13
Kastanienparfait mit Erdbeeren und Honigsauce 237
Schokoladenbirne auf Pistazienparfait 248
Weichselparfait im Baumkuchen mit Früchtemark 257

Pastete
Fleischpastete nach Art der Touraine 100
Gemüseterrine 189
Huhn in Aspik 152
Seeteufelterrine 34
Wildentenpastete mit Äpfeln 47

Petersilie (Salat) 39

Pfirsiche
Pfirsichcreme 245
Pfirsiche in Meursault-Butter 245

Pilze
Champignonkuchen 150
Fasanenschaumsuppe mit rosa Pfeffer und Steinpilzen 52
Kalbsbries, Nieren und Steinpilze „Tourangelle" 112
Kalbsbriesröschen auf Frühlingszwiebeln mit gebackenen Morcheln 21
Kaninchengelee mit Pfifferlingen 22
Kartoffel-Pilzknödel auf Kalbsragout 117

Markscheiben mit Trüffeln 13
Mousse von Räucherfischen mit Pilzen 26
Oliven-Champignon-Sauce 203
Rehnockerln (Rehspätzle) mit Pfifferlingen 166
Rehragout mit Steinpilzen 167
Spargelspitzen und Morcheln auf Blätterteig 37
Steinpilzsauce 202
Trüffelsauce 204
Wachtelmaultaschen in Pilzsauce 176

Pollack mit Frühlingsgemüsen 78

Pudding
Dorchesterpudding 223
Französischer Pudding 228
Tapiokapudding „Monika Witzigmann“ 250

R

Radieschen
Kohlrabicremesuppe mit Radieschen 58
Radieschen mit grüner Butter 27

Reh
Rehfilet an Holundersauce mit Maisgaletten 170
Rehkotelett mit Lebkuchensauce, Selleriemousse und Spinatspätzle 164
Rehnockerln (Rehspätzle) mit Pfifferlingen 166
Rehnüßchen an Wacholdercreme mit Kartoffelcroutons 172
Rehragout mit Steinpilzen 167
Rehrücken mit Kastanienfülle in der Wacholderkruste 168

Renkenfilets in saurer Sahne mit Äpfeln und Frühlingszwiebeln 79

Rhabarber
Barbarie-Ente mit Rhabarber 136
Rhabarber auf Zimtcreme und Rotweingelee 246
Topfengratin (Quarkgratin) mit Erdbeeren und Rhabarber 255

Rind
Carpaccio 97
Feines Ochsenschwanzragout mit kleinen Gemüsen 123
Ochsenschwanzragout nach meiner Art 124
Rinderbrühe 264
Rindercarbonaden nach Flämischer Art 129
Rinderfilet Stroganoff 130
Rindfleisch mit Paprika 131
Streifen vom Rinderfilet in Blauburgunder 133

Rotbarben grilliert auf Gemüsevinaigrette 82

Rote Bete
Fränkischer Bachsaibling mit Rote-Bete-Sauce 68
Kalbskopf in Riesling auf Rote-Bete- und Buttersauce 109

Rote Rüben siehe auch Rote Bete
Rote-Rüben-Suppe mit Krennockerln (Meerrettichspätzle) 60

Rötlingfilets in Balsamico-Essigsauce mit Zwiebelmus 81

Rotweinsorbet 247

S

Salate
Feines aus dem Garten mit Tomatenparfait 15
Grüner Salat 31
Gurkensalat 31
Lammkeule als Salat 120
Salat Niçoise (Originalrezept) 29
Salate Suzy 31
Salat von St. Petersfisch und Hummer in Knoblauchsauce 83
Salat von warmen Jakobsmuscheln 30
Salat Weinhändlerart mit Burgunderschnecken 32
Schnelle Salate 38
Tomatensalat 31
Verrückter Salat 44
Vietnamesischer Salat 45
Ziegenkäse warm mit Salat 48

Sandteig 265

Sardinenfilets gratiniert mit Zitrone 86

Saucen
Oliven-Champignon-Sauce 203
Sauce Jolly 203
Sauce tartare 85
Sauce Vieux Marly 204
Steinpilzsauce 202
Trüffelsauce 204

Schaf
Hammelkeule mit Kohl und Tomaten 101
Hammelkeule mit Minze oder Knoblauch 110
Hammelschulter nach Gascogner Art 104
Irish Stew 103
Karree vom Heidelamm mit Wirsing 116
Lammeintopf mit Kartoffeln 119
Lammkeule als Salat 120
Lammragout mit Gemüsen 121
Lammschulter mit Curry-Gemüsen 122

Schalotten in Apfelwein (Cidre) 196

Schnecken
Salat Weinhändlerart mit Burgunderschnecken 32

Schokolade
Baumkuchen mit Schokolade 211
Bitterschokoladecreme 217
Bitterschokoladetorte 218
Schokoladenbirne auf Pistazienparfait 248
Schokolade-Soufflé 249
Schokoladetorte 249

Scholle mit Kohl und Zitronenbutter 87

Schwein
Das 2-Stunden-Cassoulet 98

Fleischpastete nach Art der Touraine 100
Rillettes aus Tours mit Vouvray 128
Schweinshaxen mit grünem Pfeffer gespickt 132

Seeteufel
Seeteufelmedaillons in Knoblauchsauce
mit Tomatenkirschen 88
Seeteufelterrine 34

Seewolf-Schnitzel mit Austern 91

Sellerie
Selleriemousse 164
Sellerietörtchen 196

Sorbet
Limonensorbet mit frischer Minze 239
Mangosorbet 241
Methode Berthillon 266
Rotweinsorbet 247
Tomaten-Pfefferminz-Sorbet 254

Soufflé
Ananas-Soufflé 207
Blumenkohl-Soufflé 183
Erbsen-Soufflé 184
Fenchel-Soufflé 185
Himbeer-Soufflé 232
Linsen-Soufflé mit Speck und Linsensauce 24
Schokolade-Soufflé 249
Spinat-Soufflé 200

Spargel
Geeiste Spargelsuppe 56
Omelette mit grünem Spargel 25
Spargelspitzen und Morcheln auf Blätterteig 37

Spinat
Jakobsmuscheln im Spinatmantel
an Sauterneweinsauce 70
Spinat-Soufflé 200
Spinatspätzle 164
Spinattopfennockerl (Spinatquarkspätzle) 40

St. Petersfisch
Roulade vom St. Petersfisch mit
Champagnersauce 80
Salat von St. Petersfisch und Hummer
in Knoblauchsauce 83

T

Tauben
Bressetauben mit eingemachten Schalotten
und Karden 174
Junge Tauben, gefüllt mit Couscous 175

Tarator 33

Teigtaschen, gebackene 253

Teigwaren
Italienische Nudeln „All'Arrabiata“ 189
Ravioli „Casalinghi“ 194
Spaghetti mit Meeresfrüchten 195
Spaghetti „Reale“ 199
Weizennudeln in St.-Laurent-Butter 46

Tomaten
Feines aus dem Garten mit Tomatenparfait 13
Paprika und Tomaten (Salat) 39
Tomatengelee mit Flußkrebsen und
Wachtelei auf Kaviarsahne 42
Tomatenkuchen mit Basilikum 41
Tomaten-Pfefferminz-Sorbet 254
Tomatensalat 31

Topfengratin (Quarkgratin) mit
Erdbeeren und Rhabarber 255

Tropische Genüsse 256

Truthahn, gefüllter 173

W

Wachteln
Geflügelleber mit Radieschen und Wachteleiern 145
Tomatengelee mit Flußkrebsen und
Wachtelei auf Kaviarsahne 42
Wachtelmaultaschen in Pilzsauce 176

Waller und Jakobsmuscheln in Grün 93

Wildfond, brauner 261

Wildschweinrücken in Blätterteig mit Kohl 178

Würzsud/Würzbrühe (court bouillon) 267

Z

Ziegenkäse warm mit Salat 48

Zitronen
Zitronenbutter mit Kräutern 204
Zitronen (Salat) 38

Zwetschgenknödel mit Krokantstreusel 258

Zwiebeln
Rötlingfilets in Balsamico-Essigsauce
mit Zwiebelmus 81

Wir danken den großen Chefs und deren Mitarbeitern dafür, daß sie uns Rezepte und persönliche Tips für dieses Kochbuch zur Verfügung stellten (soweit diese bereits Kochbücher veröffentlichten, führen wir Titel und Verlag in Klammern an).

Alain Albert

POINTAIRE
46, rue de Villiers
F-92300 Levallois Perret
Kalbsbries, Nieren und Steinpilze „Tourangelle“

Fernande Allard

ALLARD
41, rue Saint-André-des-Arts
F-75006 Paris
Lammeintopf mit Kartoffeln
(„La Cuisine de chez Allard“, Editions J. C. Lattès)

Abel Bernard

LA CRAVACHE D'OR
10, place Albert-Leemans
B-1050 Ixelles
Apfelscheiben in Bierteig gebacken

Georges Blanc

GEORGES BLANC
F-01540 Vonnas
Jakobsmuscheln mit Basilikum
Bressehuhn in Rahmsauce
Fasan mit Kohl
(Kochbuch G. Blanc, Editions Robert Laffont)

Paul Bocuse

PAUL BOCUSE
Pont de Collonges
F-69660 Collonges au Mont d'Or
Gefüllte Orangen
(„La cuisine du marché“, Flammarion)

Daniel Bouché

AU PETIT MONTMORENCY
5, rue Rabelais
F-75008 Paris
Wildentenpastete mit Äpfeln
Sardinenfilets gratiniert mit Zitrone
Blumenkohl-Soufflé
Erbsen-Soufflé
Fenchel-Soufflé
Spinat-Soufflé
Ananas-Soufflé
Schokoladen-Soufflé

Edouard Carlier

BEAUVILLIERS
52, rue Lamarck
F-75018 Paris
Bitterschokoladetorte

Michel Chabran

CHABRAN
N7, av. du 45e parallèle
Pont de l'Isère
F-26600 Tain l'Hermitage
Streifen vom Rinderfilet in Blauburgunder
Scholle mit Kohl und Zitronenbutter

Francois Clerc

LA VIEILLE FONTAINE
8, av. Grétry
F-78600 Maison Laffitte
Kaviarbeutel
Salat von warmen Jakobsmuscheln
Hammelkeule mit Kohl und Tomaten
Hasenrücken in leichter Lebersauce
Kastaniencremeeis

Georgette Descat

LOUS LANDES
157, av. du Maine
F-75014 Paris
Kaninchen „Mont-de-Marsan"

Georges Dhulster

AUBERGE DES DEUX-SIGNES
46, rue Galande
F-75005 Paris
Gefüllter Kohl

Lothar Eiermann

SCHLOSS FRIEDRICHSRUHE
D-7110 Öhringen
Rötlingfilets in Balsamico-Essigsauce
mit Zwiebelmus
Barbarie-Ente mit Rhabarber
Wachtelmaultaschen in Pilzsauce
Schokoladenbirne auf Pistazienparfait

Karl E. Eschlböck

PLOMBERG
A-5310 Mondsee
Erbsensuppe mit Erdbeeren und Hummer
Linsensoufflé mit Speck und Linsensauce
Weizennudeln in St. Laurent-Butter
Kitzrücken im Strudelteig mit Gartengemüse

Julien-Alexandre Foret

JULIUS
6, bd Camélinat
F-92230 Gennevilliers
Forellen gefüllt

Pierre Gaertner

AUX ARMES DE FRANCE
1, Grand-Rue
F-68770 Ammerschwihr
Lachsröllchen en papillotes in Kräutersauce

Reinhard Gerer

KORSO
Mahlerstraße 2
A-1010 Wien
Rote Rübensuppe mit Krennockerln
(Meerrettichspätzle)
Tomatengelee mit Flußkrebsen und Wachtelei
auf Kaviarsahne
Wildschweinrücken im Blätterteig mit Kohl
Brioche-Pofesen (Brioche-Scheiben) mit Orangen

Fredy Girardet

GIRARDET
1, rue d'Yverdon
CH-1023 Crissier
Seewolf-Schnitzel mit Austern
Blätterteigpastetchen mit Kaninchenleber
Huhn in Aspik
(„La cuisine spontanée", Edition R. Laffont)

Heinrich Götzenberger

MILDENBERGER
Schillerstraße 23
D-7150 Backnang
Kalbskopf in Riesling auf Rote-Bete- und Butter-Sauce
Ochsenschwanzragout nach meiner Art
Mandelvacheron mit marinierten Erdbeeren

Michel Guérard

MICHEL GUERARD
Eugénie-les-Bains
F-40320 Geaune
Tomatenkuchen mit Basilikum
Junge Ente mit grünem Pfeffer und Schwarzwurzeln
Gekochtes Huhn im Topf „Eugénie"
Früchtegratin
Schokoladetorte

MM. Haeberlin

AUBERGE DE L'ILL
rue de Collonges
F-68150 Ribeauvillé-Illhaeusern
Baeckeoffe
Hecht in Riesling
(„Les Recettes de l'Auberge de l'Ill", Flammarion)

Ernst Huber

ZOLL
Arlbergstraße 118
A-6900 Bregenz
Cremesuppe von jungen Möhren/Karotten
Spinattopfennockerln (Spinatquarkspätzle)
Eglifilet an Beurre blanc
Rehnüßchen an Wacholdercreme
Feigen in Portweinschaum

Jean-Jaques Jouteux

LES SEMAILLES
3, rue Steinlen
F-75018 Paris
Das 2-Stunden-Cassoulet

Max Kehl

CHEZ MAX
Seestraße 53
CH-8702 Zollikon
Artischockensonne mit Krebsen
Markscheiben mit Trüffeln
Kalbsleber à la Max

Otto Koch

LE GOURMET
Ligsalzstraße 46
D-8000 München
Karpfengulasch moderne Art

Jean-Paul Lacombe

LEON DE LYON
1, rue Pléney
F-69000 Lyon
Gebackene Kutteln
Gebackene Teigtaschen

Henry Levy

MAITRE
Podbielskiallee 31
D-1000 Berlin 33
Langostinos mit Erbsen und Möhren/Karotten
Salat vom Hummer und St. Petersfisch
Hasenrücken mit grünen Linsen
Grießauflauf mit Orangenbutter
(„Das Maître Kochbuch", Mosaik Verlag)

Bernard Loiseau

LA COTE D'OR
2, rue d'Argentine
F-21210 Saulieu
Verlorene Eier im Töpfchen
Kaninchenfrikassee
Beaujolais-Birnen

Jacques Maximin

CHANTECLER (Negresco)
37, promenade des Anglais
F-06000 Nizza
Knoblauchkroketten

Céline Menneveau

ROTISSERIE DU CHAMBERTIN
rue du Chambertin
F-21220 Gevrey Chambertin
Bressetauben mit eingemachten Schalotten und Karden

Werner Matt

PRINZ EUGEN (Hilton)
Am Stadtpark
A-1030 Wien
Geeiste Spargelsuppe
Das Beste vom Kalb im Kohlmantel
Rehnockerln (Rehspätzle) mit Pfifferlingen
Gemüsestrudel mit Kräutersauce
Beeren der Saison in Blätterkrokant
Weichselparfait in Baumkuchen mit Früchtemark
(W. Matt/W. Glocker, „Erlesenes aus Österreich", Trauner Verlag)

Paul Minchelli

LE DUC
243, bd Raspail
F-75014 Paris
Warme Kabeljau-Filets mit Basilikum
Pollack mit Frühlingsgemüse

Dieter Müller

SCHWEIZER STUBEN
Bettingen
D-6980 Wertheim
Fränkischer Bachsaibling mit Rote-Bete-Sauce
Roulade vom St. Petersfisch mit Champagnersauce
Tellerkürbchen mit Krebsen und roter Paprikabutter
Rehkotelett mit Lebkuchensauce, Selleriemousse und Spinatspätzle
Topfengratin (Quarkgratin) mit Erdbeeren und Rhabarber

Huguette Oggeri

LE MOI
7 et 14, rue Gustave-Courbet
F-75116 Paris
Vietnamesischer Salat

Ewald Plachutta

ZU DEN 3 HUSAREN
Weihburggasse 4
A-1010 Wien
Geeiste Krebsensuppe
Gänsestopfleber glaciert mit Pinien auf Kräutertäschchen
Rehrücken mit Kastanienfülle in der Wacholderkruste

Gérard Perriard

CENTENARIO
Lungolago
CH-6600 Locarno-Muralto
Kalbsfilets mit Zitrone
Himbeer-Soufflé

Horst Petermann

PETERMANNS KUNSTSTUBE
Seestraße 160
CH-8700 Küsnacht

Fasanenschaumsuppe mit rosa Pfeffer und Steinpilzen
Jakobsmuscheln im Spinatmantel an Sauterneweinsauce
Rotbarben grilliert auf Gemüsevinaigrette
Rehfilet an Holundersauce mit Maisgaletten

Joseph Petrucci

AMBASSADE D'AUVERGNE
22, rue du Grenier-Saint-Lazare
F-75003 Paris

Kartoffeln nach der Art der Auvergne
Kartoffelpüree mit Käse und Knoblauch

Alain Rabier

CHATEAU D'ARTIGNY
route d'Azay-le-Rideau
F-37250 Montbazon

Fleischpastete nach Art der Touraine
Masthuhn-Eintopf nach Art der Touraine
Rillettes aus Tours mit Vouvray

Joel Robuchon

ROBUCHON
32, rue de Longchamp
F-75016 Paris

Spargelspitzen und Morcheln auf Blätterteig
Gemüseterrine
Kürbiskuchen mit Honig
Tomaten-Pfefferminz-Sorbet

Michel Rostang

MICHEL ROSTANG
20, rue Rennequin
F-75017 Paris

Feines Ochsenschwanzragout mit kleinen Gemüsen

Guy Savoy

GUY SAVOY
28, rue Duret
F-75016 Paris

Irish Stew
Kalbshaxe mit Möhren/Karotten
Rindercarbonaden nach Flämischer Art

Jean-Claude Scaviner

MANOIR D'HASTINGS
N 814 A
F-14970 Benouville

Junge Rouenaiser Ente „Pays d'Auge"
Cidre-Sabayon (Apfelwein-Sabayon)

Alain Senderens

L'ARCHESTRATE
84, rue de Varenne
F-75007 Paris

Gedünstetes Kalbfleisch mit geschmolzenen Tomaten
Kalbsleber im Rohr
Kaninchen-Eintopf
Erdbeersalat in drei Varianten

Hans Stucki

STUCKI
Bruderholzallee 42
CH-4000 Basel

Kaninchen-Gelee mit Pfifferlingen
Schnitzel von der Entenleber

Emile Tingaud

AUBERGE DE CONDE
1, av. de Montmirail
F-77260 La Ferté sous Jouarre

Ente mit Orangen

Marcel Trompier

LA MAREE
1, rue Daru
F-75008 Paris
Austern in Champagner

Gérard Vié

LES TROIS MARCHES
3, rue Colbert
F-78000 Versailles
Omelette mit grünem Spargel
Radieschen mit grüner Butter
Lammragout mit Gemüsen
Gemüsefrikassee
Ofenkartoffeln mit Mark
Schalotten in Apfelwein
Möhren/Karotten in Honig
Frische Ananas aus dem Backrohr
Flambierte Bananen
Mangosorbet

Josef Viehauser

LE CANARD
Martinistraße 11
D-2000 Hamburg
Hamburger Aalsuppe
Mousse von Räucherfischen mit Pilzen
Karree vom Heidelamm mit Wirsing
Kastanienparfait mit Erdbeeren und Honigsauce

Roger Vergé

LE MOULIN DE MOUGINS
quartier Notre-Dame-de-vie
424, Chemin du Moulin
F-06250 Mougins
Bitterschokoladecreme
Überbackene Orangen mit Grand Marnier
(„La cuisine du soleil“, R. Laffont)

Lisl Wagner-Bacher

BACHER
A-3512-Mautern
Kohlrabicremesuppe mit Radieschen
Junghühnerbrust gefüllt mit Sauerampfer
Zwetschgenknödel mit Krokantstreusel

Eckart Witzigmann

AUBERGINE
Maximilianplatz 5
D-8000 München
Kalbsbriesröschen auf Frühlingszwiebeln und Morcheln
Renkenfilets in saurer Sahne mit Äpfel und Frühlingszwiebeln
Kaninchenrücken mit Mairübchen und Thymian-Buttersauce
Rhabarber auf Zimtcreme und Rotweingelee
Tapioka-Pudding „Monika Witzigmann“
(„Die kulinarischen Kreationen“, Heyne-Verlag)

Hans Peter Wodarz

ENTE VOM LEHEL (Nassauer Hof)
Kaiser-Friedrich-Platz 3
D-6200 Wiesbaden
Feines aus dem Garten mit Tomaten-Parfait
Waller und Jakobsmuscheln in Grün
Entenbrust in Muscadetsauce
Brombeergrütze Wiesbadener Art

Harald Wohlfahrt

SCHWARZWALDSTUBE (Traube)
Tonbach
D-7292 Baiersbronn
Poulardensülze in Schnittlauchmarinade
Seeteufelmedaillons in Knoblauchsauce mit Tomatenkirschen
Kartoffel-Pilzknödel auf Kalbsbriesragout
Blutorangenmus mit marinierten Erdbeeren

Die anderen Rezepte stammen aus dem Redaktionsarchiv von Gault-Millau Paris.

Mitarbeiter dieses ersten Gault-Millau Kochbuches in deutscher Sprache:

Neben der Unterstützung durch das Redaktions-Team von Gault-Millau Paris danken wir:

Martin Adlgasser, Österreichs „Sommelier des Jahres 1983“, langjähriger leitender Mitarbeiter der Luxushotels Schloß Fuschl in Hof bei Salzburg und Arlberg Hospiz in St. Christoph; für die Weinempfehlungen aus Österreich.

Hanns U. Christen, seit vielen Jahren Weinpublizist in diversen Medien der Schweiz, insbesondere bei der Zeitschrift VINUM, Leiter vieler Weinseminare, Mitbegründer von „Honorables Gourmets du Vin“ und Gründer der „Oenosophischen Gesellschaft Probus“; für die Weinempfehlungen aus der Schweiz.

Erwein Graf Matuschka Greiffenclau, langjähriger Präsident des Verbandes Deutscher Prädikats Weingüter, Besitzer der Weingüter von Schloß Vollrads in Oestrich-Winkel, erwarb sich große Verdienste um die Durchsetzung trockener und halbtrockener Weine in Deutschland; für die Empfehlung deutscher Weine.

Werner Matt, Österreichs Koch des Jahres 1985, Executiv-Chef des Hilton Wien, revolutionierte bereits Ende der 70er Jahre Österreichs Küche. Eine erlesene Zahl von jungen Küchenchefs verdankt ihm seither ihren hohen Ausbildungsstand; Verfasser (gemeinsam mit Walter Glocker) des mit der Goldmedaille der Gastronomischen Akademie Deutschland ausgezeichneten Kochbuches „Erlesenes aus Österreichs Küche“; überprüfte und überarbeitete die vom französischen ins deutsche übersetzten Rezepte und steuerte selbst 6 interessante Kreationen bei.

Michael Reinartz, lancierte bereits 1980 den ersten deutschsprachigen Gault-Millau Österreich, in den Folgejahren auch Schweiz, Deutschland und Toscana; als Herausgeber und Koordinator für Auswahl und Zusammenstellung.

Die Fotos stammen von:
Fotostudio Trizeps: Schutzumschlag vorne und Seiten 18, 53, 89, 143, 161, 215, 252.
Gilles Darqué: 17, 35, 36, 54, 71, 72, 90, 107, 108, 144, 162, 180, 216, 233, 234, 251 und Schutzumschlag Rückseite.
Editoriale Del Drago: Seiten 125, 126, 179, 197, 198.